AUDITORIA

Grupo Editorial Nacional

O GEN | Grupo Editorial Nacional – maior plataforma editorial brasileira no segmento científico, técnico e profissional – publica conteúdos nas áreas de ciências sociais aplicadas, exatas, humanas, jurídicas e da saúde, além de prover serviços direcionados à educação continuada e à preparação para concursos.

As editoras que integram o GEN, das mais respeitadas no mercado editorial, construíram catálogos inigualáveis, com obras decisivas para a formação acadêmica e o aperfeiçoamento de várias gerações de profissionais e estudantes, tendo se tornado sinônimo de qualidade e seriedade.

A missão do GEN e dos núcleos de conteúdo que o compõem é prover a melhor informação científica e distribuí-la de maneira flexível e conveniente, a preços justos, gerando benefícios e servindo a autores, docentes, livreiros, funcionários, colaboradores e acionistas.

Nosso comportamento ético incondicional e nossa responsabilidade social e ambiental são reforçados pela natureza educacional de nossa atividade e dão sustentabilidade ao crescimento contínuo e à rentabilidade do grupo.

Luiz dos Santos Lins

AUDITORIA

Uma abordagem prática com ênfase na auditoria externa

4ª Edição

Contém exercícios

gen | atlas

O autor e a editora empenharam-se para citar adequadamente e dar o devido crédito a todos os detentores dos direitos autorais de qualquer material utilizado neste livro, dispondo-se a possíveis acertos caso, inadvertidamente, a identificação de algum deles tenha sido omitida.

Não é responsabilidade da editora nem do autor a ocorrência de eventuais perdas ou danos a pessoas ou bens que tenham origem no uso desta publicação.

Apesar dos melhores esforços do autor, do editor e dos revisores, é inevitável que surjam erros no texto. Assim, são bem-vindas as comunicações de usuários sobre correções ou sugestões referentes ao conteúdo ou ao nível pedagógico que auxiliem o aprimoramento de edições futuras. Os comentários dos leitores podem ser encaminhados à **Editora Atlas Ltda**. pelo e-mail editorialcsa@grupogen.com.br.

Rua Conselheiro Nébias, 1384
Campos Elísios, São Paulo, SP – CEP 01203-904
Tels.: 21-3543-0770/11-5080-0770
editorialcsa@grupogen.com.br
www.grupogen.com.br

Designer de capa: MSDE|MANU SANTOS Design
Imagem: 1001Love|iStockphoto e spiral_media|iStockphoto
Projeto Gráfico: Set-up Time Artes Gráficas
Editoração Eletrônica: Tarumã Editoração Gráfica

Dados Internacionais de Catalogação na Publicação (CIP)
(Câmara Brasileira do Livro, SP Brasil)

Lins, Luiz dos Santos
Auditoria : uma abordagem prática com ênfase na auditoria externa : contém exercícios / Luiz dos Santos Lins. – 4. ed. – São Paulo : Atlas, 2017.

Bibliografia.
ISBN 978-85-97-01069-5

1. Auditoria 2. Contabilidade I. Título.

10-11351 CDD-657.458

Índices para catálogo sistemático:
1. Auditoria : Contabilidade 657.458
2. Auditoria contábil 657.458

Material Suplementar

Este livro conta com o seguinte material suplementar:

- Apresentações para uso em sala de aula em (.pdf) (restrito a docentes).

O acesso ao material suplementar é gratuito. Basta que o leitor se cadastre em nosso *site* (www.grupogen.com.br), faça seu *login* e clique em GEN-IO, no menu superior do lado direito.

É rápido e fácil. Caso tenha dificuldade de acesso, entre em contato conosco (sac@grupogen.com.br).

GEN | Informação Online

GEN-IO (GEN | Informação Online) é o repositório de materiais suplementares e de serviços relacionados com livros publicados pelo GEN | Grupo Editorial Nacional, maior conglomerado brasileiro de editoras do ramo científico-técnico-profissional, composto por Guanabara Koogan, Santos, Roca, AC Farmacêutica, Forense, Método, Atlas, LTC, E.P.U. e Forense Universitária. Os materiais suplementares ficam disponíveis para acesso durante a vigência das edições atuais dos livros a que eles correspondem.

SUMÁRIO

Parte II - Auditoria Intermediária, 157

APRESENTAÇÃO

As mudanças no mercado de capitais em decorrência das fraudes nas demonstrações contábeis envolvendo as empresas norte-americanas WorldCon e Enron, que culminaram com a edição da Lei Sarbanes-Oxley nos EUA, a crise econômica mundial e o aparelhamento de empresas públicas brasileiras por partidos políticos corruptos que culminaram com desvios bilionários, entre outros fatores, fizeram com que a auditoria voltasse ao centro das atenções. Aliadas a esses fatos, juntem-se ainda as mudanças na Contabilidade brasileira com a adoção das normas internacionais (IFRS).

O objetivo do livro é apresentar os principais procedimentos de auditoria, considerando os novos padrões internacionais adotados pela Contabilidade no Brasil. São discutidos os dois tipos de auditoria: interna e externa ou independente, com ênfase nesta última.

Na parte da auditoria externa, as contas das demonstrações contábeis são agrupadas em áreas para as quais são elaborados os papéis de trabalho, onde são evidenciados os procedimentos de auditoria. Antes dos papéis de trabalho de cada área, são apresentados os principais conceitos e aspectos contábeis conforme as normas de Contabilidade adotadas pelo Brasil e os seus respectivos controles internos.

O livro utiliza-se da mesma metodologia de aprendizado e desenvolvimento empregada pelas grandes empresas de auditoria que atuam no Brasil. O *trainee*, ao ingressar na empresa de auditoria, após um rápido treinamento dos conceitos básicos de Contabilidade e auditoria, começa suas atividades pelas áreas consideradas menos complexas, mesmo sem serem menos importantes. Com o passar do tempo e com base na sua ascensão na empresa, o antigo *trainee* vai recebendo novas áreas e novas atribuições/responsabilidades.

Nesse sentido, a primeira parte é voltada para auditoria básica com os conceitos e procedimentos necessários ao processo de aprendizagem direcionados para *trainees* e assistentes.

Na parte seguinte, são abordados os conceitos e procedimentos com um grau de complexidade maior, incluindo o planejamento da auditoria, relatórios e ainda a Lei Sarbanes-Oxley. Em suma, é um livro do *trainee* ao sênior de auditoria. Contém, em linhas gerais, o programa de Auditoria das principais faculdades no Brasil.

O Autor

PARTE I

AUDITORIA BÁSICA

Objetivos da Parte I

Em todas as grandes empresas de auditoria independente, o *trainee*, ao ingressar na empresa após rigoroso processo de seleção, inicia um pequeno curso contendo os principais conceitos de Contabilidade e auditoria. Após esse curso, é designado como integrante de equipes de campo enviadas aos clientes da empresa. Suas responsabilidades inicialmente são focadas nas áreas com menor grau de complexidade, porém, sem menos importância dentro do processo de auditagem. Essas áreas são, normalmente, o disponível e algumas outras áreas do ativo e passivo circulantes, dependendo do tamanho e volume de operações da empresa auditada. Nesse sentido, o objetivo desta parte do livro é proporcionar aos leitores os conceitos básicos de auditoria, bem como os principais aspectos de cada grupo de contas das demonstrações contábeis (DCs) e os seus respectivos procedimentos de auditoria. Note-se que as áreas das DCs que serão apresentadas nesta parte são aquelas normalmente atribuídas aos *trainees*. Na Parte II do livro, será dado prosseguimento com as demais áreas do balanço com grau maior de complexidade, bem como os tópicos do planejamento da auditoria e o resultado dos trabalhos da auditoria: o relatório. Ressalte-se ainda que será apresentado, antes de cada área a ser auditada, um pequeno resumo das peculiaridades contábeis inerentes às contas, dentro dos principais conceitos da Contabilidade brasileira.

1

ASPECTOS CONCEITUAIS

Objetivos do capítulo

Este capítulo tem por objetivo apresentar a auditoria nos seus conceitos básicos. São abordados, além dos tipos de auditorias e os seus principais objetivos, os seguintes pontos:

- breve histórico da auditoria;
- responsabilidades do auditor e do auditado;
- ética e postura profissional do auditor;
- entidades relacionadas com as normas contábeis e de auditoria no Brasil;
- principais normas brasileiras.

1.1 Introdução

De maneira geral e simplificada, auditoria, seja de qual tipo for, interna ou externa, significa conferência, verificação, análise e avaliação e, acima de tudo, comunicação dos resultados dentro de um determinado objetivo ao qual a auditoria se propõe. A palavra *auditoria* tem como origem o latim *audire*, cujo significado é ouvir. Os ingleses adotaram e ampliaram o conceito para *auditing* com um sentido mais voltado para revisão, verificação.

São diversos os motivos que levam as empresas a utilizarem os serviços de auditoria. Dependendo do objetivo, um tipo de auditoria será o mais adequado.

A implantação da auditoria interna e/ou a contratação da auditoria externa proporcionam diversas vantagens para a empresa, além de ser obrigatória, no caso da auditoria externa, para empresas com ações na bolsa de valores e empresas de capital fechado consideradas de grande porte. Entre as empresas de grande porte estão incluídas aquelas com ativo total superior a duzentos e quarenta milhões de reais ou receita bruta anual superior a trezentos milhões de reais.[1]

São vantagens da auditoria externa, entre outras:

- melhor segurança nos números apresentados com relação a possíveis fraudes, distorções e erros não intencionais;
- desestímulo a fraudes;
- maior segurança para os investidores;
- menor custo de capital;
- melhores controles e operações mais seguras e eficientes.

1.2 Tipos de auditoria

Em linhas gerais, pode-se dividir a auditoria em dois grandes grupos:

- auditoria interna; e
- auditoria externa.

1.2.1 Auditoria interna

É conduzida por funcionário da própria empresa na qual a auditoria é executada e em geral envolve a avaliação de desempenho, controles internos, sistemas de computação/informação, qualidade de serviços e produtos etc. Busca a identificação de não conformidades, prevenção e/ou detecção de falhas de operação, discrepâncias nas atividades administrativas, possibilitando maior confiabilidade das informações geradas, bem como garantindo a salvaguarda dos ativos da empresa.

---

1 Lei 11.638/07.

Em razão das suas funções de verificação/avaliação dos setores e processos da empresa, a auditoria interna não deve estar subordinada a qualquer diretoria para a qual poderá ter que apresentar relatórios de inconsistências, o que poderia, em princípio, ocasionar constrangimentos e principalmente medo de perder o emprego, uma vez que o auditor interno é funcionário da empresa. Deve, portanto, no organograma, estar subordinada e reportar-se diretamente à presidência da empresa ou ao conselho de administração.

Segundo a NBC TI 01, a auditoria interna compreende exames, análises, avaliações, levantamentos e comprovações, metodologicamente estruturados para a avaliação da integridade, adequação, eficácia, eficiência e economicidade dos processos, dos sistemas de informações e de controles internos integrados ao ambiente e de gerenciamento de riscos, com vistas a assistir a administração da entidade no cumprimento de seus objetivos.

Nesse sentido, a auditoria interna deve assessorar a administração da entidade no trabalho de prevenção de fraudes e erros, obrigando-se a informá-la, sempre por escrito, de maneira reservada, sobre quaisquer indícios ou confirmações de irregularidades detectadas no decorrer de seu trabalho.

O termo *fraude* aplica-se a ato intencional de omissão e/ou manipulação de transações e operações, adulteração de documentos, registros, relatórios, informações e demonstrações contábeis, tanto em termos físicos quanto monetários.

O termo *erro* aplica-se a ato não intencional de omissão, desatenção, desconhecimento ou má interpretação de fatos na elaboração de registros, informações e demonstrações contábeis, bem como de transações e operações da entidade, tanto em termos físicos quanto monetários.

Os procedimentos de auditoria interna[2] compreendem os testes de observância e testes substantivos. Os testes de observância visam à obtenção de uma razoável segurança de que os controles internos estabelecidos pela administração estão em efetivo funcionamento, inclusive quanto ao seu cumprimento pelos funcionários da entidade. Os testes

---

2 A auditoria externa também executa esses testes conforme veremos adiante.

substantivos, por sua vez, visam à obtenção de evidências quanto à suficiência, exatidão e validade dos dados produzidos pelos sistemas de informações da entidade.

Nota

- Testes de observância: avaliam a aderência da empresa em relação aos controles internos. Na sua aplicação, devem ser considerados os seguintes procedimentos:
  a) inspeção – verificação de registros, documentos e ativos tangíveis;
  b) observação – acompanhamento de processo ou procedimento quando de sua execução; e
  c) investigação e confirmação – obtenção de informações perante pessoas físicas ou jurídicas conhecedoras das transações e das operações, dentro ou fora da entidade.
- Testes substantivos: avaliam a exatidão dos dados produzidos pelo sistema de informações da empresa.

Alguns dos tipos da auditoria interna, que serão vistos em seguida, podem e são frequentemente prestados por terceiros. São os casos da auditoria tributária, ambiental, tecnologia da informação etc. Nesses casos, recebe o nome genérico de consultoria. A diferença da auditoria interna realizada por funcionários da empresa e terceiros diz respeito ao tempo. A auditoria realizada por funcionários é contínua, e a feita por terceiros é pontual e com prazo determinado. Ressalte-se que no caso da auditoria de qualidade e ambiental, se a empresa objetiva o recebimento de uma certificação, claro está que tal serviço deve ser validado exclusivamente por empresa independente que ao término do trabalho concederá o certificado ISO (*International Organization for Standardization*) de qualidade e/ou ambiental.

No serviço público, a auditoria interna assume também responsabilidades em relação ao cumprimento das finalidades regimentais, avaliando aspectos relacionados a recursos humanos e orçamentários.

Quadro 1.1 Características gerais da auditoria interna quando executada pela própria empresa e não por consultores externos

Executor	Funcionário da empresa
Isenção para informação externa	Menor, quando comparada com a auditoria externa
Objetivo principal	Prevenção e detecção de falhas nos controles internos
Resultado do trabalho	Relatório de recomendações
Cliente do serviço	Em linhas gerais, alta administração e diretorias/gerências
Sigilo	Sim
Frequência	Permanente
Detalhamento da análise	Alto

O relatório final é o documento pelo qual a auditoria interna apresenta o resultado dos seus trabalhos, devendo ser redigido com objetividade e imparcialidade, de forma a expressar, claramente, suas conclusões, recomendações e providências a serem tomadas pela administração da entidade. Deve ser apresentado a quem tenha solicitado o trabalho ou a quem este autorizar, devendo ser preservada a confidencialidade do seu conteúdo.

Nesse sentido, o relatório da auditoria interna deve abordar, no mínimo, os seguintes aspectos:

a) o objetivo e a extensão dos trabalhos;
b) a metodologia adotada;
c) os principais procedimentos de auditoria aplicados e sua extensão;
d) eventuais limitações ao alcance dos procedimentos de auditoria;
e) a descrição dos fatos constatados e as evidências encontradas;
f) os riscos associados aos fatos constatados; e
g) as conclusões e as recomendações resultantes dos fatos constatados.

Conforme o objetivo a ser alcançado, a auditoria interna pode ser dividida nos seguintes tipos:

a) Contábil

A auditoria interna contábil tem como foco principal os controles internos e a qualidade/confiabilidade das informações geradas. Objetiva, em última análise, a salvaguarda dos ativos da empresa. Nesse sentido, busca adequação, integração e equilíbrio entre a gestão de riscos operacionais e os controles internos. Este tipo de auditoria, dadas as suas peculiaridades de continuidade, é a única que não é comumente prestada por terceiros. O resultado do seu trabalho é um relatório de recomendações, de maneira geral, composto da seguinte forma:

- descrição do problema verificado;
- consequências para a empresa;
- sugestões para solução do problema.

Nota

A auditoria interna pode prestar alguns serviços auxiliares para a auditoria externa, principalmente em relação à abertura de papéis de trabalho e contagens físicas. O principal objetivo desses trabalhos é reduzir o número de horas e, por conseguinte, os custos com a auditoria externa. Além desse fato, a auditoria contábil tem uma participação bastante relevante dentro do processo da auditoria externa como um todo. Isso ocorre em função do alto grau de importância dado aos controles internos pela auditoria externa como base da determinação do nível e volume dos testes a serem aplicados e até mesmo, em última análise, na não aceitação do cliente em razão dos riscos envolvidos. Nesse sentido, na Parte II do livro, e dentro do tópico planejamento da auditoria externa, os controles internos serão vistos com mais detalhes.

No planejamento dos trabalhos da auditoria interna contábil, são estabelecidos cronogramas e procedimentos de forma que se possam conhecer adequadamente e cobrir todas as áreas da empresa consideradas importantes ou críticas e, portanto, com riscos para a salvaguarda dos ativos da empresa. Em empresas comerciais e industriais essas áreas geralmente são compras, vendas, estoques e tesouraria.

b) Operacional

A auditoria interna operacional, também denominada auditoria interna de desempenho, tem por objetivo a análise das atividades operacionais visando avaliar, e se necessário corrigir, a relação custo-benefício, entre os recursos demandados pela empresa e a sua aplicação de maneira eficiente/eficaz de acordo com os objetivos operacionais, táticos e estratégicos determinados pela alta direção. Faz uso intensivo de indicadores econômico-financeiros, notadamente com base no *benchmark* do segmento de atuação da empresa.

No planejamento da auditoria operacional, são avaliadas as políticas operacionais, manuais, fluxogramas etc. de forma a possibilitar traçar um cenário das condições atuais da empresa. Em seguida, são entrevistados os responsáveis pelas áreas visando identificar inicialmente as principais deficiências. Nesse ponto cabe uma ressalva: às vezes, funcionários fornecem informações distorcidas e que talvez não representem efetivamente a realidade com o intuito de preservar seu *status quo*. Esse fato deve ser considerado na obtenção das informações, inclusive com a realização de testes.

Finalmente, são definidos a equipe, o cronograma de trabalho, a seleção da amostra a ser testada e os procedimentos de auditoria a serem empregados.

O relatório final tem as mesmas características do relatório da auditoria contábil, conforme acima. Aqui, cabe um comentário. Por se tratar de avaliação de desempenho, sugere-se sempre que a linguagem utilizada no relatório final seja objetiva e com um tom bem mais construtivo do que ameaçador ou crítico.

c) De *compliance*

A auditoria interna de *compliance* tem como foco a verificação do cumprimento das normas aplicáveis à empresa e os seus regulamentos internos. Visa, em um primeiro momento, avaliar os riscos de sanções legais e/ou pecuniárias pelo não acatamento integral ou parcial das normas às quais a empresa está submetida. Na parte interna, avalia o cumprimento dos regulamentos, códigos de conduta e ética e todo e qualquer tipo de procedimentos administrativos determinados pela alta administração. Em alguns momentos, quando não devidamente planejada e executada, pode vir a se sobrepor à auditoria contábil. Este tipo de auditoria é muito comum em empresas que atuam no mercado financeiro, notadamente em bancos.

d) De sistemas

A auditoria interna de sistemas, junto com a auditoria interna contábil, é o alicerce para que a auditoria externa estabeleça o grau de confiança nos controles internos e, por conseguinte, determine o volume de testes a serem executados.

O foco da auditoria de sistemas encontra-se na segurança e acuracidade das informações geradas pelo sistema de informação. Como todas as informações geradas pela empresa têm algum grau de confidencialidade imputado, é importante garantir que o acesso a tais informações só seja permitido a pessoas devidamente autorizadas. Nesse sentido, é fundamental que a auditoria de sistemas efetue constantemente testes buscando possíveis falhas e discrepâncias, bem como novas tecnologias de segurança. Outra atribuição do auditor interno de sistemas é garantir que os *inputs* efetuados no sistema sejam efetivamente consistentes com os *outputs*. Assim, cálculos financeiros e tributários, por exemplo, devem ser constantemente testados para buscar possíveis cálculos desatualizados em função de possíveis mudanças na legislação.

e) Fiscal e tributária

A auditoria interna fiscal e tributária tem como principal objetivo a avaliação dos procedimentos fiscais e tributários utilizados pela empresa com o intuito de verificar o cumprimento das normas fiscais e tributárias de forma a inibir possíveis contingências futuras. Compreende também a revisão das obrigações trabalhistas e previdenciárias relacionadas com o departamento de recursos humanos. Embora tenha como foco a empresa como um todo, uma vez que todas as transações efetuadas pela empresa de alguma forma afetam o resultado e, portanto, os impostos incidentes, alguns grupos de contas em empresas comerciais e industriais normalmente recebem maior atenção dessa auditoria, tais como estoques, vendas-compras.

É também função da auditoria fiscal e tributária a constante avaliação das normas legais na busca de possíveis novos procedimentos que acarretem economia no pagamento de impostos, taxas e contribuições; é a chamada elisão fiscal.

f) De qualidade e ambiental

Essas auditorias visam à melhoria dos sistemas de gestão de qualidade e ambiental. Resumem-se em um processo sistemático e documentado visando identificar possíveis problemas (riscos) e oportunidades de melhorias relacionadas direta ou indiretamente à melhoria da qualidade dos produtos e redução dos impactos ambientais das atividades da empresa.

A auditoria de qualidade e a auditoria ambiental podem ser subdivididas em duas partes:

- auditoria interna para adequação de procedimentos e normas com fins de melhorias operacionais e de custos. Visa, em última análise e normalmente em consonância com a auditoria interna operacional, à redução das falhas, danos ambientais e desperdícios durante o processo produtivo; e
- auditoria de certificação. Visa à obtenção de certificação, através de especialistas externos, pelas normas ISO 9000 e 14000. Mais recentemente temos a ISO 19011, que fez a junção de parte das ISO 9000 e 14000 visando a uma redução de custos na implementação conjunta. Ao leitor mais interessado nesses tipos de auditoria recomenda-se sempre a verificação dessas normas, que frequentemente são criadas e/ou modificadas.

1.2.2 Auditoria externa ou independente

De maneira geral, a finalidade da auditoria externa é aumentar o grau de confiança nas demonstrações contábeis por parte dos seus usuários. Nesse sentido, compreende expressar uma opinião através da emissão de um relatório sobre as demonstrações contábeis da empresa auditada no(s) período(s) sob exame e assegurar que estas foram elaboradas em todos os aspectos relevantes, em conformidade com as normas brasileiras de Contabilidade e legislação específica aplicáveis.

A NBC TA 200 ressalta que a opinião do auditor não assegura, por exemplo, a viabilidade futura da entidade nem a eficiência ou eficácia com a qual a administração conduziu os negócios da entidade. Em algumas situações, porém, a lei e/ou regulamento aplicável podem exigir que o auditor forneça opinião sobre outros assuntos específicos, tais como a eficácia do controle interno ou a compatibilidade de um relatório separado da administração junto com as demonstrações contábeis.

Toda empresa de auditoria obrigatoriamente necessita de registro na Comissão de Valores Mobiliários (CVM).

No Quadro 1.2, são apresentadas as principais características da auditoria externa.

Quadro 1.2 Características gerais da auditoria externa

Executor	Funcionário da empresa de auditoria independente
Isenção para informação externa	Maior, quando comparada com a auditoria interna
Objetivo principal	Exame das DCs com evidenciação da adequação dos números apresentados pela empresa auditada na data do balanço através do relatório
Resultado do trabalho	Emissão de relatório
Cliente do serviço	Empresa contratante, na figura do Conselho de Administração ou Presidência da empresa
Sigilo	Sim para o Wps; não para o relatório
Frequência	Periódica
Detalhamento da análise	Baixo

Com intuito de manter a objetividade e a independência necessárias e fundamentais para o exercício da profissão de auditor externo, essa função sofre algumas restrições conforme normas em vigor (Instrução CVM 308/99), das quais destacam-se:

- Rotação de auditorias:

A Instrução CVM 509/11 alterou alguns artigos da Instrução 308/99 relativos à rotatividade das empresas de auditoria. Para poder permanecer com a mesma empresa de auditoria por um prazo de dez anos (antes o prazo máximo era de cinco anos consecutivos), a empresa auditada deve dispor de um Comitê de Auditoria Estatutária (CAE) conforme as seguintes regras:

I. ser previsto no estatuto da companhia;

II. ser órgão de assessoramento vinculado diretamente ao conselho de administração;
III. reunir-se sempre que necessário, mas no mínimo bimestralmente, de forma que as informações contábeis sejam sempre apreciadas antes de sua divulgação;
IV. possuir regimento interno próprio, aprovado pelo conselho de administração, que preveja detalhadamente suas funções, bem como seus procedimentos operacionais;
V. possuir coordenador, cujas atividades devem estar definidas no regimento interno;
VI. possuir meios para receber denúncias, inclusive sigilosas, internas e externas à companhia, em matérias relacionadas ao escopo de suas atividades; e
VII. possuir autonomia operacional e dotação orçamentária, anual ou por projeto, dentro de limites aprovados pelo conselho de administração para conduzir ou determinar a realização de consultas, avaliações e investigações dentro do escopo de suas atividades, inclusive com a contratação e utilização de especialistas externos independentes.

Ressalte-se que o CAE deve ser composto por, no mínimo, três membros independentes, indicados pelo conselho de administração, que exercerão seus cargos por, no máximo, dez anos. A instrução determina ainda que o auditor independente deve proceder à rotação do responsável técnico, diretor, gerente e de qualquer outro integrante da equipe de auditoria com função de gerência, em período não superior a cinco anos consecutivos, com intervalo mínimo de três anos para seu retorno.

- Restrições da empresa de auditoria: é vedado ao auditor independente e às pessoas físicas e jurídicas a ele ligadas:

  "I – [...]

  II – prestar serviços de consultoria que possam caracterizar a perda da sua objetividade e independência.

  Parágrafo único. São exemplos de serviços de consultoria:

  I – assessoria à reestruturação organizacional; II – avaliação de empresas; III – [...]; IV – determinação de valores para efeito de constituição de provisões ou reservas técnicas e de provisões para contingências; V – planejamento tributário; VI –

remodelamento dos sistemas contábil, de informações e de controle interno; ou VII – qualquer outro produto ou serviço que influencie ou que possa vir a influenciar as decisões tomadas pela administração da instituição auditada."

- Restrições dos auditores designados para o serviço no cliente:

"a) vínculo conjugal, parentesco consanguíneo ou afinidades, com administradores, acionistas, sócios ou com empregados que tenham ingerência na sua administração ou nos negócios ou sejam responsáveis por sua contabilidade;
b) relação de trabalho como empregado, administrador ou colaborador assalariado, ainda que esta relação seja indireta, nos dois últimos anos;
c) participação direta ou indireta como acionista ou sócio;
d) interesse financeiro direto, imediato ou mediato;
e) função ou cargo incompatível com a atividade de auditoria independente;
f) qualquer outra situação de conflito de interesses no exercício da auditoria independente."

1.2.2.1 A carreira do auditor externo

De maneira geral, o processo seletivo do *trainee* de auditoria externa começa com a inscrição pela Internet no processo seletivo. Após a aprovação da inscrição inicial, o candidato é encaminhado para uma prova escrita de conhecimentos gerais, Contabilidade e inglês. Conseguindo êxito nessa fase, o candidato passa para a fase seguinte, que é uma dinâmica de grupo, onde são avaliados a sua personalidade, capacidade de trabalho em equipe, liderança e desenvoltura na solução de problemas. Passada essa fase, há ainda uma entrevista final com o sócio da empresa que pode ser em português ou em inglês. Podem candidatar-se à vaga de *trainee* de auditoria, além dos contadores, profissionais de diversas categorias, por exemplo, advogados, engenheiros, economistas e administradores. Embora admitam-se diversas profissões, por determinação legal, apenas os contadores podem assinar os relatórios e, portanto, só contadores podem galgar o posto máximo de sócios.

A carreira do auditor externo começa pelo *trainee*. Após aproximadamente um ano de trabalho, normalmente o *trainee* é promovido a auditor assistente C, depois a assistente B e finalmente assistente A. Nessa fase é comum que alguns auditores, em função de excelente desempenho, recebam promoção dupla, ou seja, por exemplo, o *trainee* passa direto para assistente B.

Depois de assistente A, o auditor é promovido a semissênior, sênior, supervisor, diretor, gerente e, o último nível da carreira, sócio. O sócio é o representante legal da empresa perante a sociedade e é o único que pode assinar, conforme já comentado, o relatório de auditoria.

Para exercer a profissão de auditor independente é necessário, além do registro no CRC, também o Cadastro Nacional de Auditores Independentes (CNAI). Para o registro no CNAI é necessária aprovação no Exame de Qualificação Técnica instituído pela NBC PA 13(R1). O CNAI do Conselho Federal de Contabilidade foi criado pela Resolução CFC 1.019, de 18 de fevereiro de 2005, alterada pela Resolução CFC 1.147, de 12 de dezembro de 2008, como resposta à exigência da CVM e do Banco Central do Brasil (BCB) de realização de exame de qualificação para os auditores que atuam nas áreas reguladas por esses órgãos. O CNAI tem por finalidade cadastrar todos os profissionais que atuam no mercado de auditoria independente como sócios de empresas de auditoria ou na forma autônoma.

O exame é composto pelos seguintes assuntos:

Prova de Qualificação Técnica Geral: Legislação e Ética Profissional; e Princípios Fundamentais de Contabilidade e Normas Brasileiras de Contabilidade e suas Interpretações Técnicas, editadas pelo Conselho Federal de Contabilidade.

Prova Específica para Atuação na Área de Auditoria nas Instituições Reguladas pelo Banco Central do Brasil (BCB): Legislação sobre a Profissão Contábil; Princípios Fundamentais de Contabilidade e Normas Brasileiras de Contabilidade e suas Interpretações Técnicas, editadas pelo CFC; Legislação e Normas do Sistema Financeiro Nacional (SFN); Conhecimento de Operações da Área de Instituições Reguladas pelo Banco Central do Brasil e Contabilidade das Instituições do Sistema Financeiro Nacional.

Prova Específica para Atuação na Área de Auditoria nas Instituições Reguladas pela Superintendência de Seguros Privados (Susep): Legislação sobre a Profissão Contábil; Princípios Fundamentais de Contabilidade e Normas Brasileiras de Contabilidade e suas Interpretações Técnicas, editadas pelo CFC; Normas e Procedimentos Contábeis e de Auditoria Aplicáveis às Entidades Reguladas pela Susep; Conhecimento da Estrutura do Sistema Nacional de Seguros Privados e das Operações da Área de Entidades Reguladas pela Susep; e Contabilidade das Instituições Reguladas pela Susep.

A prova para o Exame de Qualificação Técnica Geral será escrita e constará de cinquenta questões para respostas objetivas e duas questões para respostas dissertativas.

O candidato deverá obter um mínimo de cinquenta por cento de acertos.

Conforme consta da Resolução 3.198/04 (alterada pela Resolução 3.771/09), do Banco Central do Brasil (BCB), deverão se submeter ao Exame organizado pelo CFC em conjunto com o Ibracon o responsável técnico, o diretor, o gerente, o supervisor ou qualquer outro integrante com função de gerência, da equipe envolvida nos trabalhos de auditoria na área financeira.

Conforme ainda a Resolução CNSP 118, de 22 de dezembro de 2004, da Susep, alterada pelas CCI/SUSEP/DECON 05/05, 06/05 e 05/06, deverão se submeter ao Exame organizado pelo CFC todos os auditores independentes que desejam atuar nas instituições reguladas pela Superintendência de Seguros Privados (Susep).

Uma vez inscrito no CNAI, o contador estará obrigado a:

a) manter o seu registro regular perante o Conselho Regional de Contabilidade e CNAI;

b) comprovar sua participação no programa de Educação Profissional Continuada, nos termos estabelecidos em resoluções do CFC; e

c) manter atualizados os seus dados cadastrais.

Segue no Quadro 1.3 um resumo da evolução da auditoria a partir da Revolução Industrial.

Quadro 1.3 Breve evolução da auditoria externa

> De forma mais organizada, a auditoria externa começou com a Revolução Industrial e o surgimento do capitalismo (séculos XVIII e XIX). Nesse período, as empresas tinham oportunidade de ampliar fortemente sua produção via aquisição de máquinas e, nesse sentido, necessitavam de recursos que iam buscar nos bancos. Os banqueiros, por sua vez, exigiam que especialistas verificassem a veracidade das informações prestadas pelos clientes, no intuito de assegurar que as garantias dadas aos empréstimos existiam e correspondiam ao que havia sido declarado pelos clientes. Nesse sentido, nota-se que a principal função da auditoria era buscar fraudes e erros nas informações prestadas, principalmente, aos bancos.
>
> Outro marco importante foi a exigência por parte das entidades que organizavam o mercado mobiliário da constituição de auditoria para todas as empresas que tinham ações na bolsa de valores, com o intuito de dar maior transparência e segurança aos investidores.
>
> No Brasil, duas datas se destacariam: a criação das normas de auditoria pelo BACEN em 1972 e a criação da Comissão de Valores Mobiliários (CVM) e a publicação da Lei das Sociedades por Ações (Lei 6.404) em 1976.
>
> Atualmente, as empresas mais conhecidas, com atuação em nível mundial e que mantêm escritório no Brasil, resumem-se a quatro, as chamadas *big four*: PricewaterhouseCoopers; KPMG; Deloitte Touche Tohmatsu; e Ernst & Young.

Tendo em vista os objetivos do livro, o foco será dado à auditoria externa, que será detalhada nos próximos tópicos e capítulos.

1.3 Responsabilidades do auditor externo e do auditado

Tanto o auditor como o cliente-auditado têm obrigações e responsabilidades perante todos os *stakeholders*. Um primeiro e fundamental ponto a ser destacado é o fato de que as demonstrações contábeis são de propriedade e responsabilidade exclusiva do auditado e que este, por conseguinte, é o responsável direto por tudo o que nela conste ou que porventura seja omitido por qualquer motivo.

1.3.1 Auditor

O auditor independente é submetido a diversas normas em relação ao seu trabalho. A seguir, destacamos algumas dessas normas.

Registro na CVM

Todo auditor, pessoa física ou jurídica, tem obrigação de ter seu registro efetuado na CVM. O registro do auditor independente pessoa jurídica é conferido à sociedade integrada exclusivamente por contadores e cadastrada no Conselho Regional de Contabilidade. Para que o sócio ou qualquer outra pessoa que tenha vínculo de emprego com a sociedade de auditoria possa emitir e assinar pareceres e relatórios em nome da sociedade, torna-se obrigatório estar cadastrado como responsável técnico junto à Comissão de Valores Mobiliários.

A norma mantém ainda a exigência de que pelo menos a metade dos sócios da empresa de auditoria seja cadastrada como responsável técnico na Comissão de Valores Mobiliários para exercer a atividade de auditoria no âmbito do mercado de valores mobiliários, em nome da sociedade. Se, depois de obtido o registro da sociedade, houver alteração no quadro social, seja por exclusão ou por admissão de sócios, é imperativo que seja mantida essa relação, para que o registro não seja suspenso ou mesmo cancelado até que a situação seja normalizada.

A CVM também determina que, para fins de registro como auditor independente pessoa física e de cadastro como responsável técnico de auditor independente pessoa jurídica, deve o interessado apresentar a certidão válida de aprovação no exame de qualificação técnica estabelecido pelo Conselho Federal de Contabilidade.

Dentre as outras condições para obtenção do registro, é fundamental que seja comprovado o exercício da atividade de auditoria pelo prazo mínimo de cinco anos, consecutivos ou não. Deve ser esclarecido que esse prazo é contado a partir do registro do interessado no Conselho Regional de Contabilidade (CRC), na categoria de contador. O exercício da atividade de auditoria anterior ao seu registro no CRC configura descumprimento às normas profissionais.

Guarda da documentação e sigilo

Para fins de fiscalização do exercício profissional, toda a documentação, papéis de trabalho, relatórios e pareceres relacionados com os serviços realizados devem ser conservados em boa guarda, pelo prazo de cinco anos, a partir da data da emissão de seu relatório. Toda documentação relativa à auditoria é confidencial e, portanto, deve ser mantida em local seguro e sob sigilo. A norma só admite a divulgação das informações contidas nos documentos do auditor em duas ocasiões: por autorização expressa da entidade auditada e quando houver ordem judicial.

Responsabilidade compartilhada

Em nenhuma hipótese a responsabilidade do auditor será modificada, mesmo quando o contador, na função de auditor interno ou especialista, contribuir para a realização dos trabalhos. O fato de um papel de trabalho ser preenchido pela auditoria interna do cliente, por exemplo, relativo a um inventário físico realizado, não isenta o auditor independente de responsabilidade sobre qualquer tipo de erro ou fraude que possa acarretar erro no seu relatório final.

Revisão externa

Os auditores deverão se submeter a cada quatro anos a uma revisão externa (*peer-review*) realizada por outro auditor registrado na CVM, com vistas a avaliar também a observância às normas técnicas e profissionais. No caso de sociedade de auditoria, a revisão deverá ser efetuada por outra sociedade, registrada na CVM, sem vínculo com a revisada e que possua estrutura compatível com o trabalho a ser desenvolvido.

Conforme a NBC PA 11, a revisão externa de qualidade pelos pares constitui-se em processo de acompanhamento e controle de qualidade dos trabalhos realizados pelos auditores independentes.

O objetivo da revisão pelos pares é a avaliação dos procedimentos adotados pelo contador que atua como auditor independente e pela firma de auditoria, com vistas a assegurar a qualidade dos trabalhos desenvolvidos. A qualidade, nesse contexto, é medida pelo atendimento ao estabelecido nas Normas Brasileiras de Contabilidade Técnicas e Profissionais editadas pelo Conselho Federal de Contabilidade (CFC) e, na falta destas, nos pronunciamentos do Ibracon – Instituto dos Auditores Independentes do Brasil, e, quando aplicável, nas normas emitidas por órgãos reguladores.

A revisão deve ser organizada para permitir que o auditor-revisor emita opinião sobre se durante o período coberto pela revisão:

a) o sistema de controle de qualidade, incluindo a estrutura organizacional e a metodologia de auditoria, estabelecido pelo auditor-revisado para os trabalhos de auditoria atende às normas profissionais estabelecidas, independentemente de o auditor-revisado ter realizado trabalho com emissão de relatório de auditoria no período sob revisão; e
b) os procedimentos de controle de qualidade definidos foram, efetivamente, adotados na realização dos trabalhos pelo auditor-revisado.

Para cada auditor-revisado, a equipe revisora deve concluir sobre a existência de assuntos que mereçam atenção quando houver evidência de que o revisado não cumpriu com as políticas e os procedimentos de controle de qualidade estabelecidos, emitindo carta de recomendações circunstanciada.

A revisão deve abranger, exclusivamente, aspectos de atendimento às normas profissionais, sem a inclusão de quaisquer questões relativas a negócios entre o auditor-revisado e os seus clientes.

O processo da Revisão Externa de Qualidade deve ser desenvolvido conforme procedimentos a serem detalhados pelo Comitê Administrador do Programa de Revisão Externa de Qualidade (CRE), que devem considerar o seguinte:

a) obtenção, análise e avaliação das políticas e dos procedimentos de controle de qualidade estabelecidos pelo auditor-revisado independentemente da realização de trabalhos, com emissão de relatório de auditoria no período sob revisão;
b) análise da adequação da informação recebida nas entrevistas com pessoas de níveis hierárquicos e experiência adequada do auditor-revisado;
c) confirmação da estrutura de controle interno mediante confronto com os papéis de trabalho, para uma amostra de trabalhos;
d) discussão com o auditor-revisado sobre os aspectos identificados, apresentação das eventuais falhas e respectivas recomendações;
e) elaboração do relatório de revisão de qualidade e carta de recomendações, quando for o caso; e
f) preparação da documentação de discussões com os revisados.

1.3.2 Cliente-auditado

O texto da nota explicativa da Instrução CVM 308/99 é bem claro quanto às responsabilidades ao cliente da auditoria externa em relação a esta, conforme transcrição abaixo.

> "A CVM entende que uma auditoria fundamentada nos conceitos de independência e competência não deve ser considerada como mais um ônus para a entidade auditada. Os administradores devem ter a máxima diligência na escolha e na contratação do seu auditor, posto que poderão ser responsabilizados quando constatado que o auditor contratado não atende aos requisitos de capacitação técnica e de independência, não possui estrutura organizacional compatível com o porte e a complexidade do serviço a ser executado e não se encontra com seu registro regularizado na CVM. Além disso, a Instrução prevê a possibilidade de anulação do trabalho de auditoria feito por auditor não registrado na CVM ou em que seja constatada a sua falta de independência.
>
> O administrador tem ainda o dever, sob pena de multa, de comunicar à CVM, na Superintendência de Normas Contábeis e de Auditoria – SNC, no prazo de 20 (vinte) dias, a substituição dos seus auditores, com exposição justificativa dos motivos para essa substituição, na qual deverá constar a anuência do auditor."

O auditado também tem outras responsabilidades que são relacionadas no documento denominado "carta de responsabilidade da administração",[3] no qual o cliente da auditoria externa lista nominalmente e assina todas as suas responsabilidades diante das demonstrações contábeis utilizadas pela auditoria no seu trabalho visando à emissão do relatório. A data desse documento é a mesma do relatório da auditoria. Vejamos alguns pontos que são destacados nessa carta:

- ser endereçada ao auditor independente;
- fazer referência às demonstrações contábeis objeto da auditoria;
- mencionar que a administração cumpriu com as normas e regulamentos a que a entidade está sujeita;

[3] Um exemplo do *layout* da carta de responsabilidade da administração é apresentado na Parte II do livro.

- mencionar que o sistema contábil e os controles internos adotados pela entidade são de responsabilidade da administração e adequados ao seu tipo de atividade e volume de transações;
- confirmar que todas as transações efetuadas no período foram devidamente registradas no sistema contábil, de acordo com a legislação vigente;
- confirmar que as estimativas contábeis foram efetuadas com base em dados consistentes;
- confirmar que não há contingências fiscais, trabalhistas, previdenciárias e legais que possam afetar substancialmente a situação financeira e patrimonial da entidade, influindo significativamente na sua avaliação;
- confirmar que não há nenhum fato conhecido que possa impedir a continuidade das normas e das atividades da entidade;
- confirmar que não há qualquer evento subsequente que possa afetar a posição patrimonial e financeira da entidade, bem como o resultado do período;
- confirmar que todos os livros e registros contábeis e documentos comprobatórios foram colocados à disposição dos auditores;
- confirmar que foram adequadamente contabilizados e divulgados nas demonstrações contábeis os saldos e transações com "partes relacionadas", os prejuízos decorrentes de compromissos de compra e venda, os acordos para a recompra de ativos anteriormente vendidos, e os ativos dados em garantia.

1.4 Ética e postura profissional do auditor

A palavra *ética* deriva do grego *ethos* e significa, em linhas gerais, conduta relativa aos costumes derivados da convivência em sociedade. Note-se, assim, que o nível de ética praticada – se isso fosse possível medir adequadamente – depende da percepção pela sociedade do que seja correto.

Embora o assunto "ética" possa ser discutido sob diversas óticas, aqui vamos nos deter resumidamente em apenas uma dessas óticas, que é a ética profissional. Em linhas gerais, ética profissional reflete os procedimentos dentro do exercício de uma profissão, no nosso caso, contador/auditor.

No final do ano de 2001, o mercado de capitais teve conhecimento de um dos maiores escândalos financeiros até então: as fraudes da Enron, uma das maiores empresas de energia do mundo, com faturamento anual na casa dos US$ 100 bilhões. Essas fraudes somavam algo em torno de US$ 30 bilhões com a conivência de empresas, bancos e, por mais triste que possa ser, da empresa de auditoria responsável pela análise das DC's. Esse escândalo arrastou para a falência a maior empresa de auditoria do mundo na época, que era a Arthur Andersen. E por que a Arthur Andersen teve que fechar as portas? Simples, ela perdeu a única coisa que sustenta de fato uma empresa de auditoria: a credibilidade das suas atitudes.

Sem credibilidade não há confiança, algo fundamental em qualquer tipo de trabalho, notadamente nos de auditoria, em que o resultado, o relatório, é uma das bases nas decisões de investimentos desde os grandes fundos de previdência até os cidadãos comuns.

Nota

O auditor está sujeito a exigências éticas relevantes, inclusive as relativas à independência, no que diz respeito a trabalhos de auditoria de demonstrações contábeis. As exigências éticas relevantes abrangem o Código de Ética Profissional do Contabilista, relacionadas à auditoria de demonstrações contábeis bem como as NBC PAs aplicáveis.

O Código de Ética Profissional do Contabilista bem como as NBC PAs estabelecem princípios fundamentais de ética profissional relevantes para o auditor quando da condução de auditoria de demonstrações contábeis e fornece estrutura conceitual para a aplicação desses princípios, que estão em linha com os princípios fundamentais, cujo cumprimento pelo auditor é exigido pelo Código IFAC (sigla em inglês da Federação Internacional de Contadores), a saber:

a) Integridade;
b) Objetividade;
c) Competência e zelo profissional;
d) Confidencialidade; e
e) Conduta profissional.

O Código de Ética Profissional do Contabilista bem como as NBC PAs aplicáveis podem ilustrar como a estrutura conceitual deve ser aplicada em situações específicas.

No caso de trabalho de auditoria ser de interesse público e, portanto, exigido pelo Código de Ética Profissional do Contabilista e pelas NBC PAs, exige-se que o auditor seja independente da entidade sujeita a auditoria. O Código de Ética Profissional do Contabilista e as NBC PAs descrevem a independência como abrangendo postura mental independente e independência na aparência. A independência do auditor frente à entidade salvaguarda a capacidade do auditor de formar opinião de auditoria sem ser afetado por influências que poderiam comprometer essa opinião. A independência aprimora a capacidade do auditor de atuar com integridade, ser objetivo e manter postura de ceticismo profissional.

Fonte: NBC TA 200.

Quando o estudante de Contabilidade conclui seu curso, em uma das partes da sua solenidade de colação de grau, ele presta o seguinte juramento em público:

> *Juro exercer com zelo, diligência e honestidade a profissão contábil, cumprindo com fidelidade os deveres impostos pelo meu grau, respeitando a verdade, a justiça e o sigilo profissional.* ***Juro cumprir fielmente o código de ética da profissão contábil quer na sua letra, quer no seu espírito, com o objetivo de tornar-me digno de ser mais um membro da grande classe de contabilistas do Brasil.***
>
> *Juro pela profissão! Juro pela Classe!* ***Juro pelo Brasil!*** (Grifo nosso.)

O Conselho Federal de Contabilidade (CFC) tem entre suas resoluções o Código de Ética do Contabilista (Resolução 1.307/10). Abaixo, listamos alguns dos pontos importantes dessa resolução:

I. exercer a profissão com zelo, diligência, honestidade e capacidade técnica, observada toda a legislação vigente, em especial os Princípios de Contabilidade e as Normas Brasileiras de Contabilidade, e resguardados os interesses de seus clientes e/ou empregadores, sem prejuízo da dignidade e independência profissionais;
II. guardar sigilo sobre o que souber em razão do exercício profissional lícito, inclusive no âmbito do serviço público, ressalvados os casos previstos em lei ou quando solicitado por autoridades competentes, entre estas os Conselhos Regionais de Contabilidade;
III. comunicar, desde logo, ao cliente ou empregador, em documento reservado, eventual circunstância adversa que possa influir na decisão daquele que lhe formular consulta ou lhe confiar trabalho, estendendo-se a obrigação a sócios e executores;
IV. renunciar às funções que exerce, logo que se positive falta de confiança por parte do cliente ou empregador, a quem deverá

notificar com trinta dias de antecedência, zelando, contudo, para que os interesses deles não sejam prejudicados, evitando declarações públicas sobre os motivos da renúncia;

V. manifestar, a qualquer tempo, a existência de impedimento para o exercício da profissão.

É ainda vedado ao contabilista:

I. concorrer para a realização de ato contrário à legislação ou destinado a fraudá-la ou praticar, no exercício da profissão, ato definido como crime ou contravenção;
II. solicitar ou receber do cliente ou empregador qualquer vantagem de que saiba para aplicação ilícita;
III. prejudicar, culposa ou dolosamente, interesse confiado a sua responsabilidade profissional;
IV. aconselhar o cliente ou o empregador contra disposições expressas em lei ou contra os Pressupostos Básicos e as Normas Brasileiras de Contabilidade editadas pelo Conselho Federal de Contabilidade;
V. revelar negociação confidenciada pelo cliente ou empregador para acordo ou transação de que, comprovadamente, tenha tido conhecimento;
VI. iludir ou tentar iludir a boa-fé de cliente, empregador ou de terceiros, alterando ou deturpando o exato teor de documentos, bem como fornecendo falsas informações ou elaborando peças contábeis inidôneas.

Para Reflexão

No Brasil, algumas frases que já se tornaram de uso comum e estão incluídas no cotidiano popular passam a equivocada impressão de que os brasileiros são "malandros" e/ou "aproveitadores".

São alguns exemplos:

"Todo homem tem seu preço."

"Todo mundo faz isso, por que eu seria diferente?"

"Não estou roubando de ninguém, já que o dinheiro é público."

E por aí vai...

Eu entendo que o homem é fruto do meio. Não entendo que alguma pessoa nasça má ou boa. Ela simplesmente vai se adequando e se desenvolvendo dentro do que a sociedade oferece como correto e honesto. Constantemente são noticiados nos meios de comunicação casos absurdos de condutas aéticas, como alguns poucos exemplos abaixo, dentre muitos outros.

Pessoas de posses roubando doações destinadas a flagelados que perderam tudo em catástrofes naturais; aparelhamento de empresas públicas por partidos políticos corruptos visando obtenção de propinas; integrantes de partidos políticos escondendo dinheiro ilícito em cueca; empresários envolvidos com desvios de recursos públicos em licitações fraudulentas e ainda achando que o "dinheiro não tem dono" por ser público; quebras de sigilos bancários e fiscais não autorizadas.

De novo, e por aí vai...

Tudo isso tem origem em dois pontos básicos: a ganância desenfreada na busca de riqueza fácil e poder e ainda a certeza da impunidade.

O que esses vermes fingem não saber é que o Estado não gera dinheiro. Todos os seus recursos são decorrentes de impostos – dos mais altos do mundo – e deveriam ser destinados para melhorar efetivamente a condição de todos os cidadãos, notadamente os menos favorecidos.

Nos anos oitenta, em uma palestra proferida no curso de mestrado na FGV/RJ, o palestrante disse uma frase que ilustra bem a corrupção endêmica no Brasil e que ficou na minha memória até hoje:

"O problema da seca do Nordeste brasileiro jamais será resolvido. Os próprios políticos da região não têm interesse em resolver de forma definitiva o problema, tendo em vista a quantidade enorme de dinheiro que é desviada dos recursos enviados pelo governo federal e de doações privadas." Ele tinha razão, afinal se passaram mais de trinta anos e o problema da seca continua.

Diante desse quadro, tenho algumas dúvidas:

1. Como será que esses vermes encaram um filho ou um neto que o julga como um exemplo de integridade?

2. Como esses canalhas dormem sabendo que crianças brasileiras morrem diariamente, seja de desnutrição, porque não recebem a merenda escolar (muitas vezes a única refeição do dia!), seja em consequência da falta de saneamento básico onde moram, porque eles desviaram os recursos?

Malditos sejam!

Processos judiciais mais rápidos e punições mais severas tanto para o corrupto quanto para o corruptor, devolução integral e imediata dos valores desviados devidamente corrigidos, cobrança de multas pesadas e uma auditoria pública mais contundente, eficiente e eficaz talvez possam mitigar a ocorrência desses absurdos.

1.5 Entidades relacionadas com as normas contábeis e de auditoria no Brasil

No Brasil destacam-se CVM, Ibracon, CFC/CRC e CPC.

a) Comissão de Valores Mobiliários (CVM)

De acordo com a Lei 6.385/76, que criou a CVM, esta exercerá suas funções a fim de:

- assegurar o funcionamento eficiente e regular dos mercados de bolsa e de balcão;
- proteger os titulares de valores mobiliários contra emissões irregulares e atos ilegais de administradores e acionistas controladores de companhias ou de administradores de carteira de valores mobiliários;
- evitar ou coibir modalidades de fraude ou manipulação destinadas a criar condições artificiais de demanda, oferta ou preço de valores mobiliários negociados no mercado;
- assegurar o acesso do público a informações sobre valores mobiliários negociados e as companhias que os tenham emitido;
- assegurar a observância de práticas comerciais equitativas no mercado de valores mobiliários;
- estimular a formação de poupança e sua aplicação em valores mobiliários;
- promover a expansão e o funcionamento eficiente e regular do mercado de ações e estimular as aplicações permanentes em ações do capital social das companhias abertas.

Cabe ainda à CVM, entre outras, disciplinar as seguintes matérias:

- registro de companhias abertas;
- registro de distribuições de valores mobiliários;
- credenciamento de auditores independentes e administradores de carteiras de valores mobiliários;
- organização, funcionamento e operações das bolsas de valores;
- negociação e intermediação no mercado de valores mobiliários;
- administração de carteiras e a custódia de valores mobiliários;
- suspensão ou cancelamento de registros, credenciamentos ou autorizações;

- suspensão de emissão, distribuição ou negociação de determinado valor mobiliário ou decretar recesso de bolsa de valores.

b) Instituto Brasileiro de Contadores (Ibracon)

O Instituto dos Auditores Independentes do Brasil, na época denominado com a sigla IAIB (Instituto de Auditores Internos do Brasil), foi criado oficialmente em 13 de dezembro de 1971. A transformação para a sigla Ibracon aconteceu em 1º de julho de 1982, quando o Instituto decidiu após assembleia abrir o quadro associativo para contadores das várias áreas de atuação. Então passou a ser denominado Instituto Brasileiro de Contadores. Anos mais tarde, em 8 de junho de 2001, a Diretoria Nacional aprovou a ideia de voltar a acentuar a característica de cuidar da classe dos auditores, porém, como o nome Ibracon já estava consolidado, tanto no meio profissional como nos setores público e empresarial, optou-se por mantê-lo mudando a denominação para Instituto dos Auditores Independentes do Brasil, como está atualmente, com abrangência de auditores, contadores e estudantes.[4]

O Ibracon constitui diversos grupos de trabalho com intuito de propor soluções para problemas técnicos específicos nas áreas de instituições financeiras, seguradoras e previdência. Dispõe ainda da Comissão Nacional de Normas Técnicas (CNNT), cujo objetivo é elaborar pronunciamentos sobre normas de auditoria e pressupostos contábeis, comunicados e interpretações técnicas, a partir de uma agenda de assuntos discutida e aprovada junto à Diretoria do Ibracon. Esses documentos técnicos, após discutidos e aprovados no âmbito de atuação da CNNT, são colocados em audiência pública.

c) Conselho Federal de Contabilidade (CFC) e Conselhos Regionais de Contabilidade (CRCs)

Tanto o CFC quanto os CRCs têm como funções principais o registro e controle do exercício da profissão contábil no Brasil e promover discussões sobre assuntos contábeis, além de emitir normas brasileiras de Contabilidade.

---

[4] Dados obtidos em: <http://www.ibracon.com.br>.

d) Comitê de Pronunciamentos Contábeis (CPC)[5]

O Comitê de Pronunciamentos Contábeis (CPC) foi idealizado a partir da união de esforços e comunhão de objetivos das seguintes entidades:

- ABRASCA;
- APIMEC Nacional;
- BOVESPA;
- CFC;
- FIPECAFI; e
- Ibracon.

Criado pela Resolução CFC 1.055/05, o CPC tem como objetivo *"o estudo, o preparo e a emissão de Pronunciamentos Técnicos sobre procedimentos de Contabilidade e a divulgação de informações dessa natureza, para permitir a emissão de normas pela entidade reguladora brasileira, visando à centralização e uniformização do seu processo de produção, levando sempre em conta a convergência da Contabilidade Brasileira aos padrões internacionais"*.

O CPC é totalmente autônomo das entidades representadas, deliberando por dois terços de seus membros.

O Conselho Federal de Contabilidade fornece a estrutura necessária.

Os membros do CPC, dois por entidade, na maioria contadores, não auferem remuneração.

Sua criação é decorrente das necessidades de:

- convergência internacional das normas contábeis (redução de custo de elaboração de relatórios contábeis, redução de riscos e custo nas análises e decisões, redução de custo de capital);
- centralização na emissão de normas dessa natureza (no Brasil, diversas entidades o fazem);
- representação e processo democráticos na produção dessas informações (produtores da informação contábil, auditor, usuário, intermediário, academia, governo).

---

5 Dados obtidos em: <http://www.cpc.org.br>.

No quadro a seguir são listadas as normas brasileiras de Contabilidade que norteiam o trabalho dos auditores e demais atividades relacionadas à área contábil.

Quadro 1.4 Classificação das Normas Brasileiras de Contabilidade

As Normas Brasileiras de Contabilidade (NBC) classificam-se em Profissionais e Técnicas. Estas estabelecem preceitos de conduta profissional, padrões e procedimentos técnicos necessários para o adequado exercício profissional.

As normas profissionais se estruturam conforme segue:

I. **Geral – NBC PG –** são as Normas Brasileiras de Contabilidade aplicadas indistintamente a todos os profissionais de Contabilidade;

II. **do Auditor Independente – NBC PA** – são as Normas Brasileiras de Contabilidade aplicadas, especificamente, aos contadores que atuam como auditores independentes;

III. **do Auditor Interno – NBC PI** – são as Normas Brasileiras de Contabilidade aplicadas especificamente aos contadores que atuam como auditores internos;

IV. **do Perito – NBC PP** – são as Normas Brasileiras de Contabilidade aplicadas especificamente aos contadores que atuam como peritos contábeis.

As normas técnicas se estruturam conforme segue:

I. **Geral – NBC TG** – são as Normas Brasileiras de Contabilidade convergentes com as normas internacionais emitidas pelo *International Accounting Standards Board* (IASB); e as Normas Brasileiras de Contabilidade editadas por necessidades locais, sem equivalentes internacionais;

II. **do Setor Público – NBC TSP** – são as Normas Brasileiras de Contabilidade aplicadas ao Setor Público, convergentes com as Normas Internacionais de Contabilidade para o Setor Público, emitidas pela *International Federation of Accountants* (IFAC); e as Normas Brasileiras de Contabilidade aplicadas ao Setor Público editadas por necessidades locais, sem equivalentes internacionais;

III. **de Auditoria Independente de Informação Contábil Histórica – NBC TA** – são as Normas Brasileiras de Contabilidade aplicadas à Auditoria convergentes com as Normas Internacionais de Auditoria Independente emitidas pela IFAC;

IV. **de Revisão de Informação Contábil Histórica – NBC TR** – são as Normas Brasileiras de Contabilidade aplicadas à Revisão convergentes com as Normas Internacionais de Revisão emitidas pela IFAC;

V. **de Asseguração de Informação Não Histórica – NBC TO** – são as Normas Brasileiras de Contabilidade aplicadas à Asseguração convergentes com as Normas Internacionais de Asseguração emitidas pela IFAC;

VI. **de Serviço Correlato – NBC TSC** – são as Normas Brasileiras de Contabilidade aplicadas aos Serviços Correlatos convergentes com as Normas Internacionais para Serviços Correlatos emitidas pela IFAC;

VII. **de Auditoria Interna – NBC TI** – são as Normas Brasileiras de Contabilidade aplicáveis aos trabalhos de Auditoria Interna;

VIII. **de Perícia – NBC TP** – são as Normas Brasileiras de Contabilidade aplicáveis aos trabalhos de Perícia;

IX. **de Auditoria Governamental – NBC TAG** – são as Normas Brasileiras de Contabilidade aplicadas à Auditoria Governamental convergentes com as Normas Internacionais de Auditoria Governamental emitidas pela Organização Internacional de Entidades Fiscalizadoras Superiores (INTOSAI).

Fonte: Resolução CFC 1.328/11.

1.6 Princípios Contábeis

Segundo a Resolução CFC 750/93, alterada pela Resolução CFC 1.282/10, os Princípios de Contabilidade representam a essência das doutrinas e teorias relativas à Ciência da Contabilidade, consoante o entendimento predominante nos universos científico e profissional de nosso País. Concernem, pois, à Contabilidade no seu sentido mais amplo de ciência social, cujo objeto é o patrimônio das entidades. São Princípios de Contabilidade:

Entidade

O Princípio da ENTIDADE reconhece o Patrimônio como objeto da Contabilidade e afirma a autonomia patrimonial, a necessidade da diferenciação de um Patrimônio particular no universo dos patrimônios existentes, independentemente de pertencer a uma pessoa, um conjunto de pessoas, uma sociedade ou instituição de qualquer natureza ou finalidade, com ou sem fins lucrativos. Por consequência, nesta acepção, o Patrimônio não se confunde com aqueles dos seus sócios ou proprietários, no caso de sociedade ou instituição.

O PATRIMÔNIO pertence à ENTIDADE, mas a recíproca não é verdadeira. A soma ou agregação contábil de patrimônios autônomos não resulta em nova ENTIDADE, mas numa unidade de natureza econômico-contábil.

Continuidade

O Princípio da Continuidade pressupõe que a Entidade continuará em operação no futuro e, portanto, a mensuração e a apresentação dos componentes do patrimônio levam em conta esta circunstância.

Oportunidade

O Princípio da Oportunidade refere-se ao processo de mensuração e apresentação dos componentes patrimoniais para produzir informações íntegras e tempestivas.

A falta de integridade e tempestividade na produção e na divulgação da informação contábil pode ocasionar a perda de sua relevância, por isso é necessário ponderar a relação entre a oportunidade e a confiabilidade da informação.

Registro pelo valor original

O Princípio do Registro pelo Valor Original determina que os componentes do patrimônio devem ser inicialmente registrados pelos valores originais das transações, expressos em moeda nacional.

As seguintes bases de mensuração devem ser utilizadas em graus distintos e combinadas, ao longo do tempo, de diferentes formas:

I. Custo histórico. Os ativos são registrados pelos valores pagos ou a serem pagos em caixa ou equivalentes de caixa ou pelo valor justo dos recursos que são entregues para adquiri-los na data da aquisição. Os passivos são registrados pelos valores dos recursos que foram recebidos em troca da obrigação ou, em algumas circunstâncias, pelos valores em caixa ou equivalentes de caixa, os quais serão necessários para liquidar o passivo no curso normal das operações; e

II. Variação do custo histórico. Uma vez integrado ao patrimônio, os componentes patrimoniais, ativos e passivos, podem sofrer variações decorrentes dos seguintes fatores:
   a) Custo corrente. Os ativos são reconhecidos pelos valores em caixa ou equivalentes de caixa, os quais teriam de ser pagos se esses ativos ou ativos equivalentes fossem adquiridos na data ou no período das demonstrações contábeis. Os passivos são reconhecidos pelos valores em caixa ou equivalentes de caixa, não descontados, que seriam necessários para liquidar a obrigação na data ou no período das demonstrações contábeis;
   b) Valor realizável. Os ativos são mantidos pelos valores em caixa ou equivalentes de caixa, os quais poderiam ser obtidos pela venda em uma forma ordenada. Os passivos são mantidos pelos valores em caixa e equivalentes de caixa, não descontados, que se espera seriam pagos para liquidar as correspondentes obrigações no curso normal das operações da Entidade;
   c) Valor presente. Os ativos são mantidos pelo valor presente, descontado do fluxo futuro de entrada líquida de caixa que se espera seja gerado pelo item no curso normal das operações da Entidade. Os passivos são mantidos pelo valor presente, descontado do fluxo futuro de saída líquida de caixa que se espera seja necessário para liquidar o passivo no curso normal das operações da Entidade;
   d) Valor justo. É o valor pelo qual um ativo pode ser trocado, ou um passivo liquidado, entre partes conhecedoras, dispostas a isso, em uma transação sem favorecimentos; e
   e) Atualização monetária. Os efeitos da alteração do poder aquisitivo da moeda nacional devem ser reconhecidos nos registros contábeis mediante o ajustamento da expressão formal dos valores dos componentes patrimoniais.

Competência

O Princípio da Competência determina que os efeitos das transações e outros eventos sejam reconhecidos nos períodos a que se referem, independentemente do recebimento ou pagamento.

O Princípio da Competência pressupõe a simultaneidade da confrontação de receitas e de despesas correlatas.

Prudência

O Princípio da PRUDÊNCIA determina a adoção do menor valor para os componentes do ATIVO e do maior para os do PASSIVO, sempre que se apresentem alternativas igualmente válidas para a quantificação das mutações patrimoniais que alterem o patrimônio líquido.

O Princípio da Prudência pressupõe o emprego de certo grau de precaução no exercício dos julgamentos necessários às estimativas em certas condições de incerteza, no sentido de que ativos e receitas não sejam superestimados e que passivos e despesas não sejam subestimados, atribuindo maior confiabilidade ao processo de mensuração e apresentação dos componentes patrimoniais.

1.7 Estrutura Conceitual para Elaboração e Divulgação de Relatório Contábil-Financeiro

Conforme o capítulo 3, do Pronunciamento Técnico ou CPC 00, as características qualitativas da informação contábil-financeira útil devem ser aplicadas à informação contábil-financeira fornecida pelas demonstrações contábeis, assim como à informação contábil-financeira fornecida por outros meios.

1.7.1 Características qualitativas fundamentais

Relevância e Fidedignidade

As características qualitativas fundamentais são relevância e representação fidedigna. Informação contábil-financeira relevante é aquela capaz de fazer diferença nas decisões que possam ser tomadas pelos usuários. A informação deve ser capaz de fazer diferença em uma decisão mesmo no caso de alguns usuários decidirem não a levar em consideração, ou já tiver tomado ciência de sua existência por outras fontes. Em suma, a informação contábil-financeira relevante, por definição, é aquela capaz de fazer diferença nas decisões tomadas pelos usuários.

Além de relevante, a informação contábil-financeira deve refletir adequadamente e sem nenhum tipo de viés a realidade econômico-financeira do empreendimento. Em outras palavras, para ser representação perfeitamente fidedigna, a realidade retratada precisa ter três atributos. Ela tem que ser completa, neutra e livre de erro. O objetivo é maximizar referidos atributos na extensão que seja possível.

O retrato da realidade econômica completo deve incluir toda a informação necessária para que o usuário compreenda o fenômeno sendo retratado, incluindo todas as descrições e explicações necessárias. Por exemplo, um retrato completo de um grupo de ativos incluiria, no mínimo, a descrição da natureza dos ativos que compõem o grupo, o retrato numérico de todos os ativos que compõem o grupo, e a descrição acerca do que o retrato numérico representa (por exemplo, custo histórico original, custo histórico ajustado ou valor justo). Para alguns itens, um retrato completo pode considerar ainda explicações de fatos significativos sobre a qualidade e a natureza desses itens, fatos e circunstâncias que podem afetar a qualidade e a natureza deles, e os processos utilizados para determinar os números retratados.

Materialidade

A informação é material se a sua omissão ou sua divulgação distorcida puder influenciar decisões que os usuários tomam com base na informação contábil-financeira acerca de entidade específica que reporta a informação.

Em outras palavras, a materialidade é um aspecto de relevância específico da entidade baseado na natureza ou na magnitude, ou em ambos, dos itens para os quais a informação está relacionada no contexto do relatório contábil-financeiro de uma entidade em particular.

Consequentemente, não se pode especificar um limite quantitativo uniforme para materialidade ou predeterminar o que seria julgado material para uma situação particular.

O processo mais eficiente e mais efetivo para aplicação das características qualitativas fundamentais usualmente seria:

- identificar o fenômeno econômico que tenha o potencial de ser útil para os usuários da informação contábil-financeira reportada pela entidade.

- identificar o tipo de informação sobre o fenômeno que seria mais relevante se estivesse disponível e que poderia ser representado com fidedignidade.
- determinar se a informação está disponível e pode ser representada com fidedignidade.

Dessa forma, o processo de satisfazer as características qualitativas fundamentais chega ao seu fim. Caso contrário, o processo deve ser repetido a partir do próximo tipo de informação mais relevante.

1.7.2 Características qualitativas de melhoria

Comparabilidade, verificabilidade, tempestividade e compreensibilidade são características qualitativas que melhoram a utilidade da informação.

Comparabilidade

As decisões de usuários implicam escolhas entre alternativas, como, por exemplo, vender ou manter um investimento, ou investir em uma entidade ou noutra. Consequentemente, a informação acerca da entidade que reporta informação será mais útil caso possa ser comparada com informação similar sobre outras entidades e com informação similar sobre a mesma entidade para outro período ou para outra data.

Neste sentido, comparabilidade é a característica qualitativa que permite que os usuários identifiquem e compreendam similaridades dos itens e diferenças entre eles. Diferentemente de outras características qualitativas, a comparabilidade não está relacionada com um único item. Obviamente a comparação requer no mínimo dois itens. Outro ponto que a norma chama atenção é a consistência, embora esteja relacionada com a comparabilidade, não significa a mesma coisa. Consistência refere-se ao uso dos mesmos métodos para os mesmos itens, tanto de um período para outro considerando a mesma entidade que reporta a informação, quanto para um único período entre entidades.

Comparabilidade é o objetivo e a consistência auxilia a alcançar esse objetivo

Verificabilidade

A verificabilidade ajuda a assegurar aos usuários que a informação representa fidedignamente o fenômeno econômico que se propõe representar.

A verificabilidade significa que diferentes observadores, cônscios e independentes, podem chegar a um consenso, embora não cheguem necessariamente a um completo acordo, quanto ao retrato de uma realidade econômica em particular ser uma representação fidedigna.

A verificação pode ser direta ou indireta. Verificação direta significa verificar um montante ou outra representação por meio de observação direta, como, por exemplo, por meio da contagem de caixa. Verificação indireta significa checar os dados de entrada do modelo, fórmula ou outra técnica e recalcular os resultados obtidos por meio da aplicação da mesma metodologia. Um exemplo é a verificação do valor contábil dos estoques por meio da checagem dos dados de entrada (quantidades e custos) e por meio do recálculo do saldo final dos estoques utilizando a mesma premissa adotada no fluxo do custo (por exemplo, utilizando o método PEPS).

Tempestividade

Tempestividade significa ter informação disponível para tomadores de decisão a tempo de poder influenciá-los em suas decisões. Em geral, a informação mais antiga é a que tem menos utilidade. Contudo, certa informação pode ter o seu atributo tempestividade prolongado após o encerramento do período contábil, em decorrência de alguns usuários, por exemplo, necessitarem identificar e avaliar tendências.

Compreensibilidade

Classificar, caracterizar e apresentar a informação com clareza e concisão torna-a compreensível. Certos fenômenos são inerentemente complexos e não podem ser facilmente compreendidos. A exclusão de informações sobre esses fenômenos dos relatórios contábil-financeiros pode tornar a informação constante em referidos relatórios mais facilmente compreendida. Contudo, referidos relatórios seriam considerados incompletos e potencialmente distorcidos (*misleading*).

Relatórios contábil-financeiros são elaborados para usuários que têm conhecimento razoável de negócios e de atividades econômicas e que revisem e analisem a informação diligentemente. Por vezes, mesmo os usuários bem informados e diligentes podem sentir a necessidade de procurar ajuda de consultor para compreensão da informação sobre um fenômeno econômico complexo.

1.7.3 Restrições de Custos na elaboração e divulgação da informação contábil-financeira

O custo de gerar a informação é uma restrição sempre presente na entidade no processo de elaboração e divulgação de relatório contábil-financeiro. O processo de elaboração e divulgação de relatório contábil-financeiro impõe custos, sendo importante que estes custos sejam justificados pelos benefícios gerados pela divulgação da informação.

A elaboração e divulgação de relatório contábil-financeiro que seja relevante e que represente com fidedignidade o que se propõe representar auxilia os usuários a tomarem decisões com grau de confiança maior. Isso resulta em funcionamento mais eficiente dos mercados de capitais e em custo menor de capital para a economia como um todo. O investidor individual, o credor por empréstimo ou outro credor também se beneficiam desse processo por meio de decisões assentadas na melhor informação. Entretanto, não é possível para relatórios contábil-financeiros de propósito geral fornecer toda e qualquer informação que todo usuário repute ser relevante.

Em função da subjetividade inerente ao processo, as avaliações de diferentes indivíduos acerca dos custos e benefícios da elaboração e divulgação de itens particulares de informação contábil-financeira devem variar. Dessa forma, o órgão normatizador deve procurar tomar por base os custos e benefícios com relação à elaboração e à divulgação de modo geral, e não somente em relação a entidades individuais que reportam a informação.

Resumo

O capítulo buscou situar o leitor no universo da auditoria. A auditoria é dividida em dois grandes grupos: a interna e a externa. A auditoria interna é voltada principalmente para os controles internos e avaliação de desempenho da empresa. A auditoria externa atua na avaliação das demonstrações contábeis, com vistas à emissão do relatório. Como em qualquer tipo de atividade profissional, tanto a auditoria interna quanto a externa devem primar sempre pela ética na condução dos seus trabalhos.

Exercícios

1. O que é auditoria e quais as suas vantagens?
2. Defina auditoria interna e externa. Cite o foco principal de cada uma.
3. Comente com exemplos as restrições da empresa de auditoria e de seus representantes legais.
4. Comente as responsabilidades tanto do auditor quanto do cliente da auditoria.
5. Cite e comente cinco atribuições da CVM.
6. Comente cada um dos pressupostos contábeis. Dê exemplos.
7. Comente as características qualitativas das DC.
8. Comente as limitações na relevância e na confiabilidade das informações contábeis.
9. Assinale certo (C) ou errado (E) e justifique as respostas consideradas erradas:

   ( ) A auditoria interna é vinculada ao diretor financeiro e seus relatórios são encaminhados à alta administração.

   ( ) A auditoria interna deve realizar testes nos controles internos durante todo o ano e modificá-los quando necessário.

   ( ) A auditora externa designada para um trabalho namora o responsável pela segurança patrimonial da empresa. O sênior encarregado do trabalho, ao tomar conhecimento do fato, pediu a sua substituição, alegando conflito de interesses.

   ( ) A empresa que apresenta controles internos eficientes, segundo a avaliação do auditor externo, dispensa a aplicação de testes substantivos pela auditoria externa.

   ( ) A empresa de auditoria externa SAA S/C. Ltda. ganhou uma licitação para um trabalho na auditoria das demonstrações contábeis de uma empresa multinacional de capital aberto. A empresa é formada por 2 sócios e 4 funcionários: 2 seniores, 1 assistente com 2 anos de experiência e 1 *trainee*. O cliente não aceitou a auditoria, alegando falta de estrutura organizacional e financeira para realizar o trabalho.

Questões de concursos públicos[6]

1. (CEMIG – Auditor Júnior – 2012) Sobre a obrigatoriedade de auditoria independente em instituições, analise as seguintes alternativas e assinale com V as verdadeiras e com F as falsas:

   ( ) As Sociedades Anônimas de Capital Aberto.

   ( ) As Sociedades por Quotas de Responsabilidade Limitada, equiparadas à Sociedade Anônima.

   ( ) As Sociedades de Capital e Indústria.

   ( ) As entidades de fins filantrópicos certificadas.

   Assinale a alternativa que apresenta a sequência de letras CORRETA.

   a) F – V – F – V.

   b) V – F – F – V.

   c) V – V – F – F.

   d) F – F – V – V.

2. (CEMIG – Auditor Júnior – 2012) Não há obrigatoriedade legal quanto à exigência de auditoria interna, e esta tem caráter de assessoria quando demandada:

   I – por determinação estatutária ou social.

   II – por determinação da Matriz ou Controladora.

   III – por determinação de Órgãos que regulamentam a atividade.

   IV – por determinação da Diretoria.

   Completam corretamente o enunciado acima apenas os itens

   a) I e II.

   b) I e III.

6 Sugere-se que na resolução das questões de concursos sejam justificadas todas as respostas incorretas, apontando os erros.

c) III e IV.

d) II e IV.

3. (Auditor-Fiscal da Receita Federal – 2003) A ética profissional é condição para o exercício de qualquer profissão. Na execução do trabalho de auditoria, o auditor externo deve atender aos seguintes princípios éticos profissionais:

a) integridade, eficiência, confidencialidade e dependência.

b) independência, integridade, eficiência e confidencialidade.

c) dependência, integridade, imparcialidade e ineficiência.

d) confidencialidade, integridade, eficiência e negligência.

e) eficiência, confidencialidade, integridade e parcialidade.

4. (Auditor-Fiscal da Receita Federal – 2003) Assinale a assertiva correta quanto às características da auditoria interna e externa.

a) A auditoria interna é independente da empresa e a auditoria externa deve realizar testes nos controles internos e modificá-los quando necessário.

b) A auditoria interna é obrigatória, conforme determina a Lei 6.404/76, e a auditoria externa deve disponibilizar seus papéis de trabalho sempre que solicitados.

c) A auditoria interna tem como objetivo atender à gestão da empresa e a auditoria externa, atender às necessidades da diretoria da empresa.

d) A auditoria interna não avalia os controles internos e a auditoria externa os elabora, modifica e implanta na empresa auditada.

e) A auditoria interna tem como objetivo a revisão das atividades da empresa continuamente e a auditoria externa é independente em todos os aspectos.

5. (Polícia Federal – Contador - 2004) Marcar certo ou errado.

Acerca da auditoria interna, da auditoria externa e de seus procedimentos, julgue os seguintes itens.

( ) A auditoria interna tem como função principal avaliar se as atividades desenvolvidas pela empresa estão em conformidade com as suas normas internas.

( ) A auditoria interna possui independência profissional.

( ) No setor público, o auditor deverá orientar-se apenas pelos dispositivos estabelecidos pelo Conselho Federal de Contabilidade (CFC) e pelo sistema de controle interno do Poder ao qual serve.

( ) O exame de controle interno, efetuado pelo auditor externo, tem como objetivo determinar a adequação e efetividade da auditoria a ser realizada, além de indicar a extensão que deverá ter o trabalho de auditoria independente.

( ) A auditoria externa deve ser feita considerando-se a relevância das cifras constantes nas demonstrações contábeis.

6. (Auditor-Fiscal da Receita Federal – 2003) Para o exercício da profissão, o auditor deve ter acesso a todos os documentos, fatos e informações da empresa. Assim, o sigilo deve ser mantido em diversas situações, exceto:

a) na relação entre o auditor e a Justiça.

b) na relação entre o auditor e a entidade auditada.

c) na relação entre os auditores e os órgãos fiscalizadores.

d) na relação entre o auditor e demais terceiros.

e) na relação entre os auditores.

7. (Auditor-Fiscal da Previdência Social – 2002) Segundo as Normas Profissionais de Auditor Independente, julgue os itens em relação à independência do auditor, marcando a opção incorreta.

a) A avaliação permanente da carteira de clientes deverá ser feita por escrito, considerando que a independência em relação aos clientes deve abranger toda a equipe técnica que trabalhar para o cliente.

b) O auditor deve ser independente, não podendo deixar-se influenciar por fatores estranhos, por preconceitos ou quaisquer outros elementos materiais ou afetivos que resultem perda, efetiva ou aparente, de sua independência.

c) O auditor deve recusar o trabalho ou renunciar à função na ocorrência de vínculo conjugal, relação de trabalho como empregado, participação direta ou indireta como acionista ou sócio, interesse financeiro direto (imediato ou mediato) e função ou cargo incompatível com a atividade de auditoria ou qualquer outra situação de conflito de interesses no exercício da auditoria independente.

d) A utilização de equipe técnica deve ser prevista de maneira a fornecer razoável segurança de que o trabalho venha a ser executado por pessoa com capacitação profissional, independência e treinamento requeridos nas circunstâncias.

e) Está impedido de executar trabalho de auditoria independente o auditor que tenha tido vínculo conjugal ou de parentesco consanguíneo em linha reta, sem limites de grau, em linha colateral até o 2º grau e por afinidade até o 3º grau, com administradores, acionistas, sócios ou com empregados que tenham ingerência na sua administração ou nos negócios ou sejam responsáveis por sua contabilidade, no período a que se refere a auditoria ou durante a execução dos serviços, em relação à entidade auditada, suas coligadas, controladas, controladoras ou integrantes do mesmo grupo econômico.

8. (Auditor Fiscal da Receita Federal – 2003) O auditor externo deve recusar o serviço de auditoria, sempre que:

a) possuir ações ou debêntures da entidade auditada.

b) for independente em relação à entidade auditada.

c) tiver conhecimento da atividade da entidade auditada.

d) identificar e compreender as atividades da empresa.

e) estiver capacitado para exercer o trabalho.

2

PROCESSO E PROCEDIMENTOS DE AUDITORIA – ATIVO E PASSIVO CIRCULANTE

Objetivos do capítulo

No capítulo anterior, foram abordados os principais conceitos de auditoria, notadamente as principais normas brasileiras aplicáveis a Contabilidade e auditoria. Neste capítulo, será dado início aos procedimentos de campo da auditoria externa. Inicialmente, serão apresentadas as demonstrações contábeis obrigatórias e os respectivos grupos de contas do balanço patrimonial. Em seguida, são discutidos os instrumentos básicos do trabalho do auditor: os papéis de trabalho e o programa de auditoria. Finalmente, são apresentados os procedimentos de auditoria para cada área das demonstrações contábeis – balanço patrimonial e demonstração do resultado do exercício.

2.1 Introdução

No capítulo anterior, foram vistos os conceitos, responsabilidades e normas gerais da auditoria. Seguindo a diretriz do livro, cuja ênfase segue a mesma metodologia das empresas de auditoria externas no tocante ao processo de trabalho e aprendizagem, no presente capítulo serão iniciados os estudos dos procedimentos efetivos de auditoria, ou seja, o trabalho de campo executado pelo auditor externo.

O trabalho do auditor é pautado na evidenciação, clareza e transparência. Tudo o que seja relatado tem que, necessariamente, poder ser verificado/rastreado e comprovado. Assim, por exemplo, se o auditor diz que verificou que notas fiscais não tinham sido devidamente contabilizadas e os impostos não tinham sido registrados devidamente, precisa informar em quais notas fiscais esse fato se sucedeu. Se por acaso forem muitas, o auditor deverá no mínimo exemplificar algumas.

O documento produzido pelo trabalho do auditor onde se materializa essa evidenciação são os papéis de trabalho, também conhecidos na sua forma abreviada em inglês de WP (*work papers*). As informações contidas nos WPs serão a base para a emissão do relatório, objetivo final do trabalho do auditor.

Inicialmente, serão abordadas as demonstrações contábeis (DC), que são os objetos de análise e validação do auditor externo. Posteriormente, serão apresentados os procedimentos de auditoria e os WPs das áreas do ativo e passivo circulantes. No capítulo seguinte, as demais áreas.

2.2 Demonstrações contábeis auditadas

As demonstrações contábeis auditadas pelos auditores externos são todas aquelas obrigatórias pela legislação, quais sejam:

- balanço patrimonial;
- demonstração das mutações do patrimônio líquido;
- demonstração do resultado do exercício;
- demonstração do fluxo de caixa;
- demonstração do valor adicionado;
- demonstração do resultado abrangente.

As DCs são complementadas pelas notas explicativas. As notas explicativas tornam mais claras as informações prestadas nas DCs, de forma que seja possível um melhor entendimento das mesmas.

2.2.1 Balanço Patrimonial (BP)

O BP representa a posição estática dos bens e direitos, bem como as obrigações da empresa em 31 de dezembro de cada ano. É formado por duas partes básicas: o ativo e o passivo. Este último, por sua vez, se divide em dois grandes grupos: passivo exigível ou capital de terceiros e o patrimônio líquido ou capital próprio.

Os critérios de avaliação dos ativos compreendem os seguintes pontos, conforme a Lei das Sociedades por Ações:

I. as aplicações em instrumentos financeiros, inclusive derivativos, e em direitos e títulos de crédito, classificados no ativo circulante ou no realizável a longo prazo:
   a) pelo seu valor justo, quando se tratar de aplicações destinadas à negociação ou disponíveis para venda; e
   b) pelo valor de custo de aquisição ou valor de emissão, atualizado conforme disposições legais ou contratuais, ajustado ao valor provável de realização, quando este for inferior, no caso das demais aplicações e dos direitos e títulos de crédito;

II. os direitos que tiverem por objeto mercadorias e produtos do comércio da companhia, assim como matérias-primas, produtos em fabricação e bens em almoxarifado, pelo custo de aquisição ou produção, deduzido de provisão para ajustá-lo ao valor de mercado, quando este for inferior;

III. os investimentos em participação no capital social de outras sociedades, ressalvados aqueles avaliados pelo método de equivalência patrimonial, pelo custo de aquisição, deduzido de provisão para perdas prováveis na realização do seu valor, quando essa perda estiver comprovada como permanente, e que não será modificado em razão do recebimento, sem custo para a companhia, de ações ou quotas bonificadas;

IV. os demais investimentos, pelo custo de aquisição, deduzido de provisão para atender às perdas prováveis na realização do seu valor, ou para redução do custo de aquisição ao valor de mercado, quando este for inferior;

V. os direitos classificados no imobilizado, pelo custo de aquisição, deduzido do saldo da respectiva conta de depreciação, amortização ou exaustão;

VI. os direitos classificados no intangível, pelo custo incorrido na aquisição deduzido do saldo da respectiva conta de amortização;

VII. os elementos do ativo decorrentes de operações de longo prazo serão ajustados a valor presente, sendo os demais ajustados quando houver efeito relevante.

Considere-se o valor justo:

a) das matérias-primas e dos bens em almoxarifado, o preço pelo qual possam ser repostos, mediante compra no mercado;

b) dos bens ou direitos destinados à venda, o preço líquido de realização mediante venda no mercado, deduzidos os impostos e demais despesas necessárias para a venda, e a margem de lucro;

c) dos investimentos, o valor líquido pelo qual possam ser alienados a terceiros;

d) dos instrumentos financeiros, o valor que se pode obter em um mercado ativo, decorrente de transação não compulsória realizada entre partes independentes; e, na ausência de um mercado ativo para um determinado instrumento financeiro:

   1. o valor que se pode obter em um mercado ativo com a negociação de outro instrumento financeiro de natureza, prazo e risco similares;
   2. o valor presente líquido dos fluxos de caixa futuros para instrumentos financeiros de natureza, prazo e risco similares; ou
   3. o valor obtido por meio de modelos matemático-estatísticos de precificação de instrumentos financeiros.

A diminuição do valor dos elementos dos ativos imobilizado e intangível será registrada periodicamente nas contas de:

a) depreciação, quando corresponder à perda do valor dos direitos que têm por objeto bens físicos sujeitos a desgaste ou perda de utilidade por uso, ação da natureza ou obsolescência;

b) amortização, quando corresponder à perda do valor do capital aplicado na aquisição de direitos da propriedade industrial ou comercial e quaisquer outros com existência ou exercício de duração limitada, ou cujo objeto sejam bens de utilização por prazo legal ou contratualmente limitado;

c) exaustão, quando corresponder à perda do valor, decorrente da sua exploração, de direitos cujo objeto sejam recursos minerais ou florestais, ou bens aplicados nessa exploração.

A companhia deverá efetuar, periodicamente, análise sobre a recuperação dos valores registrados no imobilizado e no intangível, a fim de que sejam:

I. registradas as perdas de valor do capital aplicado quando houver decisão de interromper os empreendimentos ou atividades a que se destinavam ou quando comprovado que não poderão produzir resultados suficientes para recuperação desse valor; ou

II. revisados e ajustados os critérios utilizados para determinação da vida útil econômica estimada e para cálculo da depreciação, exaustão e amortização.

Os estoques de mercadorias fungíveis destinadas à venda poderão ser avaliados pelo valor de mercado, quando esse for o costume mercantil aceito pela técnica contábil.

Os critérios de avaliação dos passivos compreendem os seguintes pontos, também conforme a Lei das Sociedades por Ações:

I. as obrigações, encargos e riscos, conhecidos ou calculáveis, inclusive Imposto sobre a Renda a pagar com base no resultado do exercício, serão computados pelo valor atualizado até a data do balanço;

II. as obrigações em moeda estrangeira, com cláusula de paridade cambial, serão convertidas em moeda nacional à taxa de câmbio em vigor na data do balanço;

III. as obrigações, os encargos e os riscos classificados no passivo não circulante serão ajustados ao seu valor presente, sendo os demais ajustados quando houver efeito relevante.

As contas do ativo e passivo que compõem o BP se agrupam conforme apresentado no Quadro 2.1.

Quadro 2.1 Exemplo de balanço patrimonial

Ativo	Passivo
Circulante	**Circulante**
Disponível	Fornecedores
Clientes	Salários e Encargos Sociais
Estoques	Impostos a Recolher
Despesas Pagas Antecipadamente	Provisão para Imposto de Renda
	Empréstimos
Não Circulante	**Não Circulante**
Realizável a longo prazo	Empréstimos e Financiamentos
	Partes Relacionadas
Investimentos	
Intangíveis	**Patrimônio Líquido**
Imobilizado	Capital
	Reservas de Capital
	Ajustes de Avaliação Patrimonial
	Reserva de Lucros
	(–) Ações em Tesouraria
	(–) Prejuízos Acumulados

a) Ativo e passivo circulantes

O circulante é formado pelas contas com realização até o término do exercício seguinte à data do fechamento do balanço. Assim, por exemplo, considerando um balanço fechado em 31/12/X9, todas as contas com realização até 31/12/X10 serão classificadas como circulante; após essa data, no não circulante.

A composição do ativo circulante normalmente compreende o disponível composto de caixa, bancos e aplicações financeiras de liquidez imediata; o grupo de contas a receber de clientes referente às vendas efetuadas pela empresa e recebíveis até o término do exercício seguinte; os estoques compostos, no caso de uma indústria, em matéria-prima, estoque de produtos acabados e estoque de produtos em processo e, no caso de uma empresa apenas comercial, de estoque de mercadorias. Pode ainda existir a conta despesas pagas antecipadamente, que em virtude do regime de competência são pagamentos ativados e que ao longo do tempo são baixadas do ativo e lançadas no resultado. Um exemplo de despesa paga antecipadamente é o aluguel, quando algumas empresas negociam o pagamento antecipado do aluguel em troca, normalmente, de descontos financeiros.

Por outro lado, o passivo circulante abrange normalmente os fornecedores, salários a pagar, impostos a recolher e empréstimos de curto prazo. Também devem ser classificados nesse grupo, respeitados os prazos de realização, os arrendamentos mercantis financeiros e os adiantamentos de clientes.

Por compreender basicamente todos os efeitos das atividades operacionais das empresas, o circulante é a parte do balanço que mais detém a atenção dos auditores. Ressalte-se ainda que a confrontação do ativo circulante com o passivo circulante, junto com outras análises, permite obter uma avaliação bastante razoável da situação financeira de curto prazo da empresa.

b) Ativo e passivo não circulantes

O ativo e o passivo não circulante são compostos com todos os demais grupos de contas não classificados no circulante.

São alocados normalmente no ativo não circulante de contas os direitos a receber de longo prazo – superior a um ano –, a contar da data do fechamento do balanço, e os demais ativos: investimentos, imobilizados e intangíveis.

Na conta investimentos, serão classificadas as participações societárias permanentes destinadas à manutenção das atividades da empresa, além de direitos de qualquer natureza não classificáveis no ativo circulante ou no realizável a longo prazo.

O imobilizado compreende os bens corpóreos também destinados à manutenção da atividade-fim da empresa, tais como máquinas e equipamentos, instalações, veículos, prédios etc. Inclui também os bens decorrentes de operações de arrendamento mercantil financeiro, além dos juros pagos ou creditados a acionistas ou terceiros, em fase pré-operacional, vinculados à aquisição ou produção desses bens. Outro ponto importante refere-se à depreciação, que é efetuada com base na vida útil econômica dos bens.

O ativo intangível refere-se aos direitos adquiridos ou gerados internamente e que tenham por objeto bens incorpóreos destinados à manutenção da companhia ou exercidos com essa finalidade, inclusive o fundo de comércio adquirido a título oneroso. Serão também classificados no intangível os gastos anteriormente classificados no extinto diferido, bem como o ágio sobre investimentos.

Como passivo não circulante são classificadas todas as obrigações com terceiros que tenham prazo de realização após o término do exercício seguinte. Serão também classificados como passivo não circulante os resultados não realizados, tais como:

- as operações entre empresas controlada, controladora e outras sociedades que façam parte de um mesmo grupo ou estejam sob controle comum;
- os ganhos não realizados decorrentes de doações e subvenções para investimentos e outros lucros e ganhos que somente integrarão o resultado da companhia ou empresa quando estiverem realizados contabilmente, deduzidos dos encargos tributários; e
- participação de acionistas não controladores.

c) Patrimônio líquido

O patrimônio líquido, ou simplesmente PL, representa a diferença entre o ativo e o passivo ou, em outras palavras, a riqueza dos acionistas. A DMPL reflete as variações ocorridas no PL entre um período e outro.

2.2.2 Demonstração das Mutações do Patrimônio Líquido (DMPL)

A composição do grupo de contas do Patrimônio Líquido evidenciado na DMPL é a seguinte:

- Capital

Esta conta discriminará o montante subscrito e, por dedução, a parcela ainda não realizada.

- Reservas de capital

  Serão classificados como reserva de capital os acréscimos patrimoniais decorrentes dos recursos a seguir discriminados:

  – a contribuição do subscritor de ações que ultrapassar o valor nominal e a parte do preço de emissão das ações sem valor nominal que ultrapassar a importância destinada à formação do capital social, inclusive nos casos de conversão em ações de debêntures ou partes beneficiárias;

  – o produto da alienação de partes beneficiárias, desde que não estipulada a sua utilização para resgate ou conversão, e dos bônus de subscrição.

- Ajustes de avaliação patrimonial

  Devem ser classificadas como ajustes de avaliação patrimonial, enquanto não computadas no resultado do exercício em obediência ao regime de competência, as contrapartidas de aumentos ou diminuições de valor atribuído a elementos do ativo e do passivo, em decorrência da sua avaliação a preços de mercado.

- Reserva de lucros

  Serão classificadas como reservas de lucros as contas constituídas pela apropriação de lucros da companhia. O saldo das reservas de lucros, exceto as reservas para contingências, de incentivos fiscais e de lucros a realizar, não poderá ultrapassar o capital social. Atingindo esse limite, a assembleia deliberará sobre aplicação do excesso na integralização ou no aumento do capital social ou na distribuição de dividendos.

- Ações em tesouraria

  As ações em tesouraria deverão ser destacadas no balanço como dedução da conta do patrimônio líquido que registrar a origem dos recursos aplicados na sua aquisição. Normalmente, apresentam-se como contas redutoras das reservas de lucros.

- Prejuízos acumulados

  Como todo o lucro da empresa deve ser distribuído, a figura do lucro acumulado deixa de existir, permanecendo apenas a possibilidade da conta prejuízos acumulados.

O Quadro 2.2 retrata um exemplo da DMPL, onde é demonstrado como o PL variou de um período para outro. Por exemplo, descreve como o capital social da empresa foi aumentado pela capitalização de reservas no ano de X7 (R$ 8.508) e pelos acionistas em X8 (R$ 19.434), perfazendo um valor em 31/12/X8 de R$ 47.434, ou ainda como foi efetuada a destinação do lucro do período conforme a composição a seguir:

Lucro líquido do período	= R$ 21.279
Destinação:	
Dividendo sobre capital próprio	= R$ 4.834
Antecipação de dividendo	= R$ 225
Reserva legal	= R$ 1.064
Reserva investimentos	= R$ 15.179
Ações em tesouraria	= – R$ 23

Quadro 2.2 Exemplo de *DMPL*

	Capital Social	Ajustes acumulados de conversão	Expansão/ Investimentos	Ações em tesouraria	Lucro a realizar	Legal	Incentivos Fiscais	Lucros Acumulados	Total
Em 31 de dezembro de X6	19.492		18.108	- 790	123	2.072	93		39.098
Lucro líquido do exercício								20.006	20.006
Capitalização de reservas	8.508		- 7.673			- 752	- 83		0
Realização de reservas									0
Dividendos intermediários			- 371					- 15	- 386
Destinação do resultado								- 4.752	- 4.752
Apropriação às reservas de lucros			14.220		- 62	1.000	81	- 15.239	0
Em 31 de dezembro de X7	28.000		24.284	- 790	61	2.320	91	0	53.966
Lucro líquido do exercício								21.279	21.279
Ações em tesouraria				- 1.658					- 1.658
Ajustes acumulados de conversão		5.982							5.982
Aumento de capital	19.434								19.434
Destinação do resultado								- 4.834	- 4.834
Dividendos intermediários			- 580					- 225	- 805
Apropriação às reservas de lucros			15.179		- 23	1.064		- 16.220	0
Em 31 de dezembro de X8	47.434	5.982	38.883	- 2.448	38	3.384	91	0	93.364

2.2.3 Demonstração do Resultado do Exercício (DRE)

A DRE é uma demonstração dinâmica que apresenta o resultado econômico das operações da empresa durante o ano. Se estas forem bem-sucedidas, haverá lucro; caso contrário, um prejuízo.

Quadro 2.3 Exemplo de demonstração do resultado do exercício

	20X11	20X10
Receita bruta de vendas		
(–) Impostos		
(–) Cancelamentos		
(–) Outros		
Receita líquida de vendas		
(–) Custo da mercadoria vendida		
Lucro bruto		
(–) Despesas de vendas		
(–) Despesas administrativas		
(–) Despesas financeiras líquidas		
(–) Outras despesas		
(+) Demais receitas/ganhos		
(+/–) Resultado de MEP		
(+/–) Ajustes a valor presente		
Lucro antes dos impostos		
(–) Provisão para IR e CSLL		
(+/–) Ganhos e perdas em operações descontinuadas, itens extraordinários e os ajustes de exercícios anteriores		
Resultado antes das participações		
(–) Participações		
Lucro ou prejuízo líquido do exercício		
Lucro ou prejuízo por ação		

a) Receita bruta e receita líquida de vendas

A receita bruta representa as vendas totais efetuadas pela empresa no período, antes das deduções sobre as vendas, tais como impostos, cancelamentos e abatimentos. Essa soma algébrica totaliza a receita líquida de vendas.

b) Custo da mercadoria vendida

Custos são gastos incorridos, que transitam pelo estoque e estão relacionados direta ou indiretamente com a atividade-fim (produtiva) da empresa, tais como mercadorias, matéria-prima consumida, mão de obra, aluguel e depreciação da fábrica etc. O custo da mercadoria vendida, no caso das empresas comerciais, e custo do produto vendido, no caso das empresas comerciais, e ainda custo dos serviços prestados, no caso das prestadoras de serviços, representa os ativos "sacrificados" pela empresa na obtenção da receita de venda.

c) Despesas

As despesas são gastos incorridos com a finalidade de gerar uma receita e que não transitam pelo estoque. São divididas em: de vendas, administrativas e financeiras.

As despesas de vendas comportam todos os gastos relativos a promoção e distribuição dos produtos e serviços da empresa. São exemplos de despesas de vendas as comissões dos vendedores, propaganda e publicidade, serviços de entrega das mercadorias vendidas etc.

As despesas administrativas são aquelas necessárias à manutenção da estrutura administrativa. São exemplos de despesas administrativas: aluguel do escritório da administração, pró-labore dos sócios-gerentes, materiais de escritório etc.

As despesas financeiras são aquelas decorrentes principalmente dos juros sobre empréstimos.

d) Resultado de MEP

O método de equivalência patrimonial (MEP) representa o reconhecimento do resultado das participações em empresas coligadas e controladas.

e) Ajustes a valor presente

Essa conta reflete os ajustes efetuados nas contas do ativo e passivo quando não efetuados diretamente nas contas específicas.

f) Provisão para IR e CSLL

A provisão para encargos tributários de Imposto de Renda (IR) e Contribuição Social sobre o Lucro Líquido (CSLL) reflete o valor que a empresa calculou relativo ao período findo.

g) Ganhos e perdas em operações descontinuadas, itens extraordinários e os ajustes de exercícios anteriores

Essa conta compreende as operações não relacionadas com a atividade-fim da empresa. Como operações descontinuadas são considerados os ganhos e perdas decorrentes do encerramento de alguma atividade operacional da empresa, como, por exemplo, o fechamento de uma unidade de negócios.

Os itens extraordinários serão aqueles relativos a eventos ou transações relevantes de natureza inusitada, claramente distintos das atividades operacionais da companhia.

Como ajustes de exercícios anteriores serão considerados aqueles decorrentes de efeitos relevantes da mudança de critério contábil que não possa ser atribuída a fatos subsequentes ou da retificação de erro imputável a determinado exercício anterior e que não reflitam simples diferenças entre estimativas e realidade. Na ocorrência de ajustes de exercícios anteriores decorrentes da retificação de erro, a companhia deverá divulgar nota explicativa às demonstrações contábeis, informando a natureza do erro e os itens do balanço e da demonstração do resultado referentes aos períodos afetados.

h) Participações

São participações no lucro de debêntures, empregados, administradores, partes beneficiárias e de instituições ou fundos de assistência ou previdência de empregados que não se caracterizem especificamente como despesa.

i) Lucro ou prejuízo líquido do exercício

Reflete o resultado final das operações da empresa. No caso de lucro, este deverá ser totalmente distribuído, não podendo, por conseguinte, aparecer no balanço patrimonial. No caso de prejuízo, este é apresentado no balanço patrimonial.

2.2.4 Demonstração do Resultado Abrangente (DRA)

O CPC 26 tornou obrigatória a publicação da DRA junto com as demais demonstrações contábeis. A DRA evidencia alterações no patrimônio líquido de uma entidade durante um período, decorrente de transações e eventos não originados dos sócios. Isso inclui todas as mudanças no patrimônio durante o período, exceto aquelas resultantes de investimentos e distribuições relativos aos sócios. Em outras palavras, registra os ganhos e perdas futuros e ainda incertos. Por exemplo, a empresa realiza um investimento em ações que se valorizaram no primeiro ano e apresentaram forte queda no segundo ano. Nesse caso, se a empresa distribuísse os lucros no primeiro ano, poderia vir a comprometer a saúde financeira no segundo.

Quadro 2.4 Exemplo de DRA

Demonstrações dos lucros abrangentes Consolidados			
Exercícios findos em 31 de dezembro	20X11	20X10	20X9
Lucros abrangentes estão representados abaixo:			
Acionistas da controladoria:			
Lucro líquido atribuído aos acionistas controladores	**17.264**	**5.349**	**13.218**
Ajustes acumulados de conversão	1.519	9.721	- 12.833
Ganho (perda) não realizado em investimentos disponíveis para venda			
Saldo bruto no final do período/ano	12	- 47	- 230
Benefício (despesa) de imposto de renda	- 9	30	36
	3	**- 17**	**- 194**
Superávit (déficit) devido à provisão para plano de pensão			
Saldo bruto no final do período/ano	-53	10	- 194
Benefício (despesa) de imposto de renda	32	- 14	85
	- 21	**- 4**	**- 109**
Hedge de fluxo de caixa:			
Saldo bruto no final do período/ano	- 16	11	- 29
Despesa de imposto de renda	- 10	- 9	0
	- 26	**2**	**- 29**
Total do lucro abrangente atribuído aos acionistas da controladora	**18.739**	**15.051**	**53**
Participação de acionistas não controladores:			
Lucro líquido atribuído aos acionistas não controladores	189	107	258
Ajustes acumulados de conversão	104	823	- 445
Hedge de fluxo de caixa	40	- 18	- 21
Total do lucro abrangente à participação dos acionistas não controladores	333	912	- 208
Total do lucro abrangente	**19.072**	**15.963**	**- 155**

Fonte: Adaptado das Demonstrações contábeis da Vale 2010.

2.2.5 Demonstração do Fluxo de Caixa (DFC)

Conforme o CPC 03, a demonstração dos fluxos de caixa, quando usada em conjunto com as demais demonstrações contábeis, proporciona informações que habilitam os usuários a avaliar as mudanças nos ativos líquidos de uma entidade, sua estrutura financeira (inclusive sua liquidez e solvência) e sua capacidade para alterar os valores e prazos dos fluxos de caixa, a fim de adaptá-los às mudanças nas circunstâncias e oportunidades.

As informações sobre os fluxos de caixa são úteis para avaliar a capacidade da entidade de gerar recursos dessa natureza e possibilitam aos usuários desenvolver modelos para avaliar e comparar o valor presente de futuros fluxos de caixa de diferentes entidades. A demonstração dos fluxos de caixa também melhora a comparabilidade dos relatórios de desempenho operacional para diferentes entidades, porque reduz os efeitos decorrentes do uso de diferentes tratamentos contábeis para as mesmas transações e eventos.

A entidade deve apresentar seus fluxos de caixa separados em decorrentes das atividades operacionais, de investimento e de financiamento da forma que seja mais apropriada aos seus negócios. A classificação por atividade proporciona informações que permitem aos usuários avaliar o impacto de tais atividades sobre a posição financeira da entidade e o montante de seu caixa e equivalentes de caixa. Essas informações podem também ser usadas para avaliar a relação entre essas atividades.

São dois os métodos de elaboração da DFC: o método direto e o indireto. O método direto consiste na descrição obtida "diretamente" das entradas e saídas da conta caixa e principalmente da conta bancos da empresa, ordenadas, conforme as determinações legais, em resultado de caixa operacional, investimentos e financiamentos.

O método indireto é o utilizado para publicação das DCs. Partindo do lucro líquido do período devidamente ajustado pelas contas que não representam entradas ou saídas do caixa, consiste, de maneira geral, em descrever as variações nas contas patrimoniais, exceto as disponibilidades – caixa e bancos.

Quadro 2.5 Exemplo do *layout* da DFC – método indireto

	20X11	20X10
Lucro líquido do período		
Ajustes:		
(+) Depreciação, amortização e exaustão		
(+/–) Resultado de participações societárias		
Lucro líquido ajustado		
Redução (aumento) nos ativos:		
Contas a receber		
Estoques		
Despesas antecipadas		
Aumento (redução) nos passivos:		
Contas a pagar		
Impostos a recolher		
Caixa gerado pelas atividades operacionais		
Atividades de investimento:		
Aquisição de imobilizado		
Atividades financeiras:		
Aumento das dívidas de curto prazo		
Empréstimos de longo prazo		
Emissão de ações		
Pagamento de dividendos		
Redução/aumento das disponibilidades no ano		

2.2.6 Demonstração do Valor Adicionado (DVA)

A DVA evidencia o quanto a empresa gerou de recursos e para onde esses recursos foram destinados. Seus dados, em sua grande maioria, são obtidos principalmente a partir da Demonstração do Resultado. É uma demonstração muito interessante para avaliações de segmentos de atividades produtivas, bem como para avaliação de unidades de negócios. Nesse sentido, a DVA está fundamentada em conceitos macroeconômicos, buscando apresentar, eliminados os valores que representam dupla contagem, a parcela de contribuição que a entidade tem na formação do Produto Interno Bruto (PIB). Essa demonstração apresenta o quanto a entidade agrega de valor aos insumos adquiridos de terceiros e que são vendidos ou consumidos durante determinado período.

Para os investidores e outros usuários, essa é uma demonstração que proporciona o conhecimento de informações de natureza econômica e social e oferece a possibilidade de uma melhor avaliação das atividades da entidade dentro da sociedade que a abriga. A decisão de recebimento por uma comunidade (Município, Estado e a própria Federação) de um investimento poderá ter nessa demonstração um instrumento de extrema utilidade e com informações que a demonstração de resultados por si só não é capaz de oferecer.

Quadro 2.6 Exemplo de *layout* de DVA

DESCRIÇÃO	Em milhares de reais 20X11	Em milhares de reais 20X10
1. RECEITAS		
1.1 Vendas de mercadorias, produtos e serviços		
1.2 Outras receitas		
1.3 Receitas relativas à construção de ativos próprios		
1.4 Provisão para créditos de liquidação duvidosa – Reversão/(Constituição)		
2. INSUMOS ADQUIRIDOS DE TERCEIROS (inclui os valores dos impostos – ICMS, IPI, PIS e COFINS)		
2.1 Custos dos produtos, das mercadorias e dos serviços vendidos		
2.2 Materiais, energia, serviços de terceiros e outros		
2.3 Perda/Recuperação de valores ativos		
2.4 Outras (especificar)		
3. VALOR ADICIONADO BRUTO (1 – 2)		
4. DEPRECIAÇÃO, AMORTIZAÇÃO E EXAUSTÃO		

DESCRIÇÃO	Em milhares de reais 20X11	Em milhares de reais 20X10
5. VALOR ADICIONADO LÍQUIDO PRODUZIDO PELA ENTIDADE (3 – 4)		
6. VALOR ADICIONADO RECEBIDO EM TRANSFERÊNCIA		
6.1 Resultado de equivalência patrimonial		
6.2 Receitas financeiras		
6.3 Outras		
7. VALOR ADICIONADO TOTAL A DISTRIBUIR (5 + 6)		
8. DISTRIBUIÇÃO DO VALOR ADICIONADO*		
8.1 Pessoal		
8.1.1 Remuneração direta		
8.1.2 Benefícios		
8.1.3 FGTS		
8.2 Impostos, taxas e contribuições		
8.2.1 Federais		
8.2.2 Estaduais		
8.2.3 Municipais		
8.3 Remuneração de capitais de terceiros		
8.3.1 Juros		
8.3.2 Aluguéis		
8.3.3 Outras		
8.4 Remuneração de capitais próprios		
8.4.1 Juros sobre o capital próprio		
8.4.2 Dividendos		
8.4.3 Lucros retidos/Prejuízo do exercício		
8.4.4 Participação dos não controladores nos lucros retidos (só p/ consolidação)		

* O total do item 8 deve ser exatamente igual ao item 7.
Fonte: Resolução CFC 1.138/08.

2.2.7 Notas explicativas

As notas explicativas são o complemento das DCs, no sentido de melhor evidenciar as suas informações.

Conforme o CPC 26, as notas explicativas devem:

a) apresentar informação acerca da base para a elaboração das demonstrações contábeis e das políticas contábeis específicas utilizadas;
b) divulgar a informação requerida pelos Pronunciamentos, Orientações e Interpretações que não tenha sido apresentada nas demonstrações contábeis; e
c) prover informação adicional que não tenha sido apresentada nas demonstrações contábeis, mas que seja relevante para sua compreensão.

As notas devem ainda ser apresentadas, tanto quanto seja praticável, de forma sistemática. Cada item das demonstrações contábeis deve ter referência cruzada com a respectiva informação apresentada nas notas explicativas.

De maneira geral, são compostas das seguintes partes:

a) Contexto operacional

Descreve as principais atividades da empresa. Exemplo:

> A Vale é líder mundial na produção de minério de ferro e pelotas, e a segunda maior produtora de níquel. É uma mineradora brasileira presente em 38 países, nos cinco continentes, com a missão de transformar recursos minerais em riqueza e desenvolvimento sustentável.
>
> A companhia e suas controladas diretas e indiretas têm como atividade preponderante a pesquisa, produção e comercialização de minério de ferro e pelotas, níquel, fertilizantes, cobre, carvão, manganês, ferro-ligas, cobalto, metais do grupo de platina e metais preciosos. Além disso, atua nos segmentos de energia, logística e siderurgia.

Fonte: Adaptado das Demonstrações contábeis da Cia. Vale em 31/12/2010.

b) Sumário das Principais Práticas e Estimativas Contábeis

A apresentação das DCs evidencia as normas adotadas pela empresa na elaboração das suas demonstrações. Exemplo:

> As demonstrações contábeis consolidadas da Companhia foram elaboradas tomando como base os padrões internacionais de Contabilidade emitidos pelo International Accounting Standards Board (IASB) e interpretações emitidas pelo International Financial Reporting Interpretations Committee (IFRIC), implantados no Brasil através do Comitê de Pronunciamentos Contábeis (CPC) e suas interpretações técnicas (ICPCs) e orientações (OCPCs), aprovados pela Comissão de Valores Mobiliários (CVM).
>
> A Vale adotou a partir de 1º de janeiro de 2010, retroativamente a 1º de janeiro de 2009, todos os pronunciamentos emitidos pelo CPC, assim sendo, estas são as primeiras demonstrações contábeis consolidadas apresentadas pela Companhia de acordo com o International Financial Reporting (IFRS). As principais diferenças entre as práticas contábeis adotadas anteriormente no Brasil (BR GAAP antigo) e CPCs/IFRS, incluindo as reconciliações do patrimônio líquido, do resultado e do resultado abrangente.
>
> As demonstrações contábeis foram preparadas considerando o custo histórico como base de valor e ajustadas para refletir ativos financeiros disponíveis para venda e ativos e passivos financeiros (inclusive instrumentos derivativos) mensurados a valor justo contra o resultado do exercício.
>
> A preparação das demonstrações contábeis requer o uso de certas estimativas contábeis críticas e também o exercício de julgamento por parte da Administração da Companhia no processo de aplicação das políticas contábeis do Grupo. Aquelas áreas que requerem maior nível de julgamento e possuem maior complexidade, bem como as áreas nas quais premissas e estimativas são significativas para as demonstrações contábeis consolidadas, estão divulgadas na Nota 3.

Fonte: Adaptado das Demonstrações contábeis da Cia. Vale em 31/12/2010.

c) Informações adicionais

Nessa parte são evidenciadas outras informações importantes para a correta compreensão das DCs. Exemplo:

Alterações e interpretações das Normas Internacionais Existentes que Ainda não Estão em Vigor

As alterações e interpretações a seguir foram publicadas e são obrigatórias para os períodos contábeis iniciados após 1º de janeiro de 2011 e não houve adoção antecipada dessas normas por parte da Companhia.

- IAS 12. Imposto de Renda. Corrigido em dezembro de 2010, esclarece quanto a dificuldade de mensuração e recuperabilidade de um ativo se dará através da venda ou do uso quando o ativo estiver classificado como propriedade para investimentos. A presunção apresentada nessa correção é de que o valor desse ativo será recuperado normalmente através da venda. Estamos avaliando esse impacto nas nossas demonstrações.
- IFRS 9. Instrumentos Financeiros. Emitido em novembro de 2009, introduz novas exigências para classificar e mensurar os ativos financeiros.

Fonte: Adaptado das Demonstrações contábeis da Cia. Vale em 31/12/2010.

Em função das modificações implementadas decorrentes da adoção das práticas internacionais de Contabilidade (IFRS), abaixo segue um resumo de algumas das obrigações inerentes a esse processo.

Quadro 2.7 Obrigações quanto às DCs

Descrição	Adoção IFRS	Adoção CVM	Publicação das DCs	Auditoria
S.A. de capital aberto	Sim	Sim	Sim	Sim
S.A. de capital fechado – grande porte	Não	Opcional	Sim	Sim
S.A. de capital fechado – outras	Não	Opcional	Sim[1]	Não
Ltda. de grande porte	Não	Não	Não	Sim
Ltda. outras	Não	Não	Não	Não

Fonte: KPMG. Disponível em: <http://www.kpmg.com.br/publicacoes/Lei_6404_final.pdf>.

[1] Exceto para as companhias com menos de 20 acionistas e PL inferior a R$ 1 milhão.

2.3 Papéis de trabalho e programas de auditoria

Os papéis de trabalho (WPs) são os instrumentos de evidenciação de todo o trabalho do auditor externo/independente. Neles são listados e comprovados todos os procedimentos efetuados pelo responsável pela sua elaboração.

Os programas de auditoria dão ao auditor um roteiro básico/mínimo de procedimentos a serem cumpridos pelo responsável pelos WPs. Ressalte-se que o auditor, ao longo do trabalho, pode efetuar modificações no programa, aperfeiçoando-o e/ou adaptando-o a um novo cenário ou realidade diferente daquela de quando o programa foi elaborado.

2.3.1 Papéis de trabalho

Para todas as áreas analisadas, o auditor precisa sempre formar opinião/juízo de valor, dentro do que o seu levantamento proporciona. Nesse sentido, os WPs são elaborados de forma a deixar sempre um "rastro" do trabalho para que possa ser verificado pelo auditor que efetuará a revisão ou mesmo por terceiros quando efetivamente autorizado, uma vez que os WPs possuem classificação de confidencial.

Os WPs são formalizados em uma sequência lógica que vai do geral ao específico/detalhado. Nesse sentido, o primeiro WP das áreas auditadas normalmente contempla as contas listadas nas demonstrações contábeis. Por exemplo, na área do disponível, o primeiro WP a ser montado conterá apenas as contas caixa, bancos e aplicações financeiras, ou seja, as contas com liquidez imediata, e será identificado pela letra A. O segundo WP da área do disponível é o caixa, onde são evidenciados os procedimentos e as constatações na avaliação da conta caixa, e receberá a letra A1, de forma que quem analisar o WP A saberá que os detalhes da conta caixa estão no WP A1, uma vez que no WP A faz referência ao WP A1 junto à conta caixa e vice-versa. Essa referência entre WPs é denominada referência cruzada e é fundamental no ordenamento dos WPs.

Considere os seguintes exemplos de WP:

A – Disponível
P. Lins
15/2/X2

Dunas S.A.
31/12/X1

Contas	# 31/12/X0	* 31/12/X1	Ajustes D	Ajustes C	31/12/X1	Ref.
Caixa	100	200			200	A1
Bancos	2.000	1.500			1.500	
Aplic. financeiras	200	100			100	
Total	2.300	1.800			1.800	
	s	s			s	

s – soma confere
\# – confere com os nossos Wps anteriores[2]
* – confere com balanço

No exemplo de WP apresentado acima, destacamos alguns pontos que são obrigatórios:

- o nome do cliente e a data da auditoria precisam ser evidenciados;
- todo WP precisa ser identificado; no caso, o disponível foi identificado pela letra A. Sem essa identificação, não é possível efetuar as referências entre os WPs;
- em todo WP é obrigatória a identificação do responsável pela sua elaboração;
- todas as colunas com valores precisam conter evidências de que a soma está correta. No exemplo, foi colocado o tique *s*

[2] Em relação ao ano anterior ao da auditoria, duas situações são possíveis: a auditoria ter sido realizada pela mesma empresa que está realizando a atual ou a auditoria ter sido realizada por outra empresa. No primeiro caso, são verificados os WPs e é atestado que estão de acordo. No segundo caso, é evidenciado que a auditoria foi efetuada por terceiros, que os saldos apresentados estão de acordo com o balanço publicado no ano correspondente e ainda que o saldo final do razão do ano anterior confere com o saldo inicial do ano da auditoria.

evidenciando que a soma confere. Nos próximos WPs, vamos padronizar que o *s* significa "soma confere", não precisando identificar nominalmente o tique;

- é preciso evidenciar também as demais conferências efetuadas pelo auditor, que estão nos demais tiques;
- é possível também a utilização de notas para esclarecimentos mais detalhados, quando não for conveniente a utilização de tiques que se destinam, de maneira geral, a pequenos comentários.

Em suma, os WPs necessitam sempre evidenciar, de forma clara e objetiva, todo trabalho executado pelo auditor com intuito de possibilitar que seja conferido nas revisões posteriores.

Considerando o modelo de WP do quadro anterior, como seria o WP seguinte, no caso o A1, referente à auditoria da conta caixa?

Antes de chegarmos ao WP A1, é interessante chamar a atenção para alguns pontos que devem ser observados pelo auditor externo durante a sua análise do grupo de contas do disponível e que deverão ser considerados no programa de auditoria que veremos no item 2.3.2:

1. a conta caixa, assim como todo ativo, tem como características ser de posse/propriedade da empresa, mensurável em moeda e gerar benefício futuro;
2. o saldo final da conta caixa no balanço deve ser composta exclusivamente por dinheiro;
3. o auditor deve se certificar que não existem ônus reais sobre os ativos. Caso existam, devem ser devidamente evidenciados em notas explicativas.

Com base nas informações acima, o WP A1 poderia ter a seguinte composição:

A1 – Caixa
P. Lins
16/2/X2

Dunas S.A.
31/12/X1

Contas	# 31/12/X0	* 31/12/X1	Ajustes C	Ajustes D	31/12/X1	Ref.
Caixa	100	200		150	50	A
Total	100	200			50	

\# – confere com os nossos WP's anteriores

* – confere com razão

Contagem física do caixa:

Realizei contagem física do caixa da empresa em 30/12/X1, na presença do tesoureiro, quando foi constatada a seguinte composição:

Numerário	R$ 50
Vales de funcionários	R$ 60
Notas fiscais	R$ 90
Total	R$ 200

Após a contagem física, todo caixa foi devolvido integralmente ao tesoureiro.

De acordo:

Auditoria	Dunas S.A.
P. Lins	*V. Lima*

Diante do acima, proponho os seguintes ajustes:

1. Vales de funcionários:
   D = Adiantamento a funcionários
   C = Caixa 60
2. Notas fiscais:
   D = Despesas diversas
   C = Caixa 90

Caso fôssemos continuar com o exemplo, teríamos o WP A2, referente aos bancos, e o A3, referente a aplicações financeiras. Mais à frente, todas as principais áreas do balanço serão auditadas em detalhes.

O *layout* dos WPs relativos ao trabalho de campo pode variar de área para área auditada e de empresa para empresa de auditoria. Entretanto, em resumo e conforme pode ser observado nos exemplos anteriores, os WPs apresentam alguns pontos em comum e obrigatórios, quais sejam:

a) nome do cliente auditado;
b) datas – são duas datas que sempre compõem os WPs: a data do balanço e a data na qual o papel de trabalho foi iniciado e/ou finalizado;
c) identificação do responsável pela sua elaboração e, posteriormente, dos revisores;
d) identificação das áreas auditadas por letras;
e) as referências cruzadas com outros papéis;
f) os tiques que indicam as conferências e verificações efetuadas pelo auditor na área sob exame.

Para padronização dos WPs pelas áreas, serão usadas as siglas abaixo. Ressalte-se que nesta parte do livro serão exemplificadas apenas as auditorias do circulante.

Ativos circulantes:	Passivos circulantes:
Disponível – A	Fornecedores – BB
Clientes – C	Salários a pagar – DD
Estoques – E	Impostos a recolher – II
Despesas pagas antecipadamente – F	Empréstimos – TT
Ativos não circulantes:	Passivos não circulantes:
Realizável a longo prazo – P	Financiamentos – EE
Investimentos – J	Provisão para contingências – FF
Intangíveis – I	
Imobilizado – M	Patrimônio líquido – PL

Ressalte-se ainda que na prática não existe uma obrigação formal de uso dessas letras. Cada empresa de auditoria pode adotar um padrão específico que pode ser de números e não de letras, por exemplo. Para efeito deste livro, utilizaremos letra simples para indicar os grupos do ativo e letra dupla para indicar os grupos do passivo.

Nota

1. Os papéis de trabalho destinam-se também a:
   a) ajudar o entendimento, pela análise dos documentos de auditorias anteriores;
   b) facilitar a revisão do trabalho de auditoria; e
   c) registrar as evidências do trabalho executado, para fundamentar o relatório do auditor independente.
2. A forma e o conteúdo dos papéis de trabalho podem ser afetados por questões como:
   a) natureza do trabalho;
   b) natureza e complexidade da atividade da entidade;
   c) natureza e condição dos sistemas contábeis e de controle interno da entidade;
   d) direção, supervisão e revisão do trabalho executado pela equipe técnica;
   e) metodologia e tecnologia utilizadas no curso dos trabalhos.
3. O auditor deve adotar procedimentos apropriados para manter a custódia dos papéis de trabalho pelo prazo de cinco anos, a partir da data de emissão do seu relatório.
4. A confidencialidade dos papéis de trabalho é dever permanente do auditor. Os papéis de trabalho são de propriedade exclusiva do auditor. Partes ou excertos destes podem, a critério do auditor, ser postos à disposição da entidade.

Fonte: Resolução CFC 1.024/05.

2.3.2 Programas de auditoria

Os programas de auditoria visam, em última análise, dar um roteiro, um direcionador de procedimentos mínimos que se espera sejam executados pelo auditor responsável pela área. São elaborados ou revisados para cada trabalho normalmente pelos seniores, supervisores ou gerentes.

A seguir dois exemplos de programas simplificados de auditoria de áreas do balanço.

Exemplo 1: Clientes.

Área: Clientes

Cliente: Dunas S.A.

Data: 31/12/X1

Objetivos do exame:

a) assegurar que os valores são procedentes e corretamente avaliados e classificados;

b) assegurar que são realizáveis;

c) verificar se estão livres de ônus reais.

Análise:

Descrição	WP	Visto
Elabore um WP contendo os dados do balanço final.		
Obtenha listagem dos saldos individuais e confronte com o total do balanço.		
Com base na listagem de saldos de clientes, através de seleção aleatória, selecione os clientes que serão objeto de circularização e elabore WP.		
Para as duplicatas descontadas, confirme o saldo na circularização de bancos na área do disponível, bem como o seu registro no passivo circulante.		
Elabore WP por prazo de vencimento e analise as discrepâncias visando à constituição da PECLD, se aplicável.		
Confirme com o setor jurídico do cliente a inexistência de garantias dadas sobre a conta clientes.		

Exemplo 2: Empréstimos.

Área: Empréstimos

Cliente: Dunas S.A.

Data: 31/12/X1

Objetivos do exame:

a) assegurar que os valores são procedentes e corretamente avaliados e classificados (curto e longo prazo);

b) assegurar que os encargos foram devidamente contabilizados dentro do regime de competência.

Análise:

Descrição	WP	Visto
Elabore um WP contendo os dados do balanço final.		
Obtenha listagem dos saldos individuais e confronte com o total do balanço.		
Para os empréstimos obtidos junto a instituições financeiras, cruze as respostas das circularizações.		
Verifique se os encargos estão devidamente contabilizados dentro do período e se estão de acordo com os contratos em vigor.		
Para empréstimos em moeda estrangeira, verifique o registro da variação cambial no resultado.		
Verifique as garantias dadas pela empresa e a sua correta divulgação em notas explicativas.		
Para empréstimos entre partes relacionadas, certifique-se de que os juros cobrados estão de acordo com os cobrados pelo mercado.		

2.4 Processo de auditoria

O processo de auditoria, em linhas gerais, compreende três grandes fases:

- planejamento;
- procedimentos de auditoria para obtenção de evidências;
- emissão do relatório.

A Figura 2.1 resume esse processo.

Contrato assinado

↓

Planejamento — { Avaliação dos CI/SI[3]; Avaliação dos riscos da auditoria; Revisão analítica }

↓

Procedimentos de auditoria — { Testes de transações; Testes de saldos }

↓

Emissão do parecer e
Relatório de recomendações
(facultativo)

Figura 2.1 Esquema do processo de auditoria.

Seguindo as diretrizes do livro, o planejamento da auditoria, o parecer e o relatório de recomendações serão vistos em detalhes na Parte II. Neste capítulo, serão estudados os procedimentos de campo da auditoria externa.

Nota

Outra classificação considerando os testes de auditoria seria:

- Teste de Observância — { Avaliação dos CI/SI; Avaliação dos riscos da auditoria }
- Testes Substantivos — { Testes de transações; Testes de saldos }

---

3 CI = Controles internos e SI = Sistemas de informação.

2.4.1 Procedimentos de auditoria

Conforme descrito na Figura 2.1, os procedimentos de auditoria compreendem duas partes básicas:

- testes de transações;
- testes de saldos.

Testes de transações

Os testes de transações consistem basicamente no exame da documentação que, em conjunto, suportam os lançamentos e saldos contábeis. Os testes de transações podem ser divididos nas seguintes fases:

a) obtenção do universo de documentos que compõem o saldo da conta. Exemplo: a listagem das notas fiscais no caso da conta clientes ou fornecedores;

b) de posse da listagem de todos os documentos, o passo seguinte é selecionar aqueles que serão objeto de verificação.[4] A seleção documental deve ser, obrigatoriamente, aleatória/randômica, ou seja, o auditor não deve interferir na seleção. Para tanto, o auditor deve utilizar-se sempre que possível de meios eletrônicos para seleção, como, por exemplo, a planilha de Excel®.[5] Ressalte-se que muitas empresas de auditoria têm seus próprios programas de seleção randômica;

c) de posse dos documentos selecionados (amostragem), o auditor procede às análises e evidencia nos WPs os procedimentos de auditoria executados e as suas constatações.

Testes de saldos

Os testes de saldos são procedimentos de confirmação dos saldos das contas através de exames extracontábeis, como, por exemplo, inventário físico e circularização (*vide* 2.4.1.1). O inventário físico consiste na contagem e verificação do estado de conservação e uso dos ativos da empresa.

---

[4] Lembre-se de que a auditoria trabalha sempre com amostragem. O volume de testes a ser efetuado é determinado pelo planejamento da auditoria com base na confiabilidade dos controles internos e sistema de informações, conforme será estudado na Parte II.

[5] Para mais detalhes, *vide* item 2.4.1.2, Seleção aleatória, a seguir.

Durante o inventário, o auditor deve observar as condições dos ativos e, caso constate a existência de ativos sem a possibilidade de geração de benefício futuro, tais como estoques sem possibilidade de venda futura ou máquinas obsoletas e sem uso, deve relatar o fato no seu WP e propor um ajuste com a baixa dos bens com essas características, já que perderam a condição de ativos em função de não gerarem benefícios futuros.

2.4.1.1 Circularização

Circularização consiste no envio de correspondência para alguns dos *stakeholders* da empresa, tais como bancos, clientes, advogados, fornecedores ou quaisquer outras entidades em que possam ser confirmados os saldos ou informações das relações com terceiros.

É importante frisar que as cartas são emitidas pelo cliente-auditado, em razão da necessidade da sua autorização de fornecimento de saldos, entretanto as respostas das cartas de circularização devem ser obrigatoriamente encaminhadas exclusivamente ao auditor, sem passar pelo cliente-auditado.

Quadro 2.8 Modelo de carta de circularização – bancos

(Papel timbrado da empresa auditada)

Rio de Janeiro, __ de _____ de 20X1.

Prezado Sr. Gerente:

Para fins de simples conferência de nossa contabilidade, pedimos a V.Sa. a gentileza de enviar **diretamente aos nossos auditores**, no envelope anexo, os saldos de todas as operações mantidas com este banco (empresa) em 31/12/X0.

Atenciosamente,

____

(Responsáveis pela movimentação da empresa auditada)

A circularização se divide em dois tipos: a circularização positiva e a negativa. Na primeira, é enviada uma correspondência conforme o modelo acima, onde é pedido que o circularizado responda diretamente ao auditor. Esse tipo de circularização é também denominado "em branco". Se o auditor informa o saldo e solicita que o circularizado confirme o saldo apresentado, é denominado circularização positiva em preto.

O segundo tipo é pouco utilizado, a circularização negativa. Esse tipo de circularização consiste em informar ao circularizado o saldo da sua conta em relação ao auditado e salientar na correspondência que, se o mesmo não se manifestar, o saldo será considerado como correto. Esse tipo de circularização perde um pouco do objetivo maior da circularização, que é estimular o circularizado a conferir, nos seus controles, o saldo.

A diferença entre a circularização positiva em preto e a circularização negativa é o fato da manifestação ou não do circularizado: se a correspondência determinar que a não manifestação do circularizado acarretará na concordância do saldo, temos uma circularização negativa; se não constar essa informação e solicitar a resposta por escrito, temos uma circularização positiva em preto.

2.4.1.2 Seleção aleatória

Como já comentado, a auditoria trabalha por amostragem. Logo, sempre que aplicável, a auditoria efetuará a escolha da amostra a ser verificada através de uma seleção aleatória. Nesse sentido, por exemplo, para que seja procedida a circularização de clientes e fornecedores é necessário selecionar antes, dentro do universo que compõe cada conta, a amostra que será objeto de verificação.

É fundamental que a seleção seja efetivamente aleatória, entretanto com uma metodologia capaz de ser verificada pelas revisões posteriores nos WPs. Em outras palavras, a seleção não pode ser elaborada sem uma lógica passível de replicação posterior e a obtenção dos mesmos itens selecionados. Atualmente, é comum a utilização de *software* de estatística ou mesmo a planilhas de Excel®, sendo comum algumas das grandes empresas de auditoria utilizarem-se de *softwares* próprios.

Vejamos um exemplo de seleção aleatória elaborado com o uso de planilha.

Considere o seguinte universo de fornecedores obtidos junto ao cliente auditado:

	Fornecedor	Doc	Valor
1	Alfa	123	1.000,00
2	Beta	124	12.000,00
3	Gama	125	50.000,00
4	Delta	213	34.000,00
5	Echo	214	12.333,00
6	Fox	215	45.550,00
7	Golf	222	12.343,00
8	Hotel	121	809.900,00
9	India	112	12.777,00
10	Juliete	113	656.778,00
11	Kilo	141	12.333,00
12	Lima	231	43.556,00
13	Mike	765	87.955,00
14	November	876	12.345,00
15	Oscar	546	43.553,00
16	Papa	345	12.455,00
17	Quebec	654	765.454,00
18	Romeo	543	454.546,00
19	Sierra	200	3.343,00
20	Tango	209	434.456,00
			3.516.677,00

Com base nas informações obtidas durante o planejamento da auditoria e para fins didáticos, foi determinado que seria analisada uma amostra de 15% do número[6] de fornecedores que compõem o saldo da conta.

[6] É comum o percentual ser aplicado sobre o saldo da conta e não sobre o número de fornecedores. Nesse caso, se o percentual fosse o mesmo teríamos um escopo de $ 527.502 para compor a seleção.

Utilizando o Excel® e com base na seguinte sequência de comandos: Dados ⇒ Análise de dados ⇒ Amostragem,[7] obteve-se a seguinte amostragem:

2	Beta	124	12.000,00	
10	Juliete	113	656.778,00	
18	Romeo	543	454.546,00	
		Testado	1.123.324,00	32%
		Não testado	2.393.353,00	68%
		Total	3.516.677,00	100%

Note que, do total de 20 fornecedores, foram selecionados 15%, que correspondem a 3 (20 × 15%) fornecedores, e que esses 15% totalizam 32% do total do saldo da conta fornecedores.

Conforme já ressaltado, os percentuais que serão testados e obtidos através da seleção aleatória são determinados pelo planejamento da auditoria, com base no nível de confiança nos controles internos e sistema contábil – mais detalhes na Parte II.

2.4.1.3 Organização das áreas auditadas

As áreas auditadas do balanço e demais demonstrações contábeis, como, por exemplo, disponível, contas a receber, investimentos, fornecedores etc., são organizadas de forma que seja obtida uma sequência lógica de análise. Assim, as áreas são compostas das seguintes partes, após a elaboração dos WPs:

1ª pontos de revisão;

2ª programa de auditoria;

3ª WPs em sequência lógica, do geral para o específico.

Pontos de revisão são pontos levantados pelos auditores mais experientes e decorrentes da avaliação/revisão dos WPs e que precisam de atenção e medidas corretivas do auditor que elaborou o WP. São exemplos de pontos de revisão:

7 É necessário ativar o suplemento "Análise de dados".

a) evidenciar a compensação dos cheques no extrato de janeiro;
b) faltou a referência com o WP anterior;
c) evidenciar a análise da provisão para perdas estimadas em créditos de liquidação duvidosa;
d) etc.

Todas as soluções dos pontos levantados devem ser explicitadas tanto na folha de revisão, com, no mínimo, um OK, e, principalmente, no WP, de onde foi detectado o ponto.

O programa de auditoria, conforme já visto, são os passos básicos/mínimos a serem executados pelo auditor em cada área e os WPs são os locais onde estão evidenciados os procedimentos de auditoria propriamente ditos.

2.4.2 Procedimentos e testes de auditoria – circulante

Os procedimentos e testes de auditoria visam dar suporte à opinião final do auditor sobre a correta representatividade das DCs da empresa auditada em 31/12 de cada ano.

Seguindo a diretiva do livro, nesta parte serão abordados o ativo e passivo circulantes e na Parte II os demais grupos de contas do balanço patrimonial, bem como a auditoria das demais demonstrações contábeis.

2.4.2.1 Ativo circulante – disponível

O disponível é composto das contas: caixa, bancos e aplicações financeiras com prazos de realizações inferiores a 90 dias.

A sua disposição no balanço patrimonial é a seguinte:

Ativo circulante
  Disponível

ou, quando aberto:

Ativo circulante
  Caixa
  Bancos
  Aplicações financeiras

2.4.2.1.1 Aspectos contábeis e controles internos[8] – disponível

Caixa

De modo geral, a conta caixa apresenta um saldo bem menor que as demais contas do balanço. Isso é decorrente de questões de segurança e de administração financeira. Entretanto, é uma área importante para auditoria, pois, em última análise, tudo na empresa acaba em caixa.

O caixa é utilizado para pequenas despesas operacionais que necessitam de agilidade e pagamento a vista, tais como vales de funcionários, adiantamentos de viagens, compras urgentes de materiais de escritório, de limpeza e alimentação. Esse tipo de caixa é denominado caixa pequeno. A sua contabilização inicial se dá quando da entrada dos recursos para compor o caixa e, posteriormente, no momento em que as despesas são contabilizadas e o caixa recomposto.

Exemplo:

a) Saldo inicial = 0

b) Entrada de caixa = R$ 1.000

c) Adiantamento para viagem de funcionário = R$ 200

d) Compra de material de limpeza = R$ 300

e) Recomposição do caixa = R$ 500 (200 + 300)

Contabilização:

b) Entrada inicial de caixa

A composição do caixa inicial é feita da seguinte forma:

D = Caixa

C = Bancos 1.000

c e d) Adiantamento de viagem e compras

No momento da entrega do numerário, não há registro, apenas é efetuada uma "troca" do dinheiro por um vale devidamente assinado pelo requerente autorizado pelo seu chefe imediato. Nesse vale, é identificado quem recebeu e especificado qual o destino do recurso obtido – no exemplo, viagem ou material de limpeza.

[8] Para mais detalhes sobre controles internos, *vide* tópico específico na Parte II.

Quando o saldo é recomposto, são efetuadas as devidas contabilizações:

c) D = Adiantamento a funcionários
   C = Caixa 200
d) D = Despesas gerais
   C = Caixa 300
e) D = Caixa
   C = Bancos 500

Os controles internos sobre o caixa determinam contagens físicas/conferências esporádicas e de surpresa, bem como que toda saída seja devida e formalmente autorizada e ainda que as entradas sejam também autorizadas e decorrentes de operações da empresa. No caso do caixa pequeno, a única entrada será decorrente da reposição do saldo.

Bancos

Os bancos representam os valores movimentados pela empresa via instituições financeiras. Diferentemente da conta caixa, nas grandes empresas, essa conta movimenta valores bem significativos diariamente, o que a torna muito importante para auditoria, uma vez que repercute todas as operações com altos volumes financeiros da empresa.

De maneira geral, as grandes empresas possuem suas contas bancárias em mais de uma instituição financeira e movimentam todas as suas principais atividades operacionais via bancos, tais como os recebimentos de vendas e os pagamentos de fornecedores, impostos, salários etc.

Exemplo:

a) Constituição da empresa com um capital de R$ 1.000.000
b) Compra de matéria-prima a vista = R$ 200.000
c) Pagamento de salários = R$ 20.000
d) Recebimento de vendas = R$ 400.000

Contabilização:

a) Constituição da empresa:
   D = Bancos conta movimento
   C = Capital 1.000.000

b) Compra de matéria-prima

D = Estoque de matéria-prima

C = Bancos conta movimento 200.000

c) Pagamento de salários[9]

D = Despesas de salários

C = Bancos conta movimento 20.000

ou, quando anteriormente provisionado:

D = Salários a pagar

C = Bancos conta movimento 20.000

d) Recebimento de vendas – a vista

D = Bancos

C = Receita de vendas 400.000

Ressalte-se ainda que, nos casos de contas bancárias negativas, estas devem ser reclassificadas para o passivo exigível, uma vez que nesse caso passou a ser uma obrigação.

Os controles internos sobre as contas bancárias da empresa compreendem basicamente as autorizações de pagamento e as conciliações bancárias. Ressalte-se também que todos os cheques emitidos devem ser sempre nominais e com cópias que devem ficar arquivadas em rede ou em papel para conferência posterior, quando necessário. O mesmo acontece nas transferências bancárias eletrônicas que necessitam também de autorização formal, em alguns casos, mais de uma autorização, rigorosamente igual aos cheques.

As empresas, normalmente, estabelecem limites de autorização de pagamentos. Por exemplo, até R$ 1.500, só o tesoureiro assina um pagamento autorizado por outra pessoa (o tesoureiro não pode autorizar pagamento. Só pode efetuar o pagamento). Acima de R$ 1.500 até R$ 15.000, o chefe da tesouraria assina também. Acima de R$ 15.000, o tesoureiro, o chefe da tesouraria e o diretor financeiro assinam o cheque.

9 Pela legislação trabalhista, as empresas são obrigadas a pagar, no máximo, até o quinto dia útil seguinte ao mês trabalhado. Entretanto, algumas empresas pagam dentro do mês. Neste caso, não há provisionamento e o lançamento é direto nas despesas e a contrapartida, nos bancos (D = Despesas de salários e C = Bancos). Quando há a provisão, primeiro se reconhece a despesa dentro do mês (D = Despesas de salários e C = Salários a pagar) e posteriormente o pagamento: D = Salários a pagar e C = Bancos conta movimento.

Outro ponto forte de controle, e o principal, é a elaboração da conciliação bancária. Esse procedimento consiste em comparar o saldo do extrato bancário com o saldo do razão, evidenciando e explicando as possíveis diferenças, tais como cheques emitidos e ainda não depositados pelos favorecidos, tarifas bancárias não contabilizadas, depósitos não identificados etc. Para a auditoria, a existência e análise da conciliação bancária é um ponto fundamental e básico na avaliação dos controles internos, tanto durante os trabalhos de campo quanto, e principalmente, por ocasião do planejamento da auditoria, o que será detalhado na Parte II.

Aplicações financeiras

Como aplicações financeiras no circulante, são registrados os investimentos sem a intenção de permanência. Quando registrados dentro do disponível, referem-se a aplicações de liquidez imediata (menos de 90 dias para resgate). Acima desse prazo e com realização dentro do período seguinte, fica em conta à parte, no circulante.

Exemplo:

a) Aplicação de R$ 200.000

b) Juros de R$ 1.300

c) Baixa total da aplicação

Contabilização:

a) Aplicação

D = Aplicações financeiras	
C = Bancos	200.000

b) Reconhecimento dos juros

D = Aplicações financeiras	
C = Receita de juros	1.300

c) Baixa total da aplicação

D = Bancos conta movimento	
C = Aplicações financeiras	201.300

Além do acompanhamento pelos extratos bancários, os controles internos sobre as aplicações financeiras são efetuados comparando o saldo do mês anterior com o saldo do mês atual e, ainda, com a taxa de juros obtida junto ao banco. No exemplo acima, a taxa de juros foi de 0,65% ao mês, calculada da seguinte maneira, utilizando a HP 12 C®:

- Pv = – 200.000
- $n = 1$
- Fv = 201.300
- i = ? ⇒ 0,65%

2.4.2.1.2 Procedimentos de auditoria[10] – disponível

De maneira geral, o disponível normalmente é a área na qual todo *trainee* de auditoria externa tem o seu primeiro contato com a auditoria de campo.

Com base no programa de auditoria do disponível, são processadas as fases da auditoria de cada uma das contas que o compõem: caixa, bancos conta movimento e, em alguns casos, aplicações financeiras.

Ressalte-se que o programa de auditoria é apenas um indicativo das atividades mínimas que devem ser executadas pelo auditor e não um "gesso" ou algo imutável. A experiência do auditor, o tipo de cliente e as condições do trabalho de campo é que vão determinar as possíveis modificações no programa de auditoria.

Um dos principais objetivos da auditoria do disponível é certificar-se da existência dos valores de posse/propriedade da empresa, bem como que não haja ônus sobre seus componentes.

Para a conta caixa, o principal procedimento é a contagem física. No caso da existência de vários caixas, a contagem deve ser efetuada simultaneamente para evitar que possíveis faltas sejam completadas pelos caixas contados em um momento anterior.

No caso dos bancos, utiliza-se como WP a própria conciliação bancária elaborada pelo cliente para cada banco e analisam-se as possíveis pendências, além de efetuar a circularização.

Para as aplicações financeiras, são avaliados os valores aplicados, vencimentos e taxas de forma a calcular o valor da receita de juros *pro rata tempore* para a data do fechamento do balanço.

---

[10] Cada área apresentada como exemplo de procedimentos de auditoria não guarda relação com as outras. Apenas em alguns casos, para fins didáticos, essa relação é estabelecida.

a) Exemplo de programa de auditoria resumido – disponível

Área: Disponível

Cliente: Dunas S.A.

Data: 31/12/X10

Objetivos do exame:

a) assegurar que os valores existem e estão corretamente classificados;
b) assegurar que estão livres de ônus reais;
c) certificar-se de que todos os saldos de caixa foram conferidos simultaneamente;
d) assegurar que as aplicações financeiras destinadas à negociação estão registradas pelo seu valor de mercado ou equivalente;
e) certificar-se de que todas as contas correntes e aplicações financeiras foram devidamente verificadas e circularizadas.

Análise:

Descrição	WP	Visto
Elabore um WP contendo os dados do balanço final.		
Obtenha os saldos da conta caixa, bancos e aplicações financeiras e compare com o razão.		
Em 31/12/X10 ou data anterior e próxima a esta, efetue a contagem física do caixa evidenciando as possíveis discrepâncias ou a existência no caixa de qualquer valor que não seja numerário (dinheiro). Certifique-se da presença do responsável pelo caixa durante toda contagem. A data e a hora da contagem não devem ser avisadas ao cliente.		
Efetue e evidencie o *cut-off* dos cheques.		
Para os cheques emitidos pendentes, verifique a sua compensação nos extratos bancários dos meses de janeiro e fevereiro. Evidencie esse fato.		
Obtenha a conciliação bancária de cada banco e evidencie e analise as possíveis pendências.		
Acompanhe o envio das correspondências de circularização aos bancos.		
Arquive e referencie as respostas das circularizações com os saldos dos bancos e aplicações financeiras.		

Descrição	WP	Visto
Avalie os juros das aplicações financeiras e certifique-se do seu valor e da sua contabilização dentro do regime de competência.		
Analise o valor registrado das aplicações financeiras e o valor de realização, ajustando-o se for o caso.		
Confirme com o setor jurídico do cliente, através de circularização, a inexistência de garantias dadas sobre o saldo do disponível.		

b) Exemplos de WPs[11] – disponível

O primeiro WP a ser aberto compreende os dados do balanço patrimonial. Assim, teríamos (números hipotéticos):

A – Disponível
P. Lins
15/2/X11

Dunas S.A.
31/12/X10

Contas	# 31/12/X09	* 31/12/X10	Ref.	Ajustes D	Ajustes C	Saldo final 31/12/X10
Caixa	500	600	**A1**		100	500
Bancos	5.500	9.000	**A2**	400		9.400
Aplic. financeiras	1.000	967	**A3**			967
Total	7.000	10.567				10.867
	s	s				s[12]

– confere com nossos WP's

* – confere com balanço

[11] Os WPs elaborados ficam em rede e, após serem revisados e finalizados, têm seu acesso restrito. Os documentos em papel obtidos durante a auditoria são arquivados em pasta permanente na empresa de auditoria.

[12] Nos próximos WPs, a letra *s*, abaixo dos totais, significa "somado" ou "soma confere".

A1 – Caixa
P. Lins
16/2/X11

Dunas S.A.
31/12/X10

	#	*				Saldo final
Contas	31/12/X09	31/12/X10	Ref.	Ajustes		31/12/X10
				D	C	
Caixa	500	600			100	500
Total	500	600	**A**			500

– confere com nossos WPs do ano anterior
* – confere com razão

Contagem física do caixa:

Realizei contagem física do caixa da empresa em 30/12/X10, na presença do tesoureiro, quando foi constatada a seguinte composição:

Numerário	R$ 500
Notas fiscais	R$ 20
Vales de funcionários	R$ 80
Total	R$ 600

s

Após a contagem física, todo caixa foi devolvido integralmente ao tesoureiro.

Recebido e de acordo:

_______________ _______________

Auditoria — Dunas S.A.
P. Lins — *A. Joana*

Diante do acima, proponho os seguintes ajustes:

1. Notas fiscais
   D = Despesas gerais
   C = Caixa 20
2. Vales de funcionários:
   D = Adiantamento a funcionários
   C = Caixa 80

O primeiro WP dos bancos abre a composição da conta bancos com os quais a empresa trabalha. Os WPs seguintes são compostos pela conciliação bancária de cada banco preparada pelo cliente. Note-se que o fato de a conciliação bancária ser elaborada pelo cliente não exime em nenhuma hipótese a auditoria da responsabilidade pela verificação dos seus dados.

WPs de bancos:

A2 – Bancos conta movimento
P. Lins
16/02/X11

Dunas S.A.
31/12/X10

Descrição	# 31/12/X09	* 31/12/X10	Ref.	Ajustes D	Ajustes C	Saldo final 31/12/X10
Unitu	500	1.600	**A2.2**	520	120	2.000
Bradesil	1.000	700	**A2.3**			700
Alfa	4.000	6.700	**A2.4**			6.700
Total	5.500	9.000	**A**			9.400
	s	s				s

\# – confere com nossos WPs do ano anterior
* – confere com o razão

A2.1 – Bancos conta movimento *Cut-off*
P. Lins
16/02/X11

Dunas S.A.
31/12/X10

Banco	Últimos cheques			Talões em branco	
	Data	**Número**	**Valor R$**	**Numeração**	
Unitu	30/12/X10	000.024	200	000.025	000.040
Bradesil	30/12/X10	1.225	1.200	1.226	1.240
Alfa	30/12/X10	11.360	4.000	0	0

Nota: Não foram verificados nos extratos bancários cheques em descordo com *cut-off*.

A2.2 – Bancos conta movimento. Banco Unitu

P. Lins

16/02/X11

Dunas S.A.

31/12/X10

√			©	√√	
Sd. Extrato	Cheques não compensados	Despesas bancárias	Depósitos não identificados	Sd Razão	Ref.
3.500	(1.500)	120	(520)	1.600 **s**	**A2**

Os cheques não compensados são compostos da seguinte forma:

#		
Cheque nº	Data	Valor
000.020	28/12/X10	800
000.022	29/12/X10	500
000.024	30/12/X10	200
		1.500 **s**

As despesas bancárias são referentes a:

Juros sobre cheque especial = R$ 100

Tarifa de manutenção da conta = R$ 20

= R$ 120 **s**

Proponho o seguinte ajuste:

D = Despesas financeiras	100	
D = Despesas com tarifas bancárias	20	
C = Bancos		120

© Os depósitos não identificados são referentes a pagamentos de clientes efetuados diretamente na conta-corrente da empresa. O depósito refere-se ao cliente XXX no valor de R$ 520. Proponho o seguinte ajuste:

D = Bancos conta movimento – Unitu

C = Clientes 520

– verifiquei a compensação desses cheques no extrato bancário de janeiro/X11

√ – confere com os extratos e resposta da circularização

√√ – confere com o razão

A2.3 – Bancos conta movimento. Banco Bradesil
P. Lins
17/02/X11

Dunas S.A.
31/12/X10

√ Sd. Extrato	Cheques não compensados	Despesas bancárias	Depósitos não identificados	√√ Sd Razão	Ref.
1.800	(1.100)			700 s	**A2**

Os cheques não compensados eram compostos da seguinte forma:

# Cheque nº	Data	Valor
001.200	26/12/X10	1.000
001.222	29/12/X10	100
		1.100 s

– verifiquei a compensação desses cheques no extrato bancário de janeiro/X11

√ – confere com os extratos e resposta da circularização[13]

√√ – confere com o razão

A2.4 – Bancos conta movimento. Banco Alfa
P. Lins
17/02/X11

Dunas S.A.
31/12/X10

√ Sd. Extrato	Cheques não compensados	Despesas bancárias	Depósitos não identificados	√√ Sd Razão	Ref.
8.050	(1.350)			6.700 s	**A2**

Os cheques não compensados eram compostos da seguinte forma:

# Cheque nº	Data	Valor
011.340	23/11/X10	350
011.353	28/12/X10	100
011.355	29/12/X10	850
011.356	29/12/X10	50
		1.350 s

– verifiquei a compensação desses cheques no extrato bancário de janeiro/X11

√ – confere com os extratos e resposta da circularização

√ √ – confere com o razão

[13] É comum abrir-se um WP específico para as respostas das circularizações de todos os bancos.

WPs de aplicações financeiras:

A3 – Aplicações financeiras
P. Lins
18/02/X11

Dunas S.A.
31/12/X10

Descrição	Banco	Aplicado		Resgate		Rendim. Líquido	Saldo
		Data	Valor	Data	Valor	√	¥ #
Fundo DI	Unitu	01/out.	2.000,00	01/dez.	2.060	60,00	0
Fundo DI	Alfa	10/out.	950,00	05/10/X11	0	17,00	967,00
						77,00	967,00 **A**
						s	s

√ – efetuei os cálculos e verifiquei o lançamento no razão, na conta receitas financeiras

¥ – confere com os extratos e respostas da circularização

– o valor representa adequadamente o seu valor de mercado

Quadro 2.9 Comentários adicionais sobre o disponível

a) Caixa:

- sempre efetuar a contagem de surpresa e na presença do responsável pelo caixa e com uma testemunha;
- verificar a existência de vales ou cheques de longa data. Esse fato, embora possa não ser material em termos de auditoria, demonstra uma falta de controle e precisa ser salientado com o cliente e evidenciado no relatório de recomendações;
- avaliar a segurança da tesouraria, seja nos acessos, tais como câmeras, portas e cofres adequados e segurança pessoal, bem como nos procedimentos de segurança durante o expediente, como, por exemplo, o trancamento de gavetas e travamento de terminal quando da ausência do responsável. Havendo alguma discrepância, descreva no relatório de recomendações.

b) Bancos:

- os WPs dos bancos são compostos das conciliações bancárias que normalmente apresentam pendências que sofrem ajustes e outras que não. Isso acontece em função da existência de pendências que já são consideradas pela empresa e não pelo banco, como o caso dos cheques emitidos e não compensados; nesse caso , não há ajustes. Entretanto, quando a pendência se refere a valores considerados pelo banco e não pela empresa, há a necessidade de se fazerem ajustes, como o caso das despesas financeiras e com tarifas bancárias;

- a possível inexistência de conciliações bancárias pelo cliente é um ponto grave e falha de controle interno que precisa ser considerado no estabelecimento do escopo dos testes a serem efetuados. Portanto, esse fato precisa ser devidamente evidenciado e considerado no planejamento da auditoria (*vide* item próprio na Parte II do livro);
- toda pendência existente na conciliação precisa ser investigada, evidenciada e explicada;
- os documentos recebidos em papel pela auditoria, como, por exemplo, as respostas das circularizações, são considerados WP e são arquivados junto com os demais WPs do disponível. Quando não considerados WP propriamente ditos, são arquivados em pasta permanente e guardados na empresa de auditoria, como, por exemplo, atas de assembleias de acionistas.

c) Aplicações financeiras:

- a Lei 11.638/07 e a Resolução 1.157/09 determinam que seja realizada avaliação periódica da recuperabilidade (*impairment*) de todos os ativos, sem exceção;
- para os ativos destinados à venda ou realização direta em dinheiro, como o caso das aplicações financeiras, a recuperabilidade se dá pela comparação dos valores contábeis com os valores de venda ou de provável recebimento conforme efetuado no WP acima.

2.4.2.2 Ativo circulante – clientes

A conta clientes é composta pelas vendas a prazo efetuadas pela empresa. Sua composição representa quanto a empresa tem a receber dentro do próximo exercício, referente exclusivamente às suas atividades-fins.

As eventuais vendas a prazo efetuadas que não se relacionem com a atividade-fim da empresa devem ser classificadas de forma separada, por exemplo, em outras contas a receber.

No balanço patrimonial, a conta cliente pode se apresentar composta da seguinte maneira:

Clientes

(–) Perdas estimadas em créditos de liquidação duvidosa

2.4.2.2.1 Aspectos contábeis e controles internos[14] – clientes

As normas contábeis em vigor determinam que seja realizada uma avaliação periódica sobre a recuperabilidade de todos os ativos das empresas, sem exceção. O procedimento da recuperabilidade, no caso da conta clientes, consiste em comparar o valor contábil com o valor do seu provável recebimento. Portanto, o valor que deve constar no balanço patrimonial deverá ser aquele que efetivamente espera-se que a empresa vá receber, já deduzido das perdas estimadas em créditos de liquidação duvidosa (PECLD) e das duplicatas descontadas, quando existentes.

A PECLD é resultante da expectativa da empresa quanto ao não recebimento de parte das suas vendas em decorrência de algum fato ocorrido ou esperado. Seu cálculo normalmente considera as perdas históricas da empresa, a quantidade de clientes em atraso e ainda qualquer outro fato relevante e não previsto que possa ter efeitos negativos sobre a expectativa de perdas no exercício seguinte.

O desconto de duplicatas ocorre quando a empresa busca financiamentos junto a instituições financeiras, dando como garantia seus valores a receber de clientes.

Importante ressaltar que a responsabilidade quanto às notas fiscais dadas em garantia continua com a empresa. Se o cliente não pagar no vencimento a duplicata em poder do banco, este retira da conta da empresa o valor da duplicata não paga.

Exemplo:

a) vendas efetuadas a prazo no valor de R$ 100.000 de um estoque avaliado em R$ 50.000;
b) recebimento da venda anterior;
c) PECLD de R$ 5.000;
d) duplicatas descontadas no montante de R$ 10.000.

Contabilização:

a) Vendas a prazo

D = Clientes

C = Receita de vendas 100.000

[14] Para mais detalhes sobre controles internos, *vide* tópico específico na Parte II.

a.1) Baixa no estoque

D = Custo da mercadoria vendida

C = Estoque 50.000

b) Recebimento da venda

D = Disponibilidades

C = Clientes 100.000

c) Constituição da PECLD

D = Despesa de Venda – PECLD

C = PECLD 5.000

c.1) Como a PECLD é uma expectativa de perda estimada referente ao exercício anterior, quando esta ocorre no exercício seguinte, deve-se reconhecer a perda contra a provisão e não contra o resultado, uma vez que se refere ao período anterior. Assim, a contabilização seria da seguinte forma, considerando a efetivação de uma perda no montante de R$ 100:

D = Perdas estimadas em créditos de liquidação duvidosa

C = Clientes 100

c.2) No final do ano, é feito o ajuste da PECLD diante das novas expectativas. Suponha que a nova PECLD tenha sido estimada em R$ 5.200. Nesse caso, efetua-se apenas o complemento de R$ 300, obtido da seguinte maneira:

Provisão inicial	R$ 5.000
Baixas	(R$ 100)
Saldo da provisão	R$ 4.900
Complemento	R$ 300
Saldo atual	R$ 5.200

A contabilização do complemento da PECLD seria efetuada da seguinte forma:

D = Despesa com venda – PECLD

C = Perdas estimadas em créditos de liquidação duvidosa 300

d) Desconto de duplicatas no valor total de R$ 10.000 com juros de R$ 1.000

D = Bancos	9.000	
D = Despesas financeiras	1.000	
C = Empréstimos – Duplicatas descontadas		10.000

Os controles internos sobre a conta clientes consistem em garantir que todos os valores sejam reais e as suas entradas sejam decorrentes exclusivamente de vendas, e as baixas sejam decorrentes do pagamento do cliente ou de incobráveis. Nesse sentido, são exemplos de controles internos sobre a conta clientes:

- cadastro atualizado de clientes;
- confrontação periódica entre as vendas e a conta clientes;
- descontos sobre o pagamento dos clientes só por pessoas autorizadas;
- utilização de recebimentos apenas via bancos;
- acompanhamento constante e rigoroso dos valores em aberto.

2.4.2.2.2 Procedimentos de auditoria – clientes

O programa de auditoria determina os procedimentos mínimos a serem realizados. Os principais objetivos da auditoria da conta clientes são verificar se seus valores geram benefício futuro, se são realizáveis e estão livres de qualquer ônus. Os WPs a serem elaborados são no mínimo quatro:

- WP inicial com o saldo do balanço patrimonial;
- WP com composição do saldo com os respectivos vencimentos;
- WP com a seleção aleatória dos clientes que serão testados;
- WP com as respostas das circularizações dos clientes selecionados.

No caso da constituição da PECLD pela empresa auditada, seu cálculo deverá ser evidenciado no WP relativo aos vencimentos das vendas a prazo. Caso a empresa auditada não tenha efetuado a PECLD, o auditor deverá certificar-se de que não é necessária, através da avaliação dos vencimentos e consideração das contas em aberto, indagando a empresa sobre possíveis não recebimentos.

No caso das duplicatas descontadas, deve-se obter a composição das duplicatas descontadas pelo banco, bem como certificar-se, através da circularização dos bancos, do seu valor. Deve-se, ainda, verificar a sua contabilização no passivo circulante, na conta empréstimos.

a) Exemplo de programa de auditoria resumido – clientes

Área: Clientes

Cliente: Dunas S.A.

Data: 31/12/X10

Objetivos do exame:

a) assegurar que os valores são procedentes e corretamente avaliados e classificados;
b) assegurar que os valores refletem adequadamente a sua recuperabilidade;
c) assegurar que geram benefício futuro e são realizáveis em moeda;
d) verificar se estão livres de ônus reais.

Análise:

Descrição	WP	Visto
Elabore um WP contendo os dados do balanço final.		
Obtenha listagem dos saldos individuais com os respectivos vencimentos e confronte com o total do balanço.		
Selecione os clientes que serão objeto de circularização e elabore WP.		
Para as duplicatas descontadas, confirme o saldo na circularização de bancos na área do disponível e a sua contabilização como empréstimo, no passivo.		
Com base na listagem individual de clientes obtida analise as possíveis discrepâncias visando à constituição da PECLD, se aplicável.		
Circularize o setor jurídico e confirme a inexistência de garantias dadas sobre o contas a receber em geral ou ações judiciais em curso relacionadas com clientes.		
Para circularizações não recebidas, envie a segunda solicitação. Caso não receba, e esgotadas todas as tentativas, execute os procedimentos substantivos, verificando a documentação e a movimentação do cliente, ficando atento para possíveis anormalidades.		

b) Exemplos de WPs – clientes

O primeiro WP a ser aberto compreende os dados do balanço patrimonial. Assim, teríamos (números hipotéticos):

						C - Clientes P. Lins 11/02/X11
		Dunas S.A. 31/12/X10				
	#	*				
Contas	31/12/X09	31/12/X10	Ref.	Ajustes		31/12/X10
				D	C	
Clientes	12.500	14.500	**C1**			14.500
PECLD			**C1**		1.200	(1.200)
						13.300
						s

\# - confere com os nossos WPs do ano anterior

* - confere com o balanço

O segundo WP refere-se à listagem dos clientes que é obtida junto ao auditado e que será base para a seleção aleatória dos clientes que serão testados. Note-se que neste mesmo WP são registrados os vencimentos dos clientes. É possível ainda que seja feito um WP específico com os vencimentos para fins de elaboração da PECLD.

C1 – Clientes
P. Lins
11/02/X11

Dunas S.A.
31/12/X10

	Clientes	R$ √	Vencto.	
1	Acre	200	10/01/X11	
2	Alagoas	350	12/02/X11	
3	Amazonas	210	09/01/X11	C2
4	Ceará	456	10/01/X11	
5	Espírito Santo	456	10/02/X11	
6	Maranhão	1.200	22/01/X10	#
7	Mato Grosso	267	10/03/X11	
8	Minas	4.521	05/02/X11	
9	Paraíba	100	10/02/X11	C2
10	Paraná	454	12/01/X11	
11	Pernambuco	789	13/02/X11	
12	Piauí	565	10/03/X11	
13	Rio Grande	1.008	15/02/X11	
14	Rio Negro	1.000	15/01/X11	C2
15	Rondônia	434	10/01/X11	
16	Roraima	990	10/02/X11	
17	Tocantins	1.500	08/01/X11	
		14.500 s	C	

√ – confere com o razão

– o valor do cliente Maranhão está em aberto desde o ano passado. Em conversa com o *controller*, o mesmo afirmou que este cliente está com dificuldades financeiras sérias e que não espera receber esse valor. Assim, proponho o seguinte ajuste:

D = Despesas de vendas – PECLD

C = – PECLD 1.200 **C**

O WP seguinte é composto com os clientes selecionados para testes com base no WP C1 anterior.

15/02/X11

Dunas S/A

31/12/X10

Item	Clientes	R$	β Vencto	Circularização Recebida R$	Ref
3	Amazonas	210	09/01/X11	210	C3
9	Paraíba	100	10/02/X11	100	C3
14	Rio Negro	1.000	15/01/X11	1.000	C3
Testados		1.310	9,03%	1.310	
Não testados		13.190	90,97%	s	
Total		14.500	100%		C1
		s	s		

Seleção aleatória efetuada utilizando o Excel®, com os seguintes passos:

Excel => Dados => Análise de dados => Amostragem => 3

β Verifiquei o razão nos meses do vencimento e todos os valores foram recebidos nos respectivos vencimentos.

O último WP seria composto das respostas das circularizações recebidas, conforme os clientes selecionados no WP C2. É um WP diferente dos anteriores, uma vez que é composto apenas do cabeçalho e das respostas recebidas devidamente referenciadas.

C3 - Circularizações

P. Lins

15/02/X11

Dunas S.A.

31/12/X10

Amazonas	R$ 210
	C2

Paraíba	R$ 100
	C2

Rio Negro	R$ 1.000
	C2

2.4.2.3 Ativo circulante - estoques

Os estoques normalmente representam os valores mais significativos do ativo circulante.

No balanço patrimonial, de modo geral, apresentam-se da seguinte maneira:

Comercial	Industrial
Estoque de mercadorias Mercadorias em trânsito	Estoque de produtos acabados Estoque de produtos em processo Estoque de matéria-prima Almoxarifado Importação em andamento

Os estoques compreendem bens adquiridos e destinados a venda, incluindo, por exemplo, mercadorias compradas por um varejista para revenda ou terrenos e outros imóveis para revenda. Os estoques também compreendem produtos acabados e produtos em processo de produção pela entidade e incluem matérias-primas e materiais aguardando utilização no processo de produção, tais como: componentes, embalagens e material de consumo.

2.4.2.3.1 Aspectos contábeis e controles internos - estoques

A avaliação dos estoques é feita pelo custo de aquisição ou fabricação, deduzido da provisão para ajustá-lo ao valor de mercado, quando este for inferior. A Resolução CFC 1.157/09 ratifica esse procedimento determinando que, para os ativos destinados à venda ou realização direta em dinheiro, a recuperabilidade se dá pela comparação dos valores contábeis com os valores de venda ou de provável recebimento.

O custo de aquisição dos estoques compreende o preço de compra, os impostos de importação e outros tributos (exceto os recuperáveis junto ao fisco), bem como os custos de transporte, seguro, manuseio e outros diretamente atribuíveis à aquisição de produtos acabados, materiais e serviços. Descontos comerciais, abatimentos e outros itens semelhantes devem ser deduzidos na determinação do custo de aquisição.

No caso das empresas industriais, os custos de transformação de estoques incluem os custos diretamente relacionados com as unidades produzidas ou com as linhas de produção, como pode ser o caso da mão de obra direta. Também incluem a alocação sistemática de custos indiretos de produção, fixos e variáveis, que sejam incorridos para transformar os materiais em produtos acabados. Os custos indiretos de produção fixos são aqueles que permanecem relativamente constantes independentemente do volume de produção, tais como a depreciação e a manutenção de edifícios e instalações fabris, máquinas e equipamentos e os custos de administração da fábrica. Os custos indiretos de produção variáveis são aqueles que variam diretamente, ou quase diretamente, com o volume de produção, tais como materiais indiretos e certos tipos de mão de obra indireta.

Nota

1) A alocação de custos fixos indiretos de fabricação às unidades produzidas deve ser baseada na capacidade normal de produção. A capacidade normal é a produção média que se espera atingir ao longo de vários períodos em circunstâncias normais; com isso, leva-se em consideração, para a determinação dessa capacidade normal, a parcela da capacidade total não utilizada por causa de manutenção preventiva, de férias coletivas e de outros eventos semelhantes considerados normais para a entidade. O nível real de produção pode ser usado se aproximar-se da capacidade normal. Como consequência, o valor do custo fixo alocado a cada unidade produzida não pode ser aumentado por causa de um baixo volume de produção ou ociosidade. Os custos fixos não alocados aos produtos devem ser reconhecidos diretamente como despesa no período em que são incorridos. Em períodos de anormal alto volume de produção, o montante de custo fixo alocado a cada unidade produzida deve ser diminuído, de maneira que os estoques não sejam mensurados acima do custo. Os custos indiretos de produção variáveis devem ser alocados a cada unidade produzida com base no uso real dos insumos variáveis de produção, ou seja, na capacidade real utilizada. (Fonte: CPC 16)
2) A entidade deve capitalizar os custos de empréstimo que são diretamente atribuíveis à aquisição, à construção ou à produção de ativo qualificável como parte do custo do ativo. A entidade deve reconhecer os outros custos de empréstimos como despesa no período em que são incorridos.

> Ativo qualificável é um ativo que, necessariamente, demanda um período de tempo substancial para ficar pronto para seu uso ou venda pretendidos. Dependendo das circunstâncias, um ou mais dos seguintes ativos podem ser considerados ativos qualificáveis:
> (a) estoque; (b) planta para manufatura; (c) usina de geração de energia; (d) ativo intangível; e (e) propriedade para investimento. (Fonte: CPC20)

A contabilização do estoque se processa da seguinte maneira:

Exemplo na empresa comercial:

a) Compra de mercadorias para revenda a prazo = R$ 50.000
   a.1) Frete e seguro sobre a compra = R$ 2.000
b) Venda a prazo, por R$ 31.707,32, de 30% das mercadorias
c) Comissão de venda = 2%
d) ICMS de 18%, tanto nas compras quanto nas vendas

Contabilização:

a) Compra de mercadorias

D = Estoque de mercadorias	50.000,00	
D = ICMS a recuperar	10.975,61	
C = Fornecedores		60.975,61

a.1) Frete e seguro

D = Estoque de mercadorias		
C = Disponibilidades	2.000	

b) Venda de 30% do estoque por R$ 31.707,32

D = Clientes	31.707,32	
C = Receita de vendas líquidas		26.000,00
C = ICMS a recolher		5.707,32

ou

D = Clientes	
C = Receita de vendas brutas	31.707,32

e

D = Despesas de impostos sobre vendas – ICMS

C = ICMS a recolher 5.707,32

b.1) Baixa do estoque

D = Custo da mercadoria vendida

C = Estoque de mercadorias 15.600[15]

c) Comissão de vendas

D = Despesas de vendas – comissões

C = Disponibilidades 634,15[16]

Exemplo na empresa industrial:

a) Compra de matéria-prima a prazo = 100.000

a.1) Frete e seguro sobre a compra da matéria-prima = R$ 3.000

b) Do total das despesas de mão de obra e encargos sociais, R$ 10.000 foram utilizados na produção

c) Outros custos indiretos (aluguel da fábrica, depreciação do ativo imobilizado etc.) = R$ 30.000

d) Venda a prazo, por R$ 243.902,44, de 50% dos produtos acabados

e) Não havia outros estoques iniciais ou finais

Contabilização:

a) Compra de matéria-prima

D = Estoque de matéria-prima 100.000,00

D = ICMS a recuperar 21.951,22

C = Fornecedores 121.951,22

a.1) Frete e seguro

D = Estoque de matéria-prima

C = Disponibilidades 3.000

---

15 (R$ 52.000 × 30%).

16 (R$ 31.707,32 × 2%).

a.2) Início do processo produtivo. Transferência da matéria-prima para o estoque de produtos em processo

D = Estoque de produtos em processo

C = Estoque de matéria-prima 103.000

b) Mão de obra e encargos

D = Estoque de produtos em processo

C = Salários e encargos 10.000

c) Outros custos

D = Estoque de produtos em processo

C = Diversos 30.000

c.1) Final do processo produtivo. Transferência de estoque de produtos em processo para o estoque de produtos acabados

D = Estoque de produtos acabados

C = Estoque de produtos em processo 143.000

d) Venda a prazo

D = Clientes 243.902,44

C = Receita de vendas 200.000,00

C = ICMS a recolher 43.902,44

d.1) Baixa do estoque

D = Custo do produto vendido

C = Estoque de produtos acabados 71.500[17]

Nota

O imposto sobre produção industrial (IPI) também é um imposto não cumulativo e, portanto, tem o mesmo tratamento do ICMS na indústria. No caso das empresas comerciais, esse imposto é tratado como custo e integra o valor do estoque.

[17] R$ 143.000 × 50%.

Conforme o CPC 16, o custo dos estoques que não sejam de identificação específica, como, por exemplo, aqueles que utilizam projeto específico, deve ser atribuído ao produto pelo uso do critério Primeiro a Entrar, Primeiro a Sair (PEPS) ou pelo critério do custo médio ponderado. A entidade deve usar o mesmo critério de custeio para todos os estoques que tenham natureza e uso semelhantes para a entidade. Para os estoques que tenham outra natureza ou uso, podem justificar-se diferentes critérios de valoração. De maneira geral, as empresas utilizam o custo médio.

As empresas devem evidenciar, seja nas demonstrações contábeis propriamente ditas ou nas notas explicativas:

a) as políticas contábeis adotadas na mensuração dos estoques, incluindo formas e critérios de valoração utilizados;
b) o valor total escriturado em estoques e o valor registrado em outras contas apropriadas para a entidade;
c) o valor de estoques escriturados pelo valor justo menos os custos de venda;
d) o valor de estoques reconhecido como despesa durante o período;
e) o valor de qualquer redução de estoques reconhecida no resultado do período;
f) o valor de toda reversão de qualquer redução do valor dos estoques reconhecida no resultado do período de acordo com o item 34;
g) as circunstâncias ou os acontecimentos que conduziram à reversão de redução de estoques; e
h) o montante escriturado de estoques dados como penhor de garantia a passivos.

Os controles internos sobre a conta estoques começam nas compras, sejam de matéria-prima ou de mercadorias para revenda. No caso de empresas comerciais, toda compra de mercadoria para venda precisa ser inicialmente solicitada/autorizada pelo setor de estoques com base nos controles sobre a quantidade existente, bem como a demanda esperada para o seu encaminhamento ao setor de compras. No caso das empresas industriais, as compras de matéria-prima são requisitadas/autorizadas pelo setor de produção.

Tanto para empresas comerciais quanto para industriais, os seguintes controles internos são básicos, ou seja, o mínimo que se espera seja adotado pelas empresas:

- manutenção de banco de dados de fornecedores previamente selecionados;
- acompanhamento diário dos níveis de estoques de forma a manter os estoques de segurança;
- contagem física periódica e a comparação com as quantidades registradas;
- segregação de função entre os setores de recebimento e compras;
- contagem física no momento do recebimento de mercadorias ou matéria-prima;
- contagem física no momento da saída dos produtos vendidos;
- sistema integrado da Contabilidade financeira com a Contabilidade de custos.

2.4.2.3.2 Procedimentos de auditoria – estoques

Em linhas gerais, a auditoria da conta estoques abrange a verificação da propriedade/controle exclusivo dos estoques, sua existência física e a sua correta expectativa de geração de benefício futuro.

Um dos principais procedimentos de auditoria da conta estoques é a contagem física ou inventário físico. A contagem física é um processo executado pela empresa auditada no mínimo uma vez ao ano, no final do exercício. Seu objetivo principal é de controle interno e, por conseguinte, destina-se a detectar possíveis erros ou fraudes, confrontando a contagem física com o valor constante nos registros.

A preparação da contagem física deverá ser supervisionada pela auditoria e requer cuidados especiais, dos quais se destacam:

- correta arrumação, separação e identificação dos bens que serão contados;
- o grupo de funcionários designados para a contagem deverá ser composto também por pessoal de outros setores de fora do estoque (contas a pagar, financeiro, Contabilidade etc.), de forma a garantir a independência da contagem;

- paralisação geral das movimentações dos estoques, no mínimo, no dia anterior e, principalmente, no dia da contagem. Os fornecedores devem ser informados de que não deverão enviar produtos após a data limite estabelecida pela empresa e principalmente na data da contagem. Em casos excepcionais, os produtos movimentados deverão ser identificados e separados dos demais;
- todos os produtos que serão contados deverão estar "etiquetados" com a sua identificação e localização. Essa "etiqueta" é formada normalmente por três partes iguais e picotadas;
- cuidados com o *cut-off* [18] de forma a evitar a contagem de produto vendido e ainda constante no estoque, bem como produto adquirido dentro do exercício e só entregue nos primeiros dias do exercício seguinte. Para tanto, devem ser elaborados WPs listando as últimas notas fiscais emitidas de vendas no exercício e as primeiras do exercício seguinte. Igual procedimento deve ser efetuado para as notas fiscais de compras;
- cuidados especiais também devem ser efetuados no caso de produtos em consignação ou de terceiros de posse da empresa auditada.

Após todos os cuidados listados acima, a execução da contagem física se processa nas seguintes fases:

Fase I

O primeiro grupo conduzido por um membro da equipe do estoque faz a primeira contagem, anota a quantidade verificada e destaca uma parte da etiqueta onde consta a identificação e localização do produto e entrega no local onde está a coordenação geral do inventário.

Fase II

A segunda equipe efetua uma segunda contagem desse mesmo produto, destaca outra parte da etiqueta, também devidamente identificada, e entrega à coordenação da contagem.

---

[18] Corte nas operações. No caso da contagem física, o corte refere-se ao cuidado de certificar-se que apenas os produtos que foram adquiridos ou vendidos até 31/12 estão respectivamente dentro e fora da contagem.

Fase III

Na coordenação, é verificado se as quantidades estão "batendo". Se sim, dá-se por encerrada a contagem daquele produto e a sua quantidade é lançada no controle geral do inventário. Caso a quantidade seja diferente, é enviado outro grupo com componentes diferentes dos anteriores para uma terceira contagem. Esse grupo efetua o mesmo processo, destaca a terceira etiqueta e envia para a coordenação, que compara com as duas contagens anteriores, e, "batendo" com alguma das anteriores, é dada por encerrada a contagem daquele produto e lançado no controle geral.

Nas indústrias, os procedimentos de contagem física se aplicam mais a produtos acabados e matéria-prima. No caso de produtos em processo, é necessário, além de identificá-los, efetuar uma avaliação do grau de acabamento dos produtos em processo para possibilitar a sua correta avaliação para fins de balanço, conforme o exemplo de WP que será visto abaixo.

a) Exemplo de programa de auditoria resumido – estoques

Área: Estoques

Cliente: Dunas S.A.

Data: 31/12/X10

Objetivos do exame:

a) assegurar que os valores existem, são procedentes e estão corretamente avaliados e classificados;
b) assegurar que os valores refletem adequadamente a sua recuperabilidade;
c) assegurar que geram benefício futuro e são realizáveis em moeda;
d) verificar se são de posse/propriedade e uso exclusivo da empresa e estão livres de ônus reais.

Análise:

Descrição	WP	Visto
Elabore um WP contendo os dados do balanço final.		
Obtenha listagem da composição do estoque e confronte com o total do balanço.		
Certifique-se da existência de estoque em trânsito ou em poder de terceiros. No caso deste último, avalie a necessidade de ida ao local para a contagem física *in loco*. Caso contrário, circularize o local onde os estoques estão alocados.		
Certifique-se da possível existência de estoques dados em garantia.		

Descrição	WP	Visto
Certifique-se de que a preparação para a realização do inventário físico foi corretamente efetuada.		
Na data do inventário físico, acompanhe os procedimentos durante o mesmo, de forma a certificar-se de que todo o estoque foi devidamente inventariado.		
Elaborar um WP contendo a numeração das etiquetas emitidas, as utilizadas e não utilizadas separadas por produto acabado, em processo e matéria-prima.		
Elaborar WPs listando as últimas notas fiscais emitidas de vendas no exercício e as primeiras do exercício seguinte. Igual procedimento deve ser efetuado para as notas fiscais de compras.		
Elabore WP de matéria-prima, selecionando os itens que serão testados. Certifique-se de que constam na listagem do inventário físico.		
Elabore WP referente aos produtos em processo e certifique-se do correto grau de acabamento.		
Elabore WP de produtos acabados selecionando os itens que serão testados. Certifique-se de que constam na listagem do inventário físico.		

b) Exemplos de WPs – estoques

E – Estoques
P. Lins
13/02/X11

Dunas S.A.
31/12/X10

Contas	# 31/12/X09	* 31/12/X10	Ref.	Ajustes D	Ajustes C	31/12/X10
Produtos acabados	70.000	140.000	**E1/E2**		500	139.500
Produtos em processo	4.000	13.100	**E3**			8.150
Matéria-prima	13.000	250.000	**E4**			250.000
Almoxarifado	82.500	120.000	**E5**		3.498	116.502
Imp. em andamento	1.500	0				0
	171.000	523.100			3.998	514.152
	s	s			s	s

– confere com os nossos WPs do ano anterior

* – confere com o balanço

E1 – Produtos acabados
P. Lins
13/02/X11

Dunas S.A.
31/12/X10

Produtos	Código	(Q) Registros	(R$) Unit.	(R$) Total	
				√	
Alfa	123-a	200	20	4. 000	
Bravo	214-d	400	30	12.000	
Charles	144-c	100	220	22.000	
Delta	145-a	400	10	4.000	
Echo	165-a	500	30	15.000	
Foxtrot	444-r	700	4	2.800	
Horizonte	454-3	200	5	1.000	
Ângulo	201-e	210	45	9.450	
Mistral	231-u	300	30	9.000	
Manaira	452-q	400	50	20.000	
Villas	435-1	50	100	5.000	
Minuano	101-p	120	35	4.200	
Barra	222-t	60	50	3.000	
Belindo	878-p	35	200	7.000	
Minas	874-5	130	100	13.000	
Caxias	905-g	100	80	8.000	
Petras	125-h	25	22	550	
Total				140.000	**E**
				S	

√ – confere com o razão

E2 – Produtos acabados
P. Lins
13/02/X11

Dunas S.A.
31/12/X10

Produtos	(Q) Regis-tros	(R$) Unit.	(R$) Total		(Q) Conta-gem	(Q) Dif.	© Ajustes D	© Ajustes C	(R$) 31/12/X10
√					α		D	C	
Alfa	200	20	4.000		200	0			4.000
Bravo	400	30	12.000		390	10		300	11.700
Charles	100	220	22.000		100	0			22.000
Delta	400	10	4.000		380	20		200	3.800
Echo	500		15.000		500	0			15.000
		30							
Foxtrot	700	4	2.800		700	0			2.800
Testados			59.800	43%				500	59.300
Não testados			80.200	57%					80.200
Total		E1	140.000	100%					E 139.500
			s	s					s

© – conforme diferenças não localizadas no inventário físico, proponho o seguinte ajuste:

D = Perda em estoques

C = Estoques 500

√ – seleção aleatória efetuada considerando a listagem total dos 17 produtos em estoque. Foi utilizado o Excel ®, com os seguintes passos:

Excel => Dados => Análise de dados => Amostragem

α – acompanhei a organização de todo o inventário físico. Efetuei a contagem física dos itens selecionados e constatei o registro no inventário final

Notas: 1. Todos os custos unitários foram comparados com o preço de mercado e estão menores

2. Q = quantidade

E3 – Produtos em processo
P. Lins
13/02/X11

Dunas S.A.
31/12/X10

Produtos	Qde.	Equiv. acabada	(R$) Unit.	(R$) 31/12/X10
Fase I – 30% #		√		
Alfa	50	15	20	300
Bravo	100	30	30	900
Fase II – 50% #				
Charles	50	25	220	5.500
Fase III – 80% #				
Echo	200	160	30	4.800
Foxtrot	500	400	4	1.600
				13.100 **E**
				S

√ – calculado: quantidade × percentual de acabamento
Exemplo: Alfa ⇒ 50 × 30% = 15
– grau de acabamento conforme processo produtivo descrito pela empresa

E4 – Matéria-prima
P. Lins
14/02/X11

Dunas S.A.
31/12/X10

Produtos	(Q) Regis-tros	(R$) Unit.	(R$) Total		(Q) Conta-gem	(Q) Dif.	Ajustes		(R$) 31/12/X10
√					α		D	C	
Uno	100	12	1.200		100	0			1.200
Duo	200	30	6.000		200	0			6.000
Trio	400	20	8.000		400	0			8.000
Master	280	15	4.200		280	0			4.200
Belém	550	24	13.200		550	0			13.200
Mister	1.000	40	40.000		1.000	0			40.000
Testados			72.600	29%					72.600
Não Testados			177.400	71%					177.400
Total			250.000	100%					E 250.000
			s	s					s

√ – seleção aleatória efetuada considerando a listagem total de 46[19] produtos no estoque de matéria-prima. Foi utilizado o Excel®, com os seguintes passos:

Excel ⇒ Dados ⇒ Análise de dados ⇒ Amostragem

α – acompanhei a organização de todo o inventário físico. Efetuei a contagem física dos itens selecionados e constatei o registro no inventário final

Nota: Todos os custos unitários foram comparados com o preço de mercado e estão menores.

19 O *layout* do WP contendo essa quantidade de produtos seria igual ao WP E2, razão pela qual foi omitido.

E5 – Almoxarifado
P. Lins
14/02/X11

Dunas S.A.
31/12/X10

Produtos	(Q) Registros	(R$) Unit.	(R$) Total		(Q) Contagem	(Q) Dif.	Ajustes D	Ajustes C	(R$) 31/12/X10
√					α		D	C	
Bina	10	11	110		10				110
Altim	24	53	1.272		24				1.272
Mesim	400	23	9.200		300	100		2.300	6.900
Minas	21	12	252		21				252
Fran	50	34	1.700		50				1.700
Mult	41	44	1.804		41				1.804
M. Curto	201	78	15.678		190	11		858	14.820
M. Longo	60	45	2.700		60				2.700
T. Fator1	100	34	3.400		90	10		340	3.060
T. Fator2	32	12	384		32				384
T. Fator4	200	68	13.600						13.600
Testados			50.100	42%				* 3.498	46.602
Não Testados			69.900	58%				s	69.900
Total			120.000	100%					116.502
			s	s					s

√ – seleção aleatória efetuada considerando a listagem total de 85[20] produtos em estoque. Foi utilizado o Excel®, com os seguintes passos:

Excel => Dados => Análise de dados => Amostragem

α – acompanhei a organização de todo o inventário físico. Efetuei a contagem física dos itens selecionados e constatei o registro no inventário final

* – conforme diferenças não localizadas, proponho o seguinte ajuste:

D = Perdas em estoques

C = Estoques 3.498

Nota: Todos os custos unitários foram comparados com o preço de mercado e estão menores.

---

[20] Idem nota anterior.

2.4.2.4 Ativo circulante – despesas pagas antecipadamente

De acordo com pressuposto básico da Contabilidade – regime de competência –, toda despesa paga de forma antecipada deve ser ativada e, ao longo do tempo, ser lançada na despesa do período no qual se origina o seu fato gerador. Por exemplo, no caso de um aluguel pago antecipadamente no início de janeiro referente a um ano no montante de R$ 12.000, no momento do pagamento não houve fato gerador, que é o tempo de utilização. Nesse sentido, no final de janeiro, será registrado no resultado como despesa de aluguel o valor de R$ 1.000 e baixado da despesa antecipada o mesmo valor, e assim sucessivamente até dezembro, quando não haverá mais saldo.

Conforme pode ser percebido, se uma empresa paga antecipadamente o aluguel ou um seguro, por exemplo, não poderá lançar todo valor diretamente na despesa e sim ao longo do período ao qual se refere a cobertura do pagamento efetuado.

2.4.2.4.1 Aspectos contábeis e controles internos – despesas pagas antecipadamente

De forma geral, as despesas pagas antecipadamente não são muito representativas em termos de valor no balanço patrimonial. A contabilização das despesas antecipadas é bem simples. Considere-se a seguinte situação:

Valor anual do aluguel = R$ 24.000, pago a vista em 01/06/X8

Contabilização em 01/06/X8:

D = Despesas pagas antecipadamente

C = Disponível 24.000

Contabilização em 30/06/X8 e nos meses subsequentes:

D = Despesas de aluguel

C = Despesas pagas antecipadamente 2.000

O saldo em 31/12/X8 será de R$ 10.000 (24.000 – 2.000 × 7)

Em relação aos controles internos sobre essa conta, é necessário um acompanhamento efetivo da movimentação das entradas e saídas das despesas pagas antecipadamente, de forma que não se confronte o pressuposto da competência do exercício.

No caso dos seguros pagos antecipadamente, outro ponto fundamental é certificar-se de que todos os bens da empresa estão com cobertura adequada e ainda verificar se todas as apólices estejam em dia com seus pagamentos.

2.4.2.4.2 Procedimentos de auditoria – despesas pagas antecipadamente

Em linhas gerais, a auditoria da conta despesas antecipadas tem como principal objetivo a verificação da correta apropriação das despesas em respeito ao pressuposto da competência do exercício.

a) Exemplo de programa de auditoria resumido – despesas pagas antecipadamente

Área: Despesas pagas antecipadamente

Cliente: Dunas S.A.

Data: 31/12/X10

Objetivos do exame:

a) assegurar que os valores existem, são procedentes e estão corretamente avaliados e classificados;
b) assegurar que geram benefício futuro;
c) no caso de seguros, verificar se as coberturas estão adequadas para os bens segurados;
d) verificar se as amortizações foram procedidas correta e uniformemente.

Análise:

Descrição	WP	Visto
Elabore um WP contendo os dados do balanço final.		
Obtenha a composição e movimentação das despesas antecipadas e avalie qualquer valor anormal.		
Avalie a cobertura das apólices e certifique-se da sua adequação. Elabore WP.		
Obtenha a relação das seguradoras com as quais o cliente tenha efetuado seguros e circularize.		
Verifique a existência de aluguéis pagos antecipadamente e obtenha e analise todos os contratos. Elabore WP.		
Investigue a existência de outros pagamentos antecipados relativos a despesas.		

b) Exemplos de WPs – despesas pagas antecipadamente

F – Despesas pagas antecipadamente

P. Lins

15/02/X11

Dunas S.A.

31/12/X10

Contas	# 31/12/X09	* 31/12/X10	Ref.	Ajustes D	Ajustes C	31/12/X10
Seguros	48.000	44.000	**F1**			44.000
Aluguéis	28.000	18.000	**F2**			18.000
	76.000	62.000				62.000
	s	**s**				**s**

– confere com os nossos WPs anteriores

***** – confere com o balanço

F1 – Seguros pagos antecipadamente
P. Lins
15/02/X11

Dunas S.A.
31/12/X10

	#	*	√	
Seguradoras	31/12/X09	Adições	Amortizações	31/12/X10
Alfa	4.000	12.000	(4.000)	12.000
Azul	18.000	0	(8.000)	10.000
Verde	26.000	12.000	(16.000)	22.000
	48.000	24.000	(28.000)	44.000 **F**
	s	s	s	s

¥

Seguradora	Tipo	Local	Vr Segurado	Vr Contábil	Apólice
Alfa	Incêndio e outros	Fábrica	550.000	550.000	A-1290-9
Azul	Veículos	Frota	200.000	180.000	B-2341
Verde	Respons. civil e outros	Geral	60.000	50.000	098768
			810.000	780.000	
			s	s	

¥ – todos os dados do seguro estão de acordo com a circularização efetuada junto às seguradoras
√ – calculado. Confere com o valor lançado na demonstração do resultado
– conforme nosso WP anterior
* – verifiquei documentação suporte
Nota: Conforme pode ser observado, o valor segurado é suficiente para a cobertura dos ativos. É política da empresa manter sempre seus seguros próximos aos valores de mercado.

F2 - Aluguéis pagos antecipadamente
P. Lins
15/02/X11

Dunas S.A.
31/12/X10

Conta	31/12/X09 #	Adições	Amortizações √	31/12/X10
Aluguel	28.000	0	(10.000)	18.000 F

√ - calculado. Confere com o valor lançado na demonstração do resultado do exercício
\# - conforme nosso WP anterior
Nota: verifiquei o contrato de aluguel, não encontrando quaisquer divergências.

2.4.2.5 Passivo circulante - fornecedores

A conta fornecedores registra as obrigações junto a diversas empresas que são responsáveis pelo "fornecimento" de meios para a manutenção da atividade operacional/fim através da entrega de matéria-prima, no caso das indústrias, e mercadorias para revenda, no caso de empresas comerciais.

Nos balanços patrimoniais, costumam apresentar-se com valores significativos, bem como mantêm relação direta com a conta estoques, razões pelas quais costumam receber atenção especial por parte da auditoria externa.

2.4.2.5.1 Aspectos contábeis e controles internos - fornecedores

A contabilização da conta fornecedores é bem simples. Considere-se a seguinte situação:

a) Compra de estoque de mercadorias para revenda a prazo no valor total de R$ 100.000, sendo 18% de ICMS incluído e 10% de IPI não incluso, perfazendo um valor total da nota fiscal de R$ 110.000.

Contabilização – Empresa comercial

	Débito	Crédito
D = Estoques	92.000	
D = ICMS a recuperar	18.000	
C = Fornecedores a pagar		110.000

Contabilização – Empresa industrial

	Débito	Crédito
D = Estoques	82.000	
D = ICMS a recuperar	18.000	
D = IPI a recuperar	10.000	
C = Fornecedores a pagar		110.000

Note que na empresa comercial o IPI é tratado como custo e lançado dentro do estoque. Já no caso da empresa industrial, o IPI tem a mesma característica do ICMS, é lançado no ativo e mensalmente é confrontado com o IPI decorrente das vendas. Se o valor das vendas for maior que o valor das compras, haverá impostos a recolher, caso contrário, ficará registrado no ativo até o mês seguinte ou até quando as vendas superarem as compras e o saldo do IPI a recuperar anterior.

Em relação aos controles internos sobre a conta fornecedores, o primeiro ponto a ser verificado está no momento da requisição da compra por parte do estoque, que deve estar devidamente autorizada pelo responsável pelo setor. Essa requisição é enviada para o departamento de compras, que efetua os procedimentos de aquisição, buscando garantir o menor preço e melhor qualidade, dentro do cadastro dos fornecedores mantido pela empresa.

Uma via de cada documento emitido até esse momento do processo de compra é enviada para o setor de estoque para confronto das especificações, quantidades e valores da nota fiscal do fornecedor no momento do recebimento dos produtos.

A contabilização também requer atenção para o correto lançamento dos impostos incidentes sobre a compra efetuada.

Finalmente, o controle interno deve assegurar que o pagamento será efetuado na data correta e pelo valor correto. Ressalte-se que, conforme visto na auditoria do disponível, todo pagamento deve ser feito com cheque nominal ou transferência bancária, de forma que se possa rastrear as autorizações.

2.4.2.5.2 Procedimentos de auditoria – fornecedores

Os principais objetivos da auditoria da conta fornecedores são verificar se seus valores são efetivamente devidos e estão corretamente avaliados e registrados. Os WPs a serem elaborados são no mínimo três:

- inicial com o saldo do balanço patrimonial;
- composição do saldo com os respectivos vencimentos;
- seleção aleatória dos fornecedores que serão testados.

a) Exemplo de programa de auditoria resumido – fornecedores

Área: Fornecedores

Cliente: Dunas S.A.

Data: 31/12/X10

Objetivos do exame:

Assegurar que os valores são procedentes e estão corretamente avaliados e classificados.

Análise:

Descrição	WP	Visto
Elabore um WP contendo os dados do balanço final.		
Obtenha listagem dos saldos individuais e confronte com o total do balanço.		
Selecione os fornecedores que serão objeto de circularização e elabore WP.		
Confronte as respostas das circularizações com os saldos individuais e avalie possíveis divergências.		
Para circularizações não recebidas, envie a segunda solicitação. Caso não receba, e esgotadas todas as tentativas, execute os procedimentos substantivos verificando a documentação e a movimentação do fornecedor, ficando atento para possíveis anormalidades.		

b) Exemplos de WPs – fornecedores

O primeiro WP a ser aberto compreende os dados do balanço patrimonial. Assim, teríamos:

BB – Fornecedor
P. Lins
11/02/X11

Dunas S.A.
31/12/X10

Contas	# 31/12/X09	* 31/12/X10	Ref.	Ajustes D	Ajustes C	31/12/X10
Fornecedores	24.500	26.300	**BB1**			26.300

– confere com os nossos WPs do ano anterior
* – confere com balanço

BB1 – Fornecedores
P. Lins
12/02/X11

Fornecedores	√ R$	Vencto.	
1 Mesquita	453	11/01/X11	**BB2**
2 Nova Iguaçu	1.200	11/02/X11	
3 Queimados	328	09/01/X11	
4 Bangu	2.467	12/01/X11	
5 Realengo	7.536	18/01/X11	
6 Jacaré	2.325	22/01/X11	
7 São Expedito	1.460	10/02/X11	**BB2**
8 Friburgo	4.776	05/02/X11	
9 Petrópolis	1.698	13/02/X11	**BB2**
10 Pechincha	3.500	09/02/X11	
11 Alcântara	557	13/01/X11	
Total	26.300	**BB/BB2**	
	s		

√ – confere com o razão

Foram selecionados os fornecedores abaixo para os testes.

BB2 – Fornecedores
P. Lins
12/02/X11

Dunas S.A.
31/12/X10

Item	Fornecedores	R$	β	Circularização
			Vencto.	Recebida – R$
1	Mesquita	453	11/01/X11	453 **BB1**
7	São Expedito	1.460	10/02/X11	1.460 **BB1**
9	Petrópolis	1.698	13/02/X11	1.698 **BB1**
Testados		3.611	13,73%	3.611
Não testados		22.689	86,27%	s
Total	**BB1**	26.300	100%	
		s	s	

Nota: Seleção aleatória efetuada utilizando o Excel®, com os seguintes passos:
Excel => Dados => Análise de dados => Amostragem => 3

β – verifiquei o razão nos meses dos vencimentos e todos os valores foram pagos nos respectivos vencimentos

O último WP seria composto das respostas das circularizações recebidas, conforme os fornecedores selecionados no WP BB2. É um WP diferente dos anteriores, uma vez que é composto apenas do cabeçalho e as respostas recebidas devidamente referenciadas.

BB3 - Circularizações
P. Lins
13/02/X11

Dunas S.A.
31/12/X10

Mesquita R$ 453
BB2

São Expedito R$ 1.460
BB2

Petrópolis R$ 1.698
BB2

2.4.2.6 Passivo circulante – salários e encargos a pagar

Essa conta representa o valor de salários propriamente ditos e encargos sociais incidentes sobre a folha de pagamento. Além dos valores descontados mensalmente dos funcionários (INSS e IRRF),[21] a empresa também tem obrigações mensais (FGTS[22] e INSS) que são recolhidas aos cofres públicos.

2.4.2.6.1 Aspectos contábeis e controles internos – salários e encargos a pagar

Considerem-se as seguintes informações:

a) salário bruto no mês = R$ 46.370,30;

b) INSS (empregados):[23]

- salários totais de 21 funcionários que ganham até R$ 1.659,00 = R$ 34.839,00;
- salários totais de 2 funcionários que ganham até R$ 2.765,65 = R$ 5.531,30;
- salário total de 1 funcionário que ganha R$ 6.000,00.

Conforme tabela do INSS, vigente em fevereiro de 2017, valores até R$ 1.659,38 contribuem com 8%. De R$ 1.659,39 a R$ 2.765,66, o valor da contribuição é de 9% e, de R$ 2.765,67 até R$ 5.531,31, a contribuição passa a ser de 11%.

Já em relação à tabela do IRRF [24] vigente em fevereiro de 2017, os números são os seguintes:

Base de Cálculo (R$)	Alíquota (%)	Parcela a deduzir do IR
Até 1.903,98	0,00%	0,00
De 1.903,99 até 2.826,65	7,50%	142,80
De 2.826,66 até 3.751,05	15,00%	354,80
De 3.751,06 até 4.664,68	22,50%	636,13
Acima de 4.664,68	27,50%	869,36

---

[21] INSS – Instituto Nacional de Seguridade Social.
IRRF – Imposto de Renda Retido na Fonte.

[22] FGTS – Fundo de Garantia do Tempo de Serviço.

[23] Essa tabela muda periodicamente conforme variações no salário mínimo.

[24] Para simplificar o cálculo, serão desconsiderados os dependentes. Essa tabela também sofre alterações periodicamente.

c) as empresas, por sua vez, contribuem para o FGTS com base em um percentual de 8% e também para o INSS, além de outras entidades beneficiárias incluídas na guia de pagamento, com um percentual de cerca de 27,8%.

Efetuando os cálculos com os dados citados, teríamos:

INSS empregados:

– R$ 34.839,00 × 8% = R$ 2.787,12
– R$ 5.531,30 × 9% = R$ 497,82
– R$ 6.000,00 × 11% = R$ 608,44[25]
= Total INSS = R$ 3.893,38

IRRF[26] dos empregados:

– R$ 34.839,00 × isento = $ 0,00
– R$ 5.531,30 × 7,5% = $ 414,85 – (2 × 142,80) = R$ 129,25
– R$ 6.000,00 × 27,50% = $ 1.650 – (1 × 869,36) = R$ 780,64
= Total IRRF = R$ 909,89
= Salário líquido =R$ 46.370,30 – R$ 3.893,38 – R$ 909,89 = R$ 41.567,03

INSS Empresa:

= R$ 46.370,30 × 27,8% =R$ 12.890,94

FGTS

= R$ 46.370,30 × 8% = R$ 3.709,62

Contabilização

D = Despesas de salários	46.370,30	
C = Salários a pagar		41.567,03
C = Encargos INSS a recolher		3.893,38
C = IRRF a recolher		909,89

[25] O valor máximo de contribuição mensal de cada funcionário, na tabela atual, é de R$ 608,44 calculado pela multiplicação do salário contribuição máximo por 11%, ou seja, R$ 5.531,31 × 11%.

[26] Para fins didáticos, estamos considerando a mesma base de cálculo do INSS, em função da proximidade dos valores envolvidos.

D = Despesa INSS
C = INSS a recolher 12.890,94

D = Despesa FGTS
C = FGTS a recolher 3.709,62

Os controles internos sobre os salários e encargos a pagar devem assegurar que todos os valores pagos sejam efetivamente devidos. Em outras palavras, os controles internos devem assegurar que os empregados compareceram ao trabalho e que receberam o que é devido. Assim, os pontos, sejam estes eletrônicos ou manuais, devem ser controlados, bem como quaisquer valores diferentes do salário-base, tais como horas extras, adicionais, aumentos de salários, devem ser devidamente autorizados.

Os valores descontados também precisam ter seus cálculos conferidos e o controle sobre os recolhimentos precisa ser efetivo.

2.4.2.6.2 Procedimentos de auditoria – salários e encargos a pagar

Os procedimentos de auditoria podem ser efetuados de forma a possibilitar confrontar os valores apresentados com os valores lançados no resultado do período. Nesse sentido, são elaborados os seguintes WPs:

- inicial com o saldo do balanço patrimonial;
- composição mensal dos valores relativos a folha de pagamento.

a) Exemplo de programa de auditoria resumido – salários e encargos a pagar

Área: salários e encargos a pagar

Cliente: Dunas S.A.

Data: 31/12/X10

Objetivos do exame:

a) assegurar que os valores são procedentes e estão corretamente avaliados e classificados;
b) assegurar que os encargos sociais e demais valores incidentes sobre a folha de pagamento estão corretamente calculados e recolhidos.

Análise:

Descrição	WP	Visto
Elabore um WP contendo os dados do balanço final.		
Obtenha a composição do saldo mês a mês e confronte o total com os dados do balanço final.		
Elabore um WP contendo a composição dos salários e demais encargos e valores incidentes.		
Efetue os cálculos e avalie as possíveis divergências.		
Obtenha as guias de recolhimento dos encargos e impostos incidentes sobre a folha de pagamento e confronte com os valores calculados. Evidencie quaisquer diferenças observadas.		
Circularize o setor jurídico e confirme a inexistência de ações judiciais em curso relacionadas ao departamento pessoal.		

b) Exemplos de WPs – salários e encargos a pagar

Como em todas as áreas, o primeiro WP a ser aberto compreende os dados do balanço patrimonial. Assim, teríamos:

						DD – Salários e encargos a pagar
						P. Lins
						15/02/X11
		Dunas S.A.				
		31/12/X10				
	#	*				
Contas	31/12/X09	31/12/X10	Ref.	Ajustes D	Ajustes C	31/12/X10
Salários a pagar	65.700	70.574	DD1			70.574
Encargos a pagar	9.579	9.426				9.426
	75.279	80.000				80.000
	s	s				s
INSS – empregador	21.597	22.240				22.240
FGTS	4.755	6.400				6.400
	26.352	28.640	DD1			28.640
	s	s				s

– confere com os nossos WPs do ano anterior

* – confere com o balanço

DD1 – Salários e encargos a pagar

P. Lins

15/02/X11

Dunas S.A.

31/12/X0

Descrição	jan.	fev.	mar.	abr.	maio	jun.	jul.	ago.	set.	out.	nov.	dez. π / DD	Total	
Salários	53.240,80	53.240,80	53.240,80	53.240,80	70.573,61	70.573,61	70.573,61	70.573,61	70.573,61	70.573,61	70.573,61	70.573,61		
Encargos empregados														
INSS	5.795,00	5.795,00	5.795,00	5.795,00	7.600,00	7.600,00	7.600,00	7.600,00	7.600,00	7.600,00	7.600,00	7.600,00 τ		
IRRF	1.964,20	1.964,20	1.964,20	1.964,20	1.826,39	1.826,39	1.826,39	1.826,39	1.826,39	1.826,39	1.826,39	1.826,39 τ		
	7.759,20	7.759,20	7.759,20	7.759,20	9.426,39	9.426,39	9.426,39	9.426,39	9.426,39	9.426,39	9.426,39	9.426,39		
	s	s	s	s	s	s	s	s	s	s	s	s		
Salários e encargos a pagar	61.000,00	61.000,00	61.000,00	61.000,00	80.000,00	80.000,00	80.000,00	80.000,00	80.000,00	80.000,00	80.000,00	80.000,00	884.000,00	√
	s	s	s	s	s	s	s	s	s	s	s	s		
Encargos empregador														
INSS	16.958,00	16.958,00	16.958,00	16.958,00	22.240,00	22.240,00	22.240,00	22.240,00	22.240,00	22.240,00	22.240,00	22.240,00	245.752,00	√ τ
FGTS	4.259.26	4.259.26	4.259.26	4.259.26	6.400,00	6.400,00	6.400,00	6.400,00	6.400,00	6.400,00	6.400,00	6.400,00	68.237,04	√ τ
											DD	28.640,00		
												s		

√ – confere com a DRE

π – confere com a folha de pagamento do mês

τ – verifiquei os cálculos e as guias de recolhimento

2.4.2.7 Passivo circulante – impostos a recolher

A área impostos a recolher refere-se aos tributos devidos pela empresa que não se relacionam diretamente com a folha de pagamento. É constituída de modo geral pelas seguintes contas:

- Imposto de Renda (IR);
- Contribuição Social sobre o Lucro Líquido (CSLL);
- Contribuição para o Financiamento da Seguridade Social (COFINS);
- Programa de Integração Social (PIS);
- Imposto sobre Circulação de Mercadorias e Serviços (ICMS).

IR, CSLL, COFINS e PIS são impostos federais e o ICMS é um imposto estadual.

Todos os impostos acima estão relacionados com as receitas auferidas, sendo que o ICMS é um imposto não acumulativo, ou seja, o seu valor é apurado mês a mês e, no caso de as vendas serem maiores que as compras, haverá imposto a recolher, caso contrário, haverá imposto a recuperar, que aparecerá no ativo circulante.

2.4.2.7.1 Aspectos contábeis e controles internos – impostos a recolher

Considere as informações abaixo relativas a uma empresa comercial:[27]

a) receita bruta – R$ 30.000.000;

b) lucro do período antes do IR – R$ 10.000.000;

c) apuração pelo lucro real;

d) alíquota de IRPJ – 25% sobre o lucro real;

e) alíquota de CSLL – 9%;

f) alíquota da COFINS – 7,6% sobre a receita bruta;

g) alíquota do PIS – 1,65% sobre a receita bruta;

h) alíquota do ICMS – 18% sobre a receita bruta;

i) saldo anterior da conta ICMS a recuperar – R$ 3.000.000;

j) Despesas não dedutíveis (Adições) – R$ 100.000;

k) Receitas não tributáveis (Deduções) – R$ 50.000.

---

[27] Alíquotas utilizadas para fins didáticos.

Efetuando os cálculos, teríamos:

1. Imposto de Renda Pessoa Jurídica (IRPJ)

= Lucro do período antes do IR –	R$ 10.000.000
(+) Adições	R$ 100.000
(–) Deduções	(R$ 50.000)
Base de cálculo – lucro real	R$ 10.050.000

IRPJ = R$ 2.512.500 (R$ 10.050.000 × 25%)

2. CSLL

= R$ 30.000.000 × 9% = R$ 2.700.000

3. COFINS

= R$ 30.000.000 × 7,6% = R$ 2.280.000

4. PIS

= R$ 30.000.000 × 1,65% = R$ 495.000

5. ICMS

= R$ 30.000.000 × 18% = R$ 5.400.000

ICMS a recolher = R$ 5.400.000 – R$ 3.000.000 = R$ 2.400.000

Contabilização

IRPJ

D = Despesa de IRPJ

C = Provisão para imposto de renda 2.512.500

CSLL

D = Despesa com CSLL

C = CSLL a pagar 2.700.000

COFINS

D = Despesa com COFINS

C = COFINS a pagar 2.280.000

PIS

D = Despesa com PIS

C = PIS a pagar 495.000

ICMS

D = Despesa com ICMS

C = ICMS a recolher 2.400.000

Em relação aos controles internos, para a área de impostos a recolher, estes consistem basicamente em certificar-se de que os valores estão corretamente calculados e recolhidos nas datas corretas a fim de evitar multas.

2.4.2.7.2 Procedimentos de auditoria – impostos a recolher

Os procedimentos de auditoria podem ser efetuados de forma a possibilitar o confronto dos valores apresentados com os valores lançados no resultado do período. Nesse sentido, são elaborados os seguintes WPs:

- inicial com o saldo do balanço patrimonial;
- composição dos impostos a recolher.

a) Exemplo de programa de auditoria resumido – Impostos a recolher

Área: Impostos a recolher

Cliente: Dunas S.A.

Data: 31/12/X10

Objetivos do exame:

a) assegurar que os valores são procedentes e estão corretamente avaliados e classificados;

b) assegurar que os tributos estão corretamente calculados e recolhidos.

Análise:

Descrição	WP	Visto
Elabore um WP contendo os dados do balanço final.		
Obtenha a composição dos tributos que compõem o saldo.		
Elabore um WP contendo a composição dos saldos.		
Efetue os cálculos e avalie as possíveis divergências.		
Obtenha as guias de recolhimento dos impostos e confronte com os valores calculados. Evidencie quaisquer diferenças observadas.		
Circularize o setor jurídico e confirme a inexistência de ações judiciais em curso relacionadas a impostos a recolher.		

b) Exemplos de WPs – impostos a recolher

Como em todas as áreas, o primeiro WP a ser aberto compreende os dados do balanço patrimonial. Assim, teríamos:

II – Impostos a recolher
P. Lins
17/02/X11

Dunas S.A.
31/12/X10

Contas	# 31/12/X09	* 31/12/X10	Ref.	Ajustes D	Ajustes C	31/12/X10
Provisão para IR	2.100.000	2.512.500	II1			2.512.500
Tributos e contribuições	7.195.000	7.875.000	II2			7.875.000
	9.295.000	10.387.500				10.387.500
	S	S				S

\# – confere com os nossos WPs do ano anterior

* – confere com o balanço

II1 – Provisão para IR
P. Lins
17/02/X11

Dunas S.A.
31/12/X10

Contas	# 31/12/X09	* 31/12/X10	Ref.	Ajustes D	Ajustes C	31/12/X10
Provisão para IR	2.100.000	2.512.500	II			2.512.500 ❶

Cálculo:

Lucro antes do IR		R$ 10.000.000 π
Adições:		
Multas de trânsito	10.000	
Infrações fiscais	90.000	R$ 100.000
Deduções:		
Dividendos recebidos		(R$ 50.000)
Lucro real		R$ 10.050.000
Alíquota		25%
Provisão		R$ 2.512.500 ❶

π – confere com DRE

– confere com os nossos WPs do ano anterior

* – confere com razão

II2 – Tributos e contribuições
P. Lins
17/02/X11

Dunas S.A.
31/12/X10

Contas	# 31/12/X09	* 31/12/X10	Ref.	Ajustes D	Ajustes C	31/12/X10
CSLL	2.210.000	2.700.000 ❶				2.700.000
COFINS	2.080.000	2.280.000 ❷				2.280.000
PIS	355.000	495.000 ❸				495.000
ICMS	2.550.000	2.400.000 ❹				2.400.000
	7.195.000	7.875.000	II			7.875.000
	s	s				s

Receita bruta do período = R$ 30.000.000 *

CSLL

= R$ 30.000.000 × 9% = R$ 2.700.000 ❶

COFINS

= R$ 30.000.000 × 7,6% = R$ 2.280.000 ❷

PIS

= R$ 30.000.000 × 1,65% = R$ 495.000 ❸

ICMS

= R$ 30.000.000 × 18%	= R$ 5.400.000
(–) ICMS a recuperar	= R$ 3.000.000
ICMS a recolher	= R$ 2.400.000 ❹

– confere com os nossos WPs do ano anterior

* – confere com razão e DRE

2.4.2.8 Passivo circulante – empréstimos

A área empréstimos abrange as obrigações da empresa junto a instituições financeiras. Pode ser classificada no passivo circulante ou no não circulante, dependendo do prazo de liquidação. Nos dois casos, o tratamento contábil e os procedimentos de auditoria são relativamente iguais, diferenciando apenas no que se refere aos prazos.

Vejamos um exemplo. A entidade contrai um financiamento em 01/10/X10, no valor de R$ 24.000.000 com vencimento em 01/10/X12. No seu balanço de 31/12/X10, será registrado esse empréstimo da seguinte maneira:

- valor mensal = R$ 24.000.000 / 24 meses = 1.000.000
- circulante = R$ 15.000.000 (1.000.000 × 15 meses)
- não circulante = R$ 9.000.000 (1.000.000 × 9 meses)

Em 31/12/X11 o valor integral seria classificado no circulante, curto prazo.

Além dos aspectos contábeis que determinam essa classificação, também é importante para as análises econômico-financeiras da entidade, uma vez que essa classificação afeta diretamente o capital circulante líquido da entidade (diferença entre o ativo circulante e o passivo circulante).

2.4.2.8.1 Aspectos contábeis e controles internos – empréstimos

A contabilização dos empréstimos segue o mesmo critério das obrigações em geral, exceto pelo fato da necessidade de trazer para valor presente na data do balanço o saldo dos empréstimos contraídos pela entidade. Além desse fato, no caso de empréstimos em moeda estrangeira, deverá também converter este valor para a moeda corrente do Brasil utilizando a taxa de conversão em 31 de dezembro, data do fechamento do balanço.

Considere as seguintes informações:

a) financiamento = R$ 20.000.000;

b) juros = R$ 12.210.200;

c) data da contratação = 01/01/X16;

d) vencimento = 31/12/X20;

e) juros = 10% ao ano.

Na data da contratação o lançamento seria:

D = Disponível	20.000.000	
D = Juros a apropriar (circulante)	4.884.080	
D = Juros a apropriar (não circulante)	7.326.120	
C = Financiamentos (circulante)		12.884.080
C = Financiamentos (não circulante)		19.326.120

A seguir, veremos exemplos de empréstimos em reais e em moeda estrangeira.

Situação 1 empréstimo em reais:

a) valor do contrato em reais – R$ 2.000.000;

b) juros compostos de 3,5% ao mês;

c) início = 01/01/X10;

d) vencimento = 30/10/X10;

e) pagamentos mensais.

Cálculo da prestação com o uso da calculadora HP12C:

Pv = R$ 2.000.000

n = 10

i = 3,5

Fv = 0

PMT = ?

PMT = R$ 240.482,73

O PMT é composto de:

Principal = R$ 200.000

Juros = R$ 40.482,73

Contabilização:

Na contratação do empréstimo:

D = Bancos conta movimento – Banco UnaSul S.A.	1.595.173
D = Juros a apropriar	404.827
C = Empréstimos a pagar	2.000.000

Nos pagamentos mensais:

D = Empréstimos a pagar	200.000,00
D = Despesas de juros	40.482,73
C = Bancos conta movimento – Banco UnaSul S.A.	240.482,73

Note-se que o empréstimo é pago dentro do período de X10, razão pela qual não apresentaria saldo em 31/12/X10.

Situação 2 empréstimo em dólar:

a) valor do contrato em dólar – US$ 3.000.000;
b) taxa do dólar na contratação = $ 2,00;
c) data da contratação = 01/11/X10;
d) valor em reais na data da contratação – R$ 6.000.000;
e) juros = compostos de 2% ao mês;
f) vencimento = 30/08/X11;
g) pagamento único no vencimento;
h) taxa do dólar em 30/12/X10 = $ 1,80.

Na data da contratação do empréstimo teríamos, também usando a HP12C:

Pv = US$ 3.000.000

n = 10

i = 2

Fv = ?

Fv = US$ 3.656.983

Valor do principal = US$ 3.000.000 × 2,00 = R$ 6.000.000

Juros em dólar = US$ 656.983 (3.656.983 – 3.000.000)

Juros em reais na data do balanço = US$ 656.983 × $ 2,00 = R$ 1.313.966

Contabilização:

Na contratação do empréstimo:

D = Bancos conta movimento – Banco UnaNorte S.A.	6.000.000
D = Juros a apropriar	1.313.966
C = Empréstimos a pagar	7.313.966

Note que, especificamente na data da contratação, não houve ainda a incidência de juros, logo o valor do balanço patrimonial nesta data seria demonstrado da seguinte forma:

Empréstimos	R$ 7.313.966
(–) Juros a apropriar	(R$ 1.313.966)
Empréstimos a pagar	R$ 6.000.000

Conforme as normas contábeis, o saldo do empréstimo precisa ser atualizado em 31/12/X10, seja em função da variação cambial, seja pelo reconhecimento dos juros incorridos.

Primeiramente a variação cambial:

Novo principal = US$ 3.000.000 × 1,80 = R$ 5.400.000

Novos juros = US$ 656.983 × 1,80 = R$ 1.182.570

TOTAL = R$ 6.582.570

Ajustes – variação cambial:

D = Empréstimos a pagar

C = Variação monetária ativa 731.396 (6.582.570 – 7.313.966)

Ajustes – apropriação dos juros para os 2 meses:

[(US$ 656.983 / 10 meses) × 2 meses × 1,80] = R$ 236.514

D = Despesas financeiras

C = Juros a apropriar 236.514

Como o valor da dívida diminuiu em função da variação cambial e foram apropriados os juros para a despesa em função do pressuposto da competência, a nova posição do balanço patrimonial seria:

Empréstimos	R$ 6.582.570
Juros a apropriar	(R$ 946.056)
Empréstimos a pagar	R$ 5.636.514

Em relação aos controles internos sobre os empréstimos e financiamentos, é necessário que sejam controlados os pagamentos mensais, atentando para as possíveis variações cambiais no caso de empréstimos em moeda estrangeira, bem como para a finalização dos contratos de forma a evitar pagamentos duplicados.

2.4.2.8.2 Procedimentos de auditoria – empréstimos

Os procedimentos de auditoria nessa área buscam verificar a existência física dos contratos de empréstimos e o correto registro dos juros incidentes dentro do exercício.

a) Exemplo de programa de auditoria resumido – empréstimos

Área: Empréstimos

Cliente: Dunas S.A.

Data: 31/12/X10

Objetivos do exame:

a) assegurar que os valores são procedentes e corretamente avaliados e classificados (curto e longo prazo);
b) assegurar que os encargos foram devidamente contabilizados dentro do regime de competência;
c) certificar-se de que todos os contratos de empréstimos existem e praticam juros de mercado;
d) assegurar que todos os empréstimos relevantes na data do balanço foram evidenciados e circularizados.

Análise:

Descrição	WP	Visto
Elabore um WP contendo os dados do balanço final.		
Obtenha listagem dos saldos individuais e confronte com o total do balanço.		
Para os empréstimos obtidos junto a instituições financeiras, cruze as respostas das circularizações constantes no WP do disponível.		
Verifique se os encargos estão devidamente contabilizados dentro do período e se estão de acordo com os contratos em vigor.		
Para empréstimos em moeda estrangeira, verifique o registro da variação cambial.		
Verifique as garantias dadas pela empresa e a sua correta divulgação em notas explicativas.		
Para empréstimos entre partes relacionadas, certifique-se de que os juros cobrados estão de acordo com os cobrados pelo mercado.		

Como no exemplo é apresentado apenas um empréstimo, será necessário apenas um WP.

TT – Empréstimos
P. Lins
19/02/X11

Dunas S.A.
31/12/X10

Contas	# 31/12/X09	* 31/12/X10	Ref.	Ajustes D	Ajustes C	31/12/X10
Empréstimos a pagar	4.500.500	6.582.570				6.582.570
(–) Juros a apropriar	0	(946.056)				(946.056)
Empréstimos a pagar	4.500.500	5.636.514				5.636.514
	s	s				s

Composição empréstimos:

Saldo em 31/12/X09	4.500.500
(–) Pagamentos	(4.500.500) π
(+) Empréstimo obtido	6.000.000 β
(+) Juros a pagar	1.313.966 √
(–) Juros a apropriar	(1.313.966) √
Saldo em 01/11/X10	6.000.000
(–) Variação cambial s/ empréstimo	(600.000) √
(+) Juros a pagar	1.182.570 (1.313.966 – 131.396) √
(–) Juros a apropriar	946.056 (1.182.570 – 236.514) √
Saldo em 31/12/X10	5.636.514
	s

π – confere com o razão. Verifiquei documentação suporte do pagamento

β – verifiquei contrato estando os juros dentro das práticas do mercado

√ – conferi cálculos

– confere com os nossos WPs do ano anterior

* – confere com o balanço

Exercícios e estudo de caso

1. Ao efetuar a contagem de caixa, o auditor verificou que faltavam R$ 1.000. Efetuada uma segunda contagem, a diferença permanecia. O tesoureiro afirmou que o valor foi retirado pelo diretor financeiro antes de viajar para a África. Qual seria a atitude do auditor?

2. A empresa Delta S.A. tem diversas unidades de negócios. No planejamento do inventário físico do estoque, foi constatada a existência de estoques em duas unidades de negócios da empresa. Na unidade A, o valor era imaterial. Entretanto, na unidade B o valor era material. Verificou-se ainda a existência de estoques em consignação da empresa em poder de terceiros, bem como estoques de terceiros em poder da empresa. Descreva quais os procedimentos do auditor externo responsável pela área de estoques.

   2.1. Durante o inventário da Delta S.A., foram constatados diversos produtos em estoque deteriorados ou com data de validade vencida. Qual deverá ser a atitude do auditor externo perante essa situação?

3. Com base nas demonstrações contábeis e informações da empresa Global S.A. encerradas em 31/12/X11, elabore os WPs do ativo e passivo circulantes. A empresa de auditoria responsável pelo trabalho é a L&L Auditores Independentes S.C. Ltda. Considere ainda que o ano anterior foi auditado também pela L&L.

Cia. Global S.A. 31/12/X11					
Ativo			**Passivo**		
	31/12/ X10	31/12/ X11		31/12/ X10	31/12/ X11
Circulante			**Circulante**		
Disponibilidades	4.578	5.210	Fornecedores	74.500	90.970
Aplicações financeiras	890	1.010	Salários e encargos	10.900	12.760
Clientes	22.567	24.878	Impostos a recolher	8.600	9.901
Estoques	187.901	186.900			
	215.936	**217.998**		**94.000**	**113.631**
Não circulante			**Não circulante**		
Empréstimos	47.250	53.250	Financiamentos	**25.800**	**35.030**
Depósitos judiciais	3.700	2.400			
Investimentos	56.000	68.700	**Patrimônio líquido**		
Intangível	10.050	7.108	Capital	180.000	180.000
Imobilizado	84.070	87.540	Reserva de lucros	117.206	117.206
	201.070	**218.998**	Prejuízo		(8.871)
				297.206	**288.335**
Total	**417.006**	**436.996**		**417.006**	**436.996**

Ativo circulante

a) Disponível

a.1) O disponível em X10 e X11 é composto da seguinte forma:

X10:

Caixa – R$1.000

Banco conta movimento – R$ 3.578

X11:

Caixa – R$ 1.210

Banco conta movimento – R$ 4.000

a.2) No inventário físico do caixa realizado em 30/12/X11, foram verificados os seguintes valores:

Numerários – R$ 210

Vales de funcionários – R$ 610

Notas fiscais – R$ 390

a.3) A conta bancos é composta por dois bancos conforme o razão:

X11:

Banco Pará – R$ 1.300

Banco Alagoas – R$ 2.700

X10:

Banco Pará – R$ 578

Banco Alagoas – R$ 3.000

O extrato bancário apresentava os seguintes saldos:

Banco Pará – R$ 2.300

Banco Alagoas – R$ 2.650

Todos os cheques foram compensados dentro do exercício de X11, exceto do banco Pará, que apresentava os seguintes cheques pendentes em 31/12/X11:

Cheque 000.010, de R$ 700 e datado de 22/12/X11, e o cheque 000.012, de R$ 300 e datado de 29/12/X11.

Até a data do término dos trabalhos de campo no cliente, apenas o cheque 000.010 havia sido compensado no exercício subsequente (janeiro de X12).

O banco Alagoas cobrou uma tarifa no valor de R$ 50 que não havia sido contabilizada pela empresa.

a.4) Todas as circularizações enviadas foram devidamente recebidas e estão de acordo.

b) Aplicações Financeiras

Os investimentos são efetuados no banco Alagoas S/A em fundos DI com uma rentabilidade de 1,06% ao mês. Não houve entradas ou saídas no período.

c) Clientes

Conforme o razão, a conta cliente era composta da seguinte forma:

	Clientes	R$	Vencto.
1	Orquídea	1.200	10/02/X12
2	Margarida	780	10/02/X12
3	Girassol	567	05/01/X12
4	Dama da Noite	674	15/01/X12
5	Rosa	1.230	20/02/X12
6	Cravo	1.300	22/01/X12
7	Violeta	390	10/02/X12
8	Jasmim	3.400	06/02/X12
9	Crisântemo	235	10/02/X12
10	Pingo de Ouro	1.454	12/02/X12
11	Capim-limão	908	13/01/X12
12	Samambaia	540	10/03/X12
13	Trigo	1.200	16/02/X12
14	Lírio	900	25/01/X12
15	Arruda	1.900	10/02/X12
16	Bromélia	1.120	10/03/X12
17	Palmeira	2.300	08/01/X12
18	Alface	1.000	09/02/X12
19	Hortelã	780	12/01/X12
20	Salsa	3.000	29/09/X11
		24.878	

Através da seleção aleatória, deverá ser selecionado um valor correspondente a 2% do ativo para análise da conta cliente. Ou seja, deverão ser selecionados clientes que perfaçam aproximadamente R$ 8.740.

Conforme conversa com o *controller* da empresa, constatou-se que o cliente Salsa está em processo falimentar, não havendo expectativa no curto prazo de recebimento. Todos os clientes circularizados responderam, estando todos os saldos informados "batendo" com o razão.

d) Estoques

Os estoques são compostos apenas por mercadorias para revenda. Na análise do razão e dos controles de estoques, foram verificadas as seguintes informações:

Estoque	Quant. registrada	R$ unitário	R$ Saldo razão
Um	200	34	6.800
Dois	300	67	20.100
Três	500	60	30.000
Quatro	10	450	4.500
Cinco	456	98	44.688
Seis	678	43	29.154
Sete	544	23	12.512
Oito	121	34	4.114
Nove	324	67	21.708
Dez	67	100	6.700
Onze	89	56	4.984
Doze	82	20	1.640
		Total	186.900

O inventário físico apontou as seguintes quantidades:

Estoque	Contagem
Um	200
Dois	300
Três	450
Quatro	10
Cinco	446
Seis	678
Sete	544
Oito	121
Nove	324
Dez	67
Onze	79
Doze	82

d.1) O critério de seleção do estoque para testes consiste em 15% do saldo da conta, conforme determinado pelo planejamento da auditoria.

Passivo circulante

e) Fornecedores

Fornecedores	R$
Mesquita	10.050
P. Lucas	14.171
Caxias	13.249
Bangu	12.200
Realengo	17.800
Jacaré	23.500
	90.970

Em razão da pequena quantidade, todos os fornecedores foram circularizados. Nas respostas obtidas, apenas a empresa Realengo informou um valor discrepante (R$ 27.800), em virtude da nota fiscal 01.202, no valor de R$ 10.000, que segundo a empresa estava em aberto. Conforme documentação apresentada pelo cliente, a nota fiscal em referência foi paga em 29/12/X11.

f) Salários e encargos

Conforme o razão, essa conta é formada da seguinte forma:

Salários R$ 8.270

IRRF R$ 305,93

INSS R$ 893,16

Empregador

INSS R$ 2.629,38

FGTS R$ 661,60

g) Impostos a recolher

São as seguintes as informações sobre a conta impostos a recolher:

CSLL	R$ 756
COFINS	R$ 2.100
PIS	R$ 455
Total	R$ 3.311 (a)

ICMS sobre Vendas	R$ 11.900
(–) ICMS a recuperar	R$ 5.310
(=) ICMS a recolher	R$ 6.590 (b)

Total geral = R$ 9.901 (a + b)

Os impostos estão corretamente calculados, não havendo pendências.

Questões de concursos públicos[28]

1. (Polícia Federal – Contador 2004) Marcar certo ou errado.

1.1 Acerca dos papéis de trabalho e pareceres/relatórios de auditoria, julgue o item a seguir.

( ) Papéis de trabalho refeitos são considerados evidência de ineficiência e planejamento inadequado.

1.2 Acerca do programa de trabalho do auditor, julgue os itens que se seguem.

( ) Como o programa de trabalho é obrigatório, o auditor deverá apresentar um programa de trabalho para sua equipe designando as tarefas de maneira ordenada e eficaz.

( ) Ao elaborar o programa de trabalho, o auditor estabelecerá a extensão e profundidade de seus exames.

[28] Sugere-se que, na resolução das questões de concursos, sejam justificadas todas as respostas incorretas.

1.3 Acerca dos procedimentos e técnicas de auditoria, julgue os itens subsequentes.

( ) A circularização deverá ser realizada no âmbito da empresa ou órgão auditado.

( ) A verificação dos registros auxiliares proporciona a conciliação dos saldos registrados com os saldos apresentados nos documentos originais.

1.4 Acerca da utilização de amostragem em auditorias e da auditoria em empresas com sistemas computadorizados, julgue os seguintes itens.

( ) A trilha de auditoria é utilizada para rastrear possíveis falhas e erros nos processos.

( ) A amostragem deverá ser utilizada em casos onde houver abstenção de opinião no parecer final.

2. (Auditor-Fiscal da Receita Federal – 2003) O teste substantivo tem como objetivo:

a) a obtenção de evidência quanto à suficiência, exatidão e validade dos dados produzidos pelo sistema contábil da entidade.
b) a suposição de evidência quanto à suficiência, exatidão e valor dos dados produzidos pelo sistema contábil da entidade.
c) a obtenção de evidência quanto à suficiência, exatidão e velocidade dos dados produzidos pelo sistema de custos da entidade.
d) a suposição de evidência quanto à suficiência, inexatidão e valor dos lançamentos produzidos pelo sistema contábil da entidade.
e) a obtenção de evidência quanto à insuficiência, exatidão e validade dos registros produzidos pelo sistema contábil da entidade.

3. (CASAN – Contador – 2009) Informe se é verdadeiro (V) ou falso (F) o que se afirma abaixo e depois assinale a alternativa que apresenta a sequência correta.

( ) Os procedimentos de auditoria interna são os exames que permitem ao auditor interno obter provas suficientes para fundamentar suas conclusões e recomendações.

( ) Os testes de observância visam à obtenção de uma razoável segurança de que os controles internos estabelecidos pela administração estão em efetivo funcionamento, inclusive quanto ao seu cumprimento pelos funcionários da Entidade.

( ) Os testes substantivos visam à obtenção de evidência quanto à suficiência, exatidão e validade dos dados produzidos pelos sistemas de informações da Entidade.

( ) Os resultados da auditoria interna são denominados de "erros", que devem fornecer base sólida para as conclusões e recomendações.

a) V – V – F – F.
b) F – F – V – V.
c) V – V – V – F.
d) F – F – F – V.
e) V – F – F – V.

4. (Petrobras – Auditor Júnior – 2011) Em um processo de auditoria completo, são realizados alguns procedimentos para se chegar ao objetivo final. Dentre os procedimentos que devem ser executados pelos auditores, incluem-se os testes substantivos, que visam à:

a) obtenção de evidências quanto à suficiência, exatidão e validade dos dados produzidos pelo sistema contábil ou dos processos da entidade;
b) realização de procedimentos simples de auditoria para verificação do comportamento financeiro da empresa;
c) regularização de todos os outros procedimentos de auditoria a serem executados;
d) validação do sistema de controles internos por meio da observância do fiel cumprimento das normas internas da empresa;
e) verificação da eficácia do sistema de governança corporativa da empresa.

5. (Petrobras – Auditor Júnior – 2011) Na definição do escopo de auditoria, a equipe deve definir a abrangência e o volume dos testes a

serem aplicados. Para isso, é preciso que a materialidade dos testes esteja bem definida. O termo *materialidade*, em auditoria, consiste na:

a) aplicação de testes no controle de estoque de materiais e equipamentos que representam, aproximadamente, setenta por cento do patrimônio líquido das empresas;
b) classificação da natureza das contas contábeis a serem auditadas para aplicação direta dos testes substantivos de auditoria;
c) classificação de cada processo auditado quanto aos riscos e sua importância de acordo com o negócio da empresa para que se possa definir a prioridade dos testes substantivos e patrimoniais;
d) definição de um limite, atrelado a um percentual de contas contábeis, para aceitação de possíveis falhas (gaps) encontradas durante os testes de auditoria, garantindo que essas falhas não impactem o patrimônio da empresa;
e) definição de um limite aceitável relacionado à capacitação técnica de cada membro da equipe de auditoria, eximindo o trabalho de todo risco que possa impactar significativamente o patrimônio da empresa.

6. (Petrobras – Auditor Júnior – 2011) Segundo a metodologia de mercado e as boas práticas de auditoria, os papéis de trabalho podem ser classificados, quanto à sua natureza, em dois tipos: permanentes e correntes. São exemplos de papéis de trabalho permanentes, EXCETO:

a) as atas das reuniões de assembleia geral extraordinária;
b) as cópias do estatuto ou contrato social da empresa;
c) os manuais de procedimentos internos;
d) a legislação específica aplicável ao negócio da empresa auditada;
e) a revisão analítica das contas contábeis.

7. (Petrobras – Auditor Júnior – 2011) Os procedimentos de auditoria são um conjunto de técnicas utilizadas pelo auditor para colher evidências sobre o processo auditado e emitir um parecer técnico.

Um dos procedimentos de auditoria que podem ser realizados para validação do saldo contábil registrado na conta fornecedores é a(o):

a) contagem física do estoque;
b) conferência de cálculos;
c) confirmação com terceiros;
d) teste dos controles internos;
e) acompanhamento do fluxograma do processo de contas a pagar (*walkthrough*).

8. (CEMIG – Auditor Júnior – 2012) Na prática, em relação aos procedimentos de auditoria que são frequentemente aplicados, assinale com V as alternativas verdadeiras e com F as falsas.

( ) Comparação dos demonstrativos e relatórios gerenciais com a Contabilidade.
( ) Circularização.
( ) Testes matemáticos parciais.
( ) Inquisição oral.

Assinale a alternativa que apresenta a sequência de letras CORRETA.

a) V – V – F – F.
b) V – F – F – V.
c) V – V – F – V.
d) F – V – V – F.

9. (CEMIG – Auditor Júnior – 2012) Em relação às informações básicas que todos os papéis de trabalho devem conter, analise as seguintes alternativas e assinale com V as verdadeiras e com F as falsas.

( ) Referência do papel de trabalho.
( ) Título da célula.
( ) Tempo total de realização do trabalho.
( ) Tempo previsto na realização do trabalho.

Assinale a alternativa que apresenta a sequência de letras CORRETA.

a) F – F – V – V.
b) V – F – V – F.
c) F – V – F – V.
d) V – V – F – F.

PARTE II

AUDITORIA INTERMEDIÁRIA

Objetivos da Parte II

Na Parte I, foram abordados os principais conceitos de auditoria, bem como os procedimentos relativos às áreas do ativo e passivo circulantes. Dando prosseguimento à metodologia adotada no livro, o objetivo desta parte é proporcionar aos leitores conhecimentos da auditoria das demais áreas do balanço patrimonial e demonstração do resultado do exercício, bem como todas as outras demonstrações contábeis que são objeto de auditoria. Serão apresentados também nesta parte o planejamento e os tipos de relatórios de auditoria e as normas da SOx.

3

PROCESSO E PROCEDIMENTOS DE AUDITORIA – ATIVO E PASSIVO NÃO CIRCULANTE E DEMAIS DEMONSTRAÇÕES CONTÁBEIS

Objetivos do capítulo

Nos capítulos anteriores, foram abordados os principais conceitos de auditoria e dado início aos procedimentos de campo da auditoria externa, passando pelas demonstrações contábeis obrigatórias e os respectivos grupos de contas. Neste capítulo, será dado prosseguimento aos procedimentos de campo da auditoria externa, agora com o ativo não circulante e o passivo não circulante.

3.1 Procedimentos e testes de auditoria – ativo não circulante

O grupo do não circulante abrange todas as contas com prazos superiores a um ano contados a partir da data do balanço. Assim, todos os valores com prazo de recebimento ou pagamento que superem o exercício seguinte – considerando-se como base a data do fechamento do balanço – serão considerados de longo prazo e, portanto, não circulante. São classificados como ativo não circulante o realizável a longo prazo, imobilizado, intangível, investimento.

3.1.1 Realizável a longo prazo

O ativo realizável a longo prazo compreende os valores a receber que ultrapassam o exercício social seguinte à data do balanço. Sua composição pode abranger diversas contas, desde empréstimos até tributos a compensar. Nos nossos exemplos, utilizaremos as seguintes contas:

- empréstimos;
- depósitos judiciais.

3.1.1.1 Aspectos contábeis e controles internos – realizável a longo prazo

3.1.1.1.1 Empréstimos

De maneira geral, a existência da conta empréstimos no ativo não circulante não é um fato corriqueiro nas empresas. Exceção quando são decorrentes de atividades operacionais realizadas entre empresas de um mesmo grupo, ou seja, entre partes relacionadas.

Nesse sentido, conforme o CPC 05, são consideradas parte relacionada as seguintes relações:

a) direta ou indiretamente por meio de um ou mais intermediários, quando a parte:
   i) controlar, for controlada por ou estiver sob o controle comum da entidade (isso inclui controladoras ou controladas);
   ii) tiver interesse na entidade que lhe confira influência significativa sobre a entidade; ou
   iii) tiver controle conjunto sobre a entidade;

b) se for coligada da entidade;

c) se for *joint venture* (empreendimento conjunto) em que a entidade seja um investidor;

d) se for membro do pessoal-chave da administração da entidade ou de sua controladora;

e) se for membro próximo da família ou de qualquer pessoa referida nas alíneas *a* ou *d*;

f) se for entidade controlada, controlada em conjunto ou significativamente influenciada por, ou em que o poder de voto significativo nessa entidade resida em, direta ou indiretamente, qualquer pessoa referida nas alíneas *d* ou *e*.

É importante ressaltar que, ao considerar cada um dos possíveis relacionamentos intercompanhias, a atenção deve ser dirigida sempre para a substância e não, meramente, para sua forma legal.

Contabilização

Considere a seguinte situação:

A empresa Gama S.A. tem como controlada a empresa Alfa S.A. Em 30/10/X10, a empresa Gama empresta para sua controlada o montante de R$ 10.000 mais juros de R$ 11.565,91 (3% ao mês) com recebimento previsto para 30/12/X12.

O lançamento na Gama na data da concessão do empréstimo (30/10/X10) será de:

D = Empréstimos a controladas	21.566	
C = Juros a apropriar		11.566
C = Disponível		10.000

Nesse sentido, na data de 30/10/X10 o balanço se apresentaria da seguinte forma:

Empréstimos	R$ 21.566
(–) Juros a apropriar	(R$ 11.566)
Empréstimos a receber	R$ 10.000

Em 31/12/X10, data do fechamento do balanço, os juros são apropriados correspondentemente ao período de 30/10 a 31/12/X10:

D = Juros a apropriar

C = Receita de juros 890 [(11.566/26 meses) × 2]

Assim, em 31/12/X10, o balanço se apresentaria da seguinte forma:

Empréstimos	R$ 21.566
(–) Juros a apropriar	(R$ 10.676)
Empréstimos a receber	R$ 10.890

Os controles internos sobre empréstimos constituem-se em quatro pontos principais:

- certificar-se de que os contratos estão devidamente autorizados/assinados;
- certificar-se de que estão de acordo com os juros e práticas de mercado;
- certificar-se de que os juros estão sendo apropriados mensalmente;
- certificar-se de que estão sendo recebidos nas datas devidas.

3.1.1.1.2 Depósitos judiciais

Depósitos judiciais são valores que a empresa deposita em juízo decorrentes de ações judiciais que espera ganhar. Por exemplo, a empresa contesta os juros cobrados de um empréstimo bancário ou ainda de um tributo. Para que não seja punida enquanto espera a decisão judicial final, a empresa efetua o pagamento em uma conta especial até a solução definitiva da questão, evitando assim juros, mora de atraso ou qualquer outra punição pelo não pagamento.

Considere as seguintes informações:

A empresa Nani Ltda. contesta judicialmente a cobrança de juros considerados exorbitantes junto ao banco Sojuros S.A. no valor de R$ 5.000.

Contabilização

No momento do depósito, o registro é efetuado da seguinte forma:

D = Depósitos judiciais

C = Bancos 5.000

Quando a empresa ganha a ação judicial, ela recebe de volta o valor depositado. Assim, o lançamento seria:

D = Bancos

C = Depósitos judiciais 5.000

Se a empresa perde a ação, os valores depositados são transferidos pela própria justiça para a parte vencedora da questão judicial. Nesse caso, o lançamento seria:

D = Despesas de juros

C = Depósitos judiciais 5.000

O controle interno sobre essa conta se baseia no acompanhamento rigoroso de todo o processo judicial, através do setor jurídico da empresa ou escritório de advogados contratados.

3.1.1.2 Procedimentos de auditoria – realizável a longo prazo

Além de certificar-se de que os valores lançados nesse grupo de contas são efetivamente realizáveis e geram benefícios futuros, o auditor deverá ter alguns cuidados especiais. Para os empréstimos com partes relacionadas, é necessária a divulgação em notas explicativas das condições em que essas transações foram efetuadas, devendo estar dentro do que é praticado pelo mercado em geral em transações dessa natureza.

As transações atípicas com partes relacionadas após o encerramento do exercício ou período também devem ser divulgadas, quando relevantes.

No caso das ações judiciais, além dos testes substantivos, o auditor deve circularizar o departamento jurídico da empresa ou, no caso de a empresa terceirizar esse serviço, o escritório de advocacia que responde pela empresa.

a) Exemplo de programa de auditoria resumido – realizável a longo prazo

Área: Realizável a longo prazo

Cliente: Dunas S.A.

Data: 31/12/X10

Objetivos do exame:

a) assegurar que os valores existem, são procedentes e estão corretamente avaliados e classificados;

b) assegurar que os valores refletem adequadamente a sua recuperabilidade;

c) no caso de transações com partes relacionadas, assegurar que foram efetuadas em condições de mercado;

d) certificar-se de que os depósitos judiciais são decorrentes de ações devidamente assistidas pelo departamento jurídico da empresa ou escritório de advocacia contratado para esse fim.

Análise:

Descrição	WP	Visto
Elabore um WP contendo os dados do balanço final.		
Obtenha a composição e movimentação da conta empréstimos e financiamentos e avalie qualquer valor anormal.		
Verifique todos os contratos de empréstimos e financiamentos certificando-se de que as taxas praticadas estão de acordo com as praticadas pelo mercado.		
Elabore WP com a composição dos empréstimos e financiamentos.		
Efetue cruzamento com o WP de eventos subsequentes para certificar-se de que tudo que foi recebido estava devidamente registrado.		
Obtenha a composição e movimentação da conta depósitos judiciais e avalie qualquer valor anormal.		
Circularize o departamento jurídico da empresa ou o escritório de advocacia que atende a empresa. Cruze as respostas com o WP.		
Elabore WP com a composição dos depósitos judiciais.		
Efetue cruzamento com o WP de eventos subsequentes para certificar-se de que tudo que foi pago estava devidamente registrado.		

b) Exemplos de WPs – realizável a longo prazo

P – Realizável a longo prazo
16/2/X11
P. Lins

Dunas S.A.
31/12/X10

Contas	# 31/12/X09	* 31/12/X10	Ref.	Ajustes D	Ajustes C	31/12/X10
Empréstimos	89.000	129.819	**P1**			129.819
Depósitos judiciais	11.000	10.000	**P2**			10.000
	100.000	139.819				139.819
	s	s				s

– confere com os nossos WPs anteriores
* – confere com o balanço

P1 – Empréstimos
P. Lins
16/2/X11

Dunas S.A.
31/12/X10

Clientes	31/12/X09	Vecto	Tx Juros V	Juros &	# 31/12/X10	Ref.
Cia. Alfa	20.000	12/X12	3,5% am	10.221	30.221	
Cia. Delta	29.000	12/X13	3,25% am	13.568	42.568	
Cia. Zulu	40.000	10/X12	3% am	17.030	57.030	
	89.000			40.819	129.819	P
	s			s	s	

V – verifiquei contratos, estando todos conforme condições de mercado. Todas as empresas são controladas da Dunas S.A.
& – verifiquei o reconhecimento dos juros no resultado
# – confere com o Razão

P2 – Depósitos judiciais
16/02/X11
P. Lins

Dunas S.A.
31/12/X10

Ações	#/* 31/12/X10	Ajustes D	Ajustes C	31/12/X10	Ref.
Receita Federal – PIS	8.000			8.000	
Prefeitura – ISS	2.000			2.000	
	10.000			10.000	P
	s			s	

Nota: Conforme informações obtidas na circularização do Depto. jurídico da empresa, são grandes as chances de a empresa ganhar as ações, já existindo, inclusive, jurisprudência sobre o assunto favorável à empresa. As duas ações são datadas de 10/X10.

– confere com o razão

* – verifiquei os comprovantes de depósitos efetuados no banco

3.1.2 Investimentos

Esse grupo de contas registra os investimentos efetuados pela empresa em participações permanentes em outras empresas, bem como os direitos de qualquer natureza, não classificáveis no ativo circulante, e que não se destinem à manutenção da atividade da empresa.

De maneira geral, essas participações visam ao complemento da atividade operacional. Por exemplo, uma cervejaria adquire o controle acionário de uma empresa fabricante de tampinhas de forma a garantir o seu fornecimento prioritário, reduzir custos ou ainda visando maior participação no mercado.

Os valores da conta investimentos são classificados em dois grandes grupos:

- os valores avaliados pelo método de equivalência patrimonial (MEP);
- os valores avaliados pelo valor de custo.

No primeiro e principal grupo são relacionados os investimentos em coligadas ou em controladas e em outras sociedades que façam parte de um mesmo grupo ou estejam sob controle comum.

São classificadas como coligadas as sociedades nas quais a investidora tenha influência significativa no sentido de exercer poder de decisão em questões de ordem financeira e/ou operacional ou ainda quando detenha um percentual igual ou superior a 20%[1] do capital votante da investida, porém sem controlar. Considerando o conceito da essência sobre a forma, independentemente do percentual de participação, se a empresa mantiver efetiva influência nas decisões da investida, esta será considerada coligada.

Nota

A existência de influência significativa por investidor geralmente é evidenciada por uma ou mais das seguintes formas:

a) representação no conselho de administração ou na diretoria da investida;
b) participação nos processos de elaboração de políticas, inclusive em decisões sobre dividendos e outras distribuições;
c) operações materiais entre o investidor e a investida;
d) intercâmbio de diretores ou gerentes; ou
e) fornecimento de informação técnica essencial.

Fonte: CPC 18.

Como controladas são consideradas aquelas empresas onde a investidora, de forma direta ou através de outras controladas, é titular de direitos de sócio que lhe assegurem de modo permanente o poder das deliberações sociais e na eleição da maioria dos administradores.

1 Para efeito de determinar a relevância do investimento, serão computados como parte do custo de aquisição os saldos de créditos da companhia contra as coligadas e controladas.

A aplicação do método de equivalência patrimonial segue as seguintes normas:

1. o valor do patrimônio líquido da coligada ou da controlada será determinado com base em balanço patrimonial ou balancete de verificação levantado, na mesma data, ou até 60 (sessenta) dias, no máximo, antes da data do balanço da companhia. No valor de patrimônio líquido, não serão computados os resultados não realizados decorrentes de negócios com a companhia, ou com outras sociedades coligadas à companhia, ou por ela controladas;
2. o valor do investimento será determinado mediante a aplicação, sobre o valor de patrimônio líquido referido no item anterior, da porcentagem de participação no capital da coligada ou controlada;
3. a diferença entre o valor do investimento, de acordo com o item 2, e o custo de aquisição somente será registrada como resultado do exercício:
    a) se decorrer de lucro ou prejuízo apurado na coligada ou controlada;
    b) se corresponder, comprovadamente, a ganhos ou perdas efetivos;
    c) no caso de companhia aberta, com observância das normas expedidas pela Comissão de Valores Mobiliários.

No segundo grupo, são registradas todas as demais participações em entidades que não sejam controladas ou coligadas. Esses investimentos serão avaliados pelo custo de aquisição deduzido de provisão para perdas prováveis na realização do seu valor, quando essa perda estiver comprovada como permanente e não for modificada em razão do recebimento, sem custo para a companhia, de ações ou quotas bonificadas. Anualmente, todos os valores registrados na conta investimentos deverão ser avaliados pelo valor justo, ou seja, pelo valor líquido pelo qual possam ser alienados para terceiros.

Nas notas explicativas, deverão ser evidenciadas todas as informações relativas aos investimentos permanentes efetuados pela empresa, com no mínimo os seguintes pontos:

- denominação das sociedades, seu capital social e patrimônio líquido;
- o número, espécies e classes das ações ou quotas de propriedade da companhia, e o preço de mercado das ações, se houver;

- o lucro líquido do exercício;
- os créditos e obrigações entre a companhia e as sociedades coligadas e controladas;
- o montante das receitas e despesas em operações entre a companhia e as sociedades coligadas e controladas.

Finalmente, quando os investimentos em entidades controladas superarem os 30% do valor do patrimônio líquido da investidora, esta última deverá elaborar demonstrações contábeis consolidadas. Na elaboração dessas demonstrações deverão ser excluídos os seguintes pontos:

- as participações recíprocas;
- os saldos de qualquer natureza de contas entre as sociedades;
- as parcelas dos resultados do exercício, dos lucros ou prejuízos acumulados e do custo de estoques ou do ativo não circulante que corresponderem a resultados, ainda não realizados, de negócios entre as sociedades.

3.1.2.1 Aspectos contábeis e controles internos - investimentos

Na Contabilidade, os investimentos são divididos em dois grupos:

- os investimentos temporários; e
- os investimentos permanentes.

No primeiro grupo, estão listados os investimentos cujo objetivo é gerar lucros de curto prazo com uma realização estimada dentro do exercício seguinte. Esses investimentos são classificados como aplicações financeiras e se localizam normalmente dentro do ativo circulante, disponibilidades, embora não seja raro encontrar essas aplicações dentro do ativo não circulante.

No outro grupo são classificados os investimentos permanentes, conforme exposto no tópico anterior. Neste capítulo, estaremos abordando apenas os investimentos permanentes.

Para a contabilização dos investimentos permanentes, o primeiro ponto é distinguir os investimentos em coligadas e controladas dos demais, de forma a determinar quais estarão submetidos a avaliação pelo método de equivalência patrimonial (MEP) e quais serão avaliados pelo custo de aquisição deduzidos a eventuais perdas.

O MEP[2] consiste na atualização do valor do investimento considerando o pressuposto da competência, tendo como contrapartida o resultado do período. Essa atualização tem como base o percentual de participação da investidora na coligada ou controlada sobre o seu patrimônio líquido.

Os demais investimentos não avaliados pelo MEP serão ajustados por ocasião do pagamento dos dividendos, ou seja, pelo regime de caixa.

Para melhor ilustração, considere os seguintes dados dos exemplos a seguir.

a) **Aquisição sem ágio**

1. Empresa investidora:

   Pretende investir na aquisição de 60% das ações da empresa Alfa em janeiro de 2X11. Foi acordado entre as empresas o valor de R$ 420.000 pela operação.

2. Patrimônio líquido da empresa investida

   2.1 em 31/12/X10:

   Capital votante – R$ 100.000

   Capital não votante – R$ 200.000

   Reservas – R$ 400.000

   Total = R$ 700.000

Contabilização do investimento inicial na investidora em janeiro de 2X11:

D = Investimentos em controladas

C = Bancos 420.000 (60% × $ 700.000)

Suponha que o novo valor do Patrimônio Líquido da investida em dezembro de 2X11 seja de R$ 1.000.000. Nesse caso, o valor do investimento passa a ser de R$ 600.000 (R$ 1.000.000 × 60%). O ajuste do valor do investimento será feito da seguinte maneira:

Contabilização do resultado de MEP em dezembro de 2X11:

D = Investimentos em controladas

C = Receita de MEP 180.000 (600.000–420.000)

Por outro lado, se o PL da investida tivesse reduzido, por exemplo, para R$ 500.000, o ajuste de MEP seria de – R$ 120.000 (60% ×

[2] Conforme definição contida no CPC 18, *método de equivalência patrimonial* é o método de contabilização por meio do qual o investimento é inicialmente reconhecido pelo custo e posteriormente ajustado pelo reconhecimento da participação atribuída ao investidor nas alterações dos ativos líquidos da investida. O resultado do período do investidor deve incluir a parte que lhe cabe nos resultados gerados pela investida.

R$ 500.000 – R$ 420.000), de forma a compatibilizar o investimento que estava em R$ 420.000 para o novo valor de R$ 300.000.

Neste caso a contabilização do resultado de MEP em dezembro de 2X11:

D = Perda de MEP

C = Investimentos em controladas 120.000

b) **Aquisição com ágio**

Consideremos o mesmo exemplo anterior, agora com um pagamento de R$ 500.000 em vez dos R$ 420.000 pagos anteriormente. O motivo desse valor pago a maior seria decorrente de expectativa de lucro futuro.

Contabilização do investimento inicial na investidora em janeiro de 2X11:

D = Investimentos em controladas 420.000[3]

D = Ágio sobre investimentos – intangível 80.000

C = Bancos 500.000

Note que o ágio é classificado no grupo de contas do intangível, e não na conta investimento.

Contabilização na investidora em dezembro de 2X11:

Novo valor do patrimônio líquido da investida em 12/2X11: R$ 1.000.000.

D = Investimentos em controladas

C = Receita de MEP 180.000 (R$ 600.000 – R$ 420.000)

Considerando que o motivo do ágio tenha sido uma expectativa de lucro futuro no período de 5 anos. Nesse sentido, anualmente esse ágio é amortizado no montante de 20%. Logo, em dezembro de 2X11, teríamos também a seguinte contabilização:

D = Amortização de ágio (despesa)

C = Ágio sobre investimentos 16.000 (R$ 80.000 × 20%)

Ressalte-se que, no caso do pagamento de dividendos pela empresa coligada ou controlada, esse valor deverá ser abatido do investimento e contabilizado da seguinte forma:

D = Bancos ou dividendos a receber

C = Investimentos – MEP

---

3 60% × R$ 700.000.

Nota

1. O investidor deve suspender o uso do método de equivalência patrimonial a partir da data em que deixar de ter influência significativa sobre a coligada e deixar de ter controle sobre a até então controlada (exceto, no balanço individual, se a investida passar de controlada para coligada), a partir desse momento, contabilizar o investimento como instrumento financeiro de acordo com os requisitos do Pronunciamento Técnico CPC 38 – Instrumentos Financeiros: Reconhecimento e Mensuração.
2. Quando da perda de influência e do controle, o investidor deve mensurar ao valor justo qualquer investimento remanescente que mantenha na ex-coligada ou ex-controlada. O investidor deve reconhecer no resultado do período qualquer diferença entre:
   a) o valor justo do investimento remanescente, se houver, e qualquer montante proveniente da alienação parcial de sua participação na coligada e na controlada; e
   b) o valor contábil do investimento na data em que foi perdida a influência significativa ou foi perdido o controle.
3. Utiliza-se a demonstração contábil mais recente da coligada e da controlada para aplicar o método de equivalência patrimonial. Quando o término do exercício social do investidor for diferente daquele da investida, esta elabora, para utilização por parte do investidor, demonstrações contábeis na mesma data das demonstrações do investidor, a menos que isso seja impraticável. Ressalte-se que, quando as demonstrações contábeis da investida utilizadas para aplicação do método de equivalência patrimonial forem de data diferente daquelas do investidor, ajustes pertinentes devem ser feitos em decorrência dos efeitos de eventos e transações relevantes que ocorrerem entre aquela data e a data das demonstrações contábeis do investidor. Independentemente disso, a defasagem máxima entre as datas de encerramento das demonstrações da investida e do investidor não deve ser superior a dois meses. A duração dos períodos abrangidos nas demonstrações contábeis e alguma diferença entre as respectivas datas de encerramento deve ser igual de um período para outro.

Fonte: CPC 18.

No caso dos investimentos permanentes que não se enquadram nas características de coligas ou controladas, serão avaliados pelo valor de custo. A contabilização é procedida inicialmente da mesma forma do MEP, como veremos abaixo.

Contabilização do investimento inicial na investidora em janeiro de 2X11:

D = Investimento

C = Disponibilidades

A contabilização do resultado da participação em fevereiro de 2X12, referente ao exercício de X11, é efetuada após a distribuição de dividendos. Note que o reconhecimento da receita é efetuado pelo regime de caixa.

D = Investimentos permanentes

C = Receita de dividendos

3.1.2.2 Procedimentos de auditoria – investimentos

O processo de auditoria das contas que compõem o grupo dos investimentos tem como propósito principal verificar se os valores existem e estão corretamente avaliados e registrados. Esse grupo de contas, de maneira geral, constitui-se de valores relevantes, razão pela qual recebe atenção especial dos auditores.

a) Exemplo de programa de auditoria resumido – investimento

Área: Investimento

Cliente: Dunas S.A.

Data: 31/12/X10

Objetivos do exame:

a) assegurar que os valores existem, são procedentes e estão corretamente avaliados e classificados;

b) verificar se os investimentos estão livres de penhoras ou garantias;

c) assegurar que todos os resultados dos investimentos avaliados pelo método de equivalência patrimonial foram devidamente contabilizados.

Análise:

Descrição	WP	Visto
Elabore um WP contendo os dados do balanço final.		
Obtenha o balanço patrimonial e demonstração do resultado do exercício de todas as empresas em que o cliente tenha participações permanentes.		
Obtenha a composição das ações ou quotas com as quais o cliente mantém controle sobre os investimentos permanentes.		
Elabore WP descrevendo o saldo anterior, a quantidade de ações ou quotas de cada investimento, as movimentações ocorridas no período e o saldo final.		
Relacione as variações dos investimentos permanentes com o resultado do exercício.		
Certifique-se de não haver penhora ou garantias sobre os investimentos permanentes.		
Compare os valores contabilizados com os valores de mercado dos investimentos.		
Certifique-se se houve pagamento de dividendos pelas empresas investidas.		

b) Exemplos de WPs – investimentos

J – Investimentos
20/2/X11
P. Lins

Dunas S.A.
31/12/X10

Contas	31/12/X09 #	31/12/X10 *	Ref.	Ajustes D	Ajustes C	31/12/X10
Investimentos	14.940.000	15.960.000	J1			15.960.000

– confere com os nossos WPs anteriores

* – confere com o balanço patrimonial

J1 – Investimentos
Coligadas e Controladas
21/02/X11
P. Lins

Dunas S.A.
31/12/X10

Descrição	¤ PL 31/12/X09 R$	¥ Dividendos Pagos R$	¤ Resultado em X10 R$	¤ PL ajustado em X10	% Partic.	Investim. corrigido	τ Investim. anterior
Cia. Alfa	14.000.000	– 100.000	1.500.000	15.400.000	51%	7.854.000	7.140.000
Cia. Beta	10.500.000	– 60.000	1.200.000	11.640.000	40%	4.656.000	4.200.000
Cia. Gama	12.000.000	0	– 500.000	11.500.000	30%	3.450.000	3.600.000
	36.500.000	– 160.000	2.200.000	38.540.000		15.960.000	14.940.000
	s	s	s	s		s	s

τ – confere com os nossos Wps
¥ – verifiquei documentação suporte
¤ – verifiquei BP e DRE das coligadas/controladas
√ – verifiquei lançamentos na DRE da Dunas S.A.

Nota:

Investimento anterior	14.940.000
Ganho de MEP	1.020.000 √
Investimento corrigido	15.960.000
	s

3.1.3 Intangível

Ativos intangíveis são bens não monetários incorpóreos adquiridos ou gerados internamente e destinados à manutenção da entidade ou exercidos com essa finalidade.

O reconhecimento de um ativo intangível no balanço patrimonial deve ser feito inicialmente pelo seu valor de custo, além de ter obrigatória e concomitantemente as seguintes características:

- for provável que os benefícios econômicos futuros esperados atribuíveis ao ativo sejam gerados em favor da entidade;
- o custo do ativo puder ser mensurado com segurança; e
- for identificável e separável, ou seja, puder ser separado da entidade e vendido, transferido, licenciado, alugado ou trocado, seja individualmente ou em conjunto com um contrato, ativo ou passivo relacionado.

A determinação dos benefícios futuros dos ativos intangíveis deve dar maior peso às evidências externas.

São exemplos de ativos intangíveis, quando atendidas as características acima:

- marcas;
- títulos de periódicos;
- *softwares*;
- licenças e franquias;
- direitos autorais, patentes e outros direitos de propriedade industrial, de serviços e operacionais;
- receitas, fórmulas, modelos, projetos e protótipos.

Conforme o CPC 04, a vida útil de um ativo intangível pode ser definida ou indefinida. No primeiro caso, são registrados os ativos onde é possível determinar com segurança o prazo em que o ativo intangível trará benefícios para a entidade. No segundo caso, não existe um limite previsível com segurança para o período durante o qual esse ativo deverá gerar fluxos de caixa líquidos positivos para a entidade.

Muitos fatores são considerados na determinação da vida útil de ativo intangível, tais como:

- a utilização prevista de um ativo pela entidade e se o ativo pode ser gerenciado eficientemente por outra equipe de administração;
- os ciclos de vida típicos dos produtos do ativo e as informações públicas sobre estimativas de vida útil de ativos semelhantes, utilizados de maneira semelhante;
- obsolescência técnica, tecnológica, comercial ou de outro tipo;
- a estabilidade do setor em que o ativo opera e as mudanças na demanda de mercado para produtos ou serviços gerados pelo ativo;
- medidas esperadas da concorrência ou de potenciais concorrentes;
- o nível dos gastos de manutenção requerido para obter os benefícios econômicos futuros do ativo e a capacidade e intenção da entidade para atingir tal nível;
- o período de controle sobre o ativo e os limites legais ou similares para a sua utilização, tais como datas de vencimento dos arrendamentos/locações relacionados; e
- se a vida útil do ativo depende da vida útil de outros ativos da entidade.

A amortização de um ativo intangível só se aplica àqueles com vida útil definida. Da mesma forma da depreciação do imobilizado, a amortização deve ser reconhecida de forma sistemática ao longo da vida útil estimada do ativo.

A amortização deve ser iniciada no momento em que o ativo estiver disponível para uso, ou seja, quando se encontrar no local e nas condições necessários para que possa funcionar da maneira pretendida pela administração.

Por outro lado, a amortização deve cessar na data em que o ativo é incluído em um grupo de ativos classificado como mantido para venda ou na data em que ele é baixado, o que ocorrer primeiro.

O método de amortização utilizado deve refletir o padrão de consumo pela entidade dos benefícios econômicos futuros. A despesa de amortização para cada período deve ser reconhecida no resultado.

Como a depreciação, a amortização pode ser efetuada de três formas distintas, aplicadas de forma consistente entre os períodos:

- método de linha reta;
- método dos saldos decrescentes;
- método de unidades produzidas.

De maneira geral presume-se que o valor residual do ativo intangível com vida útil definida é zero. Entretanto, o CPC 04 relata as seguintes exceções quando se deve determinar o valor residual:

a) haja compromisso de terceiros para comprar o ativo ao final da sua vida útil; ou
b) exista mercado ativo para ele e:
    i) o valor residual possa ser determinado em relação a esse mercado; e
    ii) seja provável que esse mercado continuará a existir ao final da vida útil do ativo.

3.1.3.1 Ativos intangíveis gerados internamente

A norma vigente admite a possibilidade do reconhecimento de um ativo intangível gerado internamente. Entretanto, esse reconhecimento esbarra em algumas dificuldades relevantes, como, por exemplo, para:

- identificar se, e quando, existe um ativo identificável que gerará benefícios econômicos futuros esperados; e
- determinar com segurança o custo do ativo. Em alguns casos, não é possível separar o custo incorrido com a geração interna de ativo intangível do custo da manutenção ou melhoria do ágio derivado da expectativa de rentabilidade futura (*goodwill*) gerado internamente ou com as operações regulares (do dia a dia) da entidade.

Para avaliar se um ativo intangível gerado internamente atende aos critérios de reconhecimento, a entidade deve classificar a geração do ativo:

a) na fase de pesquisa; e/ou
b) na fase de desenvolvimento.

Caso a entidade não consiga diferenciar a fase de pesquisa da fase de desenvolvimento de projeto interno de criação de ativo intangível, o gasto com o projeto deve ser tratado como incorrido apenas na fase de pesquisa e, nesse caso, os gastos deverão ser tratados como despesa do período, uma vez que, segundo o CPC 04, durante a fase de pesquisa de projeto interno, a entidade não está apta a demonstrar a existência de ativo intangível que gerará prováveis benefícios econômicos futuros. Portanto, tais gastos são reconhecidos como despesa quando incorridos.

No caso da fase de desenvolvimento, o reconhecimento do ativo intangível gerado internamente só se dará se a entidade puder demonstrar:

- viabilidade técnica para concluir o ativo intangível de forma que ele seja disponibilizado para uso ou venda;
- intenção de concluir o ativo intangível e de usá-lo ou vendê-lo;
- capacidade para usar ou vender o ativo intangível;
- forma como o ativo intangível deve gerar benefícios econômicos futuros;
- disponibilidade de recursos técnicos, financeiros e outros recursos adequados para concluir seu desenvolvimento e usar ou vender o ativo intangível; e
- capacidade de mensurar com segurança os gastos atribuíveis ao ativo intangível durante seu desenvolvimento.

Ressalte-se que marcas, títulos de publicações, listas de clientes e outros itens similares, gerados internamente, não devem ser reconhecidos como ativos intangíveis.

Nota

São despesas do período:

- gastos com atividades pré-operacionais destinadas a constituir a empresa (ou seja, custo do início das operações), exceto se estiverem incluídas no custo de um item do ativo imobilizado. O custo do início das operações pode incluir custos de estabelecimento, tais como custos jurídicos e de secretaria, incorridos para constituir a pessoa jurídica, gastos para abrir novas instalações ou negócio (ou seja, custos pré-abertura) ou gastos com o início de novas unidades operacionais ou o lançamento de novos produtos ou processos;
- gastos com treinamento;
- gastos com publicidade e atividades promocionais (incluindo envio de catálogos); e
- gastos com remanejamento ou reorganização, total ou parcial, da entidade.

Fonte: CPC 04.

O CPC 04 determina ainda que, nas notas explicativas, a entidade detentora de ativos intangíveis deverá separar os ativos adquiridos daqueles gerados internamente, além de disponibilizar as seguintes informações:

a) com vida útil indefinida ou definida e, se definida, os prazos de vida útil ou as taxas de amortização utilizadas;
b) os métodos de amortização utilizados para ativos intangíveis com vida útil definida;
c) o valor contábil bruto e eventual amortização acumulada (mais as perdas acumuladas no valor recuperável) no início e no final do período;
d) a rubrica da demonstração do resultado em que qualquer amortização de ativo intangível for incluída;
e) a conciliação do valor contábil no início e no final do período, demonstrando:
   i) adições, indicando separadamente as que foram geradas por desenvolvimento interno e as adquiridas, bem como as adquiridas por meio de uma combinação de negócios;
   ii) ativos classificados como mantidos para venda ou incluídos em grupo de ativos classificados como mantidos para venda e outras baixas;
   iii) aumentos ou reduções durante o período, decorrentes de reavaliações e perda por desvalorização de ativos reconhecidas ou revertidas diretamente no patrimônio líquido;
   iv) provisões para perdas de ativos, reconhecidas no resultado do período;
   v) reversão de perda por desvalorização de ativos, apropriada ao resultado do período;
   vi) qualquer amortização reconhecida no período;
   vii) variações cambiais líquidas geradas pela conversão das demonstrações contábeis para a moeda de apresentação e de operações no exterior para a moeda de apresentação da entidade; e
   viii) outras alterações no valor contábil durante o período.

Conforme a Lei 11.941/09, periodicamente (todo ano) a entidade deve efetuar avaliação sobre a potencialidade do ativo intangível em gerar benefícios futuros de forma a permitir o registro de possíveis perdas, bem como reavaliar a vida útil econômica estimada para a amortização.

3.1.3.2 Aspectos contábeis e controles internos – intangível

O grupo dos intangíveis é registrado no ativo não circulante, entre o ativo investimento e o ativo imobilizado.

A sua contabilização é relativamente simples e bem semelhante ao ativo imobilizado. Vejamos o exemplo abaixo, referente a um ativo intangível adquirido:

- valor do bem intangível = R$ 1.000.000;
- data de aquisição = 1º/10/X20;
- prazo previsto de geração de benefícios futuros = 10 anos;
- amortização mensal = R$ 1.000.000/10 anos = R$ 100.000/ano = R$ 100.000/12 = R$ 8.333/mês.

a) Na data da aquisição:

D = Ativo intangível

C = Disponibilidades 1.000.000

b) Registro da amortização do primeiro mês:

D = Despesa de amortização ativo intangível

C = Amortização acumulada 8.333

Ressalte-se que, se o ativo intangível não tiver sua vida útil determinada, não haverá o lançamento de amortização.

A baixa de um ativo intangível só se materializa de duas formas:

- por venda; ou
- por falta de expectativa de benefícios econômicos futuros.

Consideremos agora que, em 1º/10/X21, o ativo intangível do exemplo tenha sido baixado em razão de uma venda efetuada de R$ 1.200.000. Primeiramente, temos que calcular o valor total da amortização acumulada. Como se passou exatamente um ano desde a data da aquisição até a data da baixa, o valor da amortização acumulada será de R$ 100.000 (R$ 1.000.000 × 10%). Assim, o valor líquido do ativo seria de R$ 900.000 (R$ 1.000.000 – R$ 100.000). Os lançamentos seriam os seguintes:

a) Determinação do valor contábil do ativo baixado:

D = Amortização acumulada ativo intangível

C = Ativo intangível 100.000

b) Registro da venda:

D = Disponibilidades 1.200.000

C = Ativo Intangível 900.000

C = Receita por alienação de ativo 300.000

Com relação aos controles internos, por motivos óbvios, não há uma preocupação de desvios de ativos intangíveis. Nesse sentido, tais controles abrangem basicamente a avaliação periódica do seu poder de geração de benefícios futuros, bem como o seu reflexo na amortização para o caso dos ativos com vida útil determinada.

3.1.3.3 Procedimentos de auditoria – intangível

a) Exemplo de programa de auditoria resumido – intangível

Área: Intangível

Cliente: Dunas S.A.

Data: 31/12/X10

Objetivos do exame:

a) assegurar que os valores são procedentes e estão corretamente avaliados e classificados, tanto para o intangível quanto para a amortização;
b) assegurar que os cálculos da vida útil dos bens estão consistentes;
c) assegurar que os ativos intangíveis são da empresa e estão em uso ou destinados a venda;
d) verificar se estão livres de penhoras ou garantias;
e) avaliar o valor de recuperabilidade.

Análise:

Descrição	WP	Visto
Elabore um WP contendo os dados do balanço final.		
Obtenha a composição e movimentação das subcontas que compõem o intangível e elabore o WP contendo os saldos anteriores, adições, ganhos, baixas, perdas, amortização acumulada e saldo final.		

Descrição	WP	Visto
Nos WPs separe os ativos intangíveis com vida útil estimada daqueles com vida útil indeterminada. Separe também os intangíveis adquiridos dos intangíveis gerados internamente.		
Cruze as adições na amortização acumulada com o resultado do exercício.		
Circularize o departamento jurídico da empresa ou o escritório de advocacia que atende a empresa e certifique-se da inexistência de penhoras ou garantias.		

I – Intangível
23/2/X11
P. Lins

Dunas S.A.
31/12/X10

Contas	# 31/12/X09	* 31/12/X10	Ref.	Ajustes D	Ajustes C	31/12/X10
Intangível líquido	8.150.000	7.765.000	I1			7.765.000

– confere com os nossos WPs anteriores
* – confere com o balanço

b) Exemplo de WPs – intangível

I1 – Intangível
24/02/X11
P. Lins

Dunas S.A.
31/12/X10

Descrição	τ Saldo líquido 31/12/X09	Data aquisição	Vida útil	√ Adições	Saídas	¤ Amortização Período	Ajustes Ganhos	Ajustes Perdas	Saldo líquido 31/12/X10
Adquiridos									
Franquia	1.200.000	30/12/X08	6	0	0	– 200.000	0	0	1.000.000
Patentes	6.700.000	30/6/X09	10	0	0	– 670.000	0	0	6.030.000
Gerados									
Medicamentos ¥	250.000	–	–	150.000	0	0	0	0	400.000
	8.150.000			150.000	0	– 870.000	0	0	7.430.000 I
	s					s			s

τ – confere com os nossos WPs anteriores
¥ – em desenvolvimento
¤ – confere com DRE
√ - Confere com o razão e documentação suporte

Notas: 1) Todos os ativos intangíveis adquiridos têm vida útil estimada, bem como valor residual zero.
2) Os testes de recuperabilidade não apontaram ajustes.

3.1.4 Imobilizado

Ativo imobilizado é um bem tangível que se destina à manutenção da atividade operacional e administrativa da empresa e que se espera possa ser utilizado por mais de um período.

O CPC 27 define ativo imobilizado como os direitos que tenham por objeto bens corpóreos destinados à manutenção das atividades da entidade ou exercidos com essa finalidade, inclusive os decorrentes de operações que transfiram a ela os benefícios, os riscos e o controle desses bens. Note-se a preocupação do legislador de também classificar como imobilizado os bens adquiridos através de *leasing*.

O reconhecimento ao ativo imobilizado só pode ser efetuado quando for provável a sua geração de benefícios futuros e seu custo puder ser mensurado de forma confiável.

Nota

O custo de um item do ativo imobilizado compreende:

a) seu preço de aquisição, acrescido de impostos de importação e impostos não recuperáveis sobre a compra, depois de deduzidos os descontos comerciais e abatimentos;

b) quaisquer custos diretamente atribuíveis para colocar o ativo no local e condição necessários para o mesmo ser capaz de funcionar da forma pretendida pela administração. Exemplos: fretes e seguros;

c) a estimativa inicial dos custos de desmontagem e remoção do item e de restauração do local (sítio) no qual este está localizado. Tais custos representam a obrigação em que a entidade incorre quando o item é adquirido ou como consequência de usá-lo durante determinado período para finalidades diferentes da produção de estoque durante esse período.

Fonte: Adaptado do CPC 27.

O desgaste dos bens classificados como imobilizado em função do seu tempo estimado de vida útil, exceto terrenos, é denominado depreciação e seu valor é registrado mensalmente no resultado do período como despesa.

A vida útil de um ativo é definida em termos da utilidade esperada do ativo para a entidade. Os seguintes fatores deverão ser considerados na determinação da vida útil de um ativo imobilizado:

a) uso esperado do ativo que é avaliado com base na capacidade ou produção física esperadas do ativo;
b) desgaste físico normal esperado, que depende de fatores operacionais, tais como o número de turnos durante os quais o ativo será usado, o programa de reparos e manutenção e o cuidado e a manutenção do ativo enquanto estiver ocioso;
c) obsolescência técnica ou comercial proveniente de mudanças ou melhorias na produção, ou de mudança na demanda do mercado para o produto ou serviço derivado do ativo;
d) limites legais ou semelhantes no uso do ativo, tais como as datas de término dos contratos de arrendamento mercantil relativos ao ativo.

Nota

A entidade não reconhece no valor contábil de um item do ativo imobilizado os custos da manutenção periódica do item. Pelo contrário, esses custos são reconhecidos no resultado quando incorridos. Os custos da manutenção periódica são principalmente os custos de mão de obra e de produtos consumíveis, e podem incluir o custo de pequenas peças.

Fonte: CPC 27

3.1.4.1 Aspectos contábeis e controles internos – imobilizado

Nas empresas industriais, o ativo imobilizado representa normalmente um dos maiores valores do balanço, recebendo, por conseguinte, atenção especial da auditoria externa.

São exemplos de ativos imobilizados:

- terrenos;
- veículos;
- máquinas e equipamentos;
- móveis e utensílios;
- edifícios e benfeitorias;
- instalações.

Conforme o CPC 01, a entidade, no mínimo uma vez por ano, é obrigada a fazer reavaliação dos seus bens de forma a avaliar o valor recuperável do ativo e, se for o caso, registrar a perda do valor do referido ativo. Um ativo está desvalorizado quando seu valor contábil excede seu valor recuperável. É o antigo *custo ou mercado, dos dois o menor*, já anteriormente previsto na Lei 6.404/76.

O CPC 01 relata as seguintes situações nas quais a entidade deve considerar na reavaliação dos seus ativos, dividindo-as em fontes externas e internas:

Fontes externas de informação:

a) durante o período, o valor de mercado de um ativo diminuiu sensivelmente, mais do que seria de se esperar como resultado da passagem do tempo ou do uso normal;

b) mudanças significativas com efeito adverso sobre a entidade ocorreram durante o período, ou ocorrerão em futuro próximo, no ambiente tecnológico, de mercado, econômico ou legal no qual a entidade opera ou no mercado para o qual o ativo é utilizado;

c) as taxas de juros de mercado ou outras taxas de mercado de retorno sobre investimentos aumentaram durante o período, e esses aumentos provavelmente afetarão a taxa de desconto usada no cálculo do valor de um ativo em uso e diminuirão significativamente o valor recuperável do ativo;

Fontes internas de informação:

a) evidência disponível de obsolescência ou de dano físico de um ativo;

b) mudanças significativas, com efeito adverso sobre a entidade, ocorreram durante o período, ou devem ocorrer em futuro próximo, na medida ou maneira em que um ativo é ou será usado. Essas mudanças incluem o ativo que se torna inativo, planos para descontinuidade ou reestruturação da operação à qual um ativo pertence, planos para baixa de um ativo antes da data anteriormente esperada e reavaliação da vida útil de um ativo como finita em vez de indefinida; e

c) evidência disponível, proveniente de relatório interno, que indique que o desempenho econômico de um ativo é ou será pior que o esperado.

No caso dos ativos imobilizados, é mais usual a consideração das fontes internas, haja vista que, dada as características dos ativos imobilizados, dificilmente seria possível obter com razoável objetividade os valores de mercado de um bem usado.

Vejamos o seguinte exemplo:

- valor do bem (máquinas) adquirido em 1º/1/X11 = R$ 1.000;
- vida útil conforme legislação = 10 anos;
- depreciação anual = R$ 100/ano;
- em 31/12/X11, a empresa efetuou a recuperabilidade desse ativo constatando que o bem teria o seu valor em R$ 700.

Contabilização:

1. Baixa da depreciação

   D = Depreciação acumulada

   C = Imobilizado 100

2. Reconhecimento da perda

   D = Perda

   C = Imobilizado 200 (1.000 – 100 – 700)

Apresentação no balanço em 31/12/X11:

Máquinas 700

Apresentação no balanço em 31/12/X12, considerando 1 ano de depreciação:

Máquinas	700,00	
Depreciação acumulada	(77,78)	=> 700/9 anos
	622,22	

Nota

A empresa, idealmente, deve descolar-se das taxas e normativos fiscais, escolhendo o método de depreciação, a taxa periódica, a vida útil e o valor residual que considerar mais adequados em razão da perda de potencial do benefício econômico do uso do seu ativo. Essas taxas podem ser revistas, bem como as outras variáveis, sem necessidade de reverter ou ajustar valores anteriores, pois as mudanças de estimativas são somente prospectivas.

Por ocasião da apuração do lucro tributável, se a empresa utilizou taxas de depreciação superiores ao permitido pela legislação fiscal, deverá ajustar nos livros fiscais as diferenças entre as taxas utilizadas e as legais no cálculo do lucro real.

Ressalte-se que sobressalentes, peças de reposição, ferramentas e equipamentos de uso interno são classificados como ativo imobilizado quando a entidade espera usá-los por mais de um período. Da mesma forma, se puderem ser utilizados somente em conexão com itens do ativo imobilizado, também são contabilizados como ativo imobilizado.

Todo bem tangível, exceto terrenos, tem uma vida útil, que é o tempo durante o qual a empresa espera utilizar o ativo ou ainda, em alguns casos, o número de unidades de produção ou de unidades semelhantes que a entidade espera obter pela utilização do ativo. Esse tempo de utilização do bem pela empresa determinará o valor da depreciação a ser considerada no resultado do período.

A vida útil de um ativo é definida em termos da utilidade esperada do ativo para a entidade. Nesse sentido, a estimativa da vida útil do ativo é uma questão de julgamento baseado na experiência da entidade com ativos semelhantes.

A depreciação do ativo se inicia quando este está disponível para uso, ou seja, quando está no local e em condição de funcionamento na forma pretendida pela administração. Por outro lado, a depreciação deve cessar na data em que o ativo é classificado como mantido para venda ou, ainda, na data em que o ativo é baixado, o que ocorrer primeiro.

Exemplos:

1. Aquisição a vista de uma máquina em 30/10/X8 por R$ 1.000.000

   Contabilização

   1. Na aquisição:

   D = Imobilizado – máquinas e equipamentos

   C = Bancos 1.000.000

   1.1 Na depreciação em 30/11/X8 e 30/12/X8

   A vida útil do novo bem, para efeito de depreciação, foi estimada em 6 anos. Logo, a depreciação até a próxima avaliação do valor de mercado do bem será de 16,67% ao ano (100%/6), o que perfaz 1,389% ao mês (16,67%/12).

   D = Despesa de depreciação

   C = Depreciação acumulada 13.892[4]

   Assim, em 31/12/X8, o ativo imobilizado no balanço patrimonial seria apresentado da seguinte maneira, considerando os dois meses de depreciação:

Máquinas e equipamentos	1.000.000
(–) Depreciação acumulada	(27.784)[5]
Total	972.216

2. Baixa de uma máquina vendida em 30/11/X9 por R$ 20.000, adquirida em 1º/1/X8 por R$ 100.000, tendo um valor de depreciação acumulado de R$ 90.000.

   Contabilização

   2. Na baixa

   Apuração valor contábil do bem baixado:

= Valor de aquisição	100.000
= Depreciação acumulada	(90.000)
= Saldo contábil	10.000

   2.1 Registro da baixa da depreciação

   D = Depreciação acumulada

   C = Imobilizado – máquinas e equipamentos 90.000

---

4 R$ 1.000.000 × 1,3892%.

5 R$ 13.892 × 2 meses.

2.2 Na venda

D = Bancos 20.000

C = Não circulante – máquinas e equipamentos 10.000

C = Outras receitas 10.000

Nota

1. Outra forma de reconhecer o desgaste dos ativos é a exaustão aplicada aos bens classificados como recursos naturais. Por exemplo, minas e florestas.

O cálculo do valor da exaustão é determinado da seguinte forma:

– Valor da mina = R$ 1.000.000 adquirida em 1º/1/X13

– Capacidade estimada = 100.000 toneladas

– Extração no ano de X13 = 1.000 toneladas

– Valor da tonelada extraída = 1.000.000/10.000 = R$100/tonelada

Logo, no ano de X13, a empresa registrará da seguinte forma:

D = Exaustão

C = Exaustão acumulada 100.000

No balanço poderia ser apresentado da seguinte forma:

Jazidas minerais	1.000.000
(–) Exaustão acumulada	(100.000)
Jazidas minerais	900.000

2. A extração efetuada pode ser classificada como estoque destinado à venda ou estoque de matéria-prima caso o produto da extração seja utilizado no processo produtivo da empresa.

Os controles internos sobre os bens imobilizados passam pelo controle contábil, avaliação das condições de uso e, por conseguinte, da vida útil, além da contagem física, pelo menos uma vez por ano. Nesse sentido, todos os imobilizados necessariamente precisam ser identificados por plaquetas que ficam afixadas em local visível para possibilitar esse inventário anual.

3.1.4.2 Procedimentos de auditoria – imobilizado

O processo de auditoria das contas que compõem o imobilizado tem como propósito principal verificar a conformidade dos valores relativos às aquisições e baixas, a existência física e o valor da depreciação lançado no resultado.

a) Exemplo de programa do imobilizado

Área: Imobilizado

Cliente: Dunas S.A.

Data: 31/12/X10

Objetivos do exame:

a) assegurar que os bens existem, seus valores são procedentes e estão corretamente avaliados e classificados, tanto para o imobilizado quanto para a depreciação;

b) avaliar o valor de recuperabilidade (*impairment*) dos ativos imobilizados;

c) assegurar que os cálculos da vida útil dos bens estão consistentes;

d) assegurar que os ativos são de propriedade a uso da empresa;

e) verificar se os bens do imobilizado estão livres de penhoras ou garantias.

Análise:

Descrição	WP	Visto
Elabore um WP contendo os dados do balanço final.		
Obtenha a composição e movimentação das subcontas que compõem o imobilizado e elabore o WP contendo os saldos anteriores, adições, baixas, depreciação acumulada e saldo final.		
Quando aplicável, elabore WP listando as adições e respectivas depreciações.		
Quando aplicável, elabore WP listando as baixas e transferências e as respectivas depreciações.		
Elabore WP da depreciação acumulada e cruze com a despesa de depreciação lançada no resultado.		
Evidencie os cálculos sobre a vida útil dos bens registrados no imobilizado.		
Obtenha com o cliente os cálculos relativos ao valor de recuperabilidade dos ativos imobilizados.		
Verifique os controles físicos sobre os bens do ativo imobilizado. Efetue testes de existência dos bens listados pelo cliente. Investigue máquinas sem uso ou em mau estado de conservação.		
Circularize o departamento jurídico da empresa ou o escritório de advocacia que atende a empresa e certifique-se da inexistência de penhoras ou garantias.		

b) Exemplos de WPs – imobilizado

M – Imobilizado
P. Lins
18/2/X11

Dunas S.A.
31/12/X10

Contas	# 31/12/X09	* 31/12/X10	Ref	Ajustes D	Ajustes C	31/12/X10
Imobilizado líquido	14.762.500	14.640.721	M1			14.640.721

– confere com os nossos WPs anteriores
* – confere com o balanço patrimonial

M1 – Imobilizado
P. Lins
18/02/X11

Dunas S/A
31/12/X10

	√ Sd Inicial	Δ Aquisições	Δ Baixas	& Desp Depr	◊ Total	Ref
Equip informat	2.050.000	550.000			2.600.000	
Máq e Equip	12.560.000	700.000	-210.000		13.050.000	
Intalações	8.230.000	1.900.000			10.130.000	
Imobilizado	22.840.000	3.150.000	-210.000	0	25.780.000	
Depr Acumulada	-8.077.500			-2.828.592	-10.906.092	
Deprec Aquis		-233.187			-233.187	
Imobil Líquido	14.762.500	2.916.813	-210.000	-2.828.592	14.640.721	M
	s	s			s	

√ Confere com nossos WPs
Δ Verifiquei documentação suporte e Razão
◊ Confere com o Razão
& Confere com DRE

Dunas S/A
31/12/X10

M2 – Aquisições e Baixas
P. Lins
18/02/X11

Aquisições	Jan.	Fev.	Δ Mar.	Abr.	Mai.	Δ Jun.	Jul.	Ago.	Set.	Δ Out.	Nov.	Δ Dez.	√ Total	Ref
Equip informat			450.000			100.000							550.000	
Máq e Equip	600.000											100.000	700.000	
Intalações			1.000.000							900.000			1.900.000	
	600.000	0	1.450.000	0	0	100.000	0	0	0	900.000	0	100.000	3.150.000	**M1**
Depreciação														
Taxa proporcional	1%		1,09%			1,667%				0,83%				
Valor Mensal	0	6.000	0	15.805	0	0	1.667	0	0	0	7.470	0	30.942	
Valor Acumul.	0	6.000	6.000	21.805	21.805	21.805	23.472	23.472	23.472	23.472	30.942	30.942	233.187	¥

Baixas	Jan	Fev	Mar	Abr	Mai	Jun	Δ Jul	Ago	Set	Out	Nov	Dez	Total	
Máq e Equip							– 350.000						-350.000	
Deprec Acum							140.000						140.000	
Líquido													– 210.000	**M1**
													s	

√ Confere com Razão

Δ Verifiquei documentação suporte e Razão

¥ Confere com DRE

M3 – Imobilizado
Inventário físico
P. Lins
19/2/X11

Dunas S.A.
31/12/X10

	√		√		√	
	Equip. inform.		**Máq. equip**		**Instalações**	
	Plaquetas	**Custos**	**Plaquetas**	**Custos**	**Plaquetas**	**Custos**
	000.123	330.000	000.222	1.450.000	000.302	5.200.000
	000.121	65.000	000.201	230.000	000.301	24.300
	000.102	70.000	000.202	453.200	000.304	780.000
	000.120	400.000	000.212	800.500	000.315	1.200.000
	000.111	230.500	000.221	1.280.050	000.320	80.000
	000.112	60.000	000.214	1.200.000	000.311	120.000
	000.141	85.500	000.231	1.700.000	000.303	32.800
Testados	47,7%	1.241.000	54,5%	7.113.750	73%	7.437.100
Não testados	52,3%	1.359.000	45,5%	5.936.250	27%	2.692.900
	100%	2.600.000	100%	13.050.000	100%	10.130.000 M_1
		s		s		s

Nota: As plaquetas para verificação foram selecionadas através de seleção randômica com a utilização do Excel®.

√ Todos os itens selecionados foram verificados fisicamente, estando todos em uso e em bom estado de conservação.

3.2 Procedimentos e testes de auditoria – passivo não circulante

Conforme já comentado, o passivo é composto de dois grupos:

- circulante;
- não circulante.

O passivo não circulante retrata, junto com o circulante, o passivo exigível total denominado também capital de terceiros utilizado pela empresa. Já o patrimônio líquido representa o capital próprio, não exigível.

Embora o patrimônio líquido componha o valor total do passivo, é considerado um grupamento à parte.

Já tratamos do circulante e agora vamos tratar do não circulante e, no tópico posterior, do patrimônio líquido.

3.2.1 Financiamentos

A conta financiamentos classificada no passivo não circulante comporta as obrigações a pagar com vencimento após o ano seguinte. Assim, na data do balanço a entidade deve sempre avaliar todas as suas obrigações e reclassificá-las de acordo com os seus vencimentos. De maneira geral, quando existentes no balanço, seus valores são relevantes, sofrendo, portanto, atenção especial da auditoria.

Todos os valores registrados na conta financiamento deverão ser atualizados a valor presente na data do balanço. No caso de financiamentos em moeda estrangeira com cláusula de paridade cambial, serão convertidos em moeda nacional na data do balanço pela taxa de câmbio vigente nessa.

3.2.1.1 Aspectos contábeis e controles internos - financiamentos

A contabilização dos financiamentos segue o mesmo raciocínio dos empréstimos no circulante, visto na Parte I do livro. Nesse sentido, considere o seguinte exemplo já comentado no Capítulo 2:

- financiamento líquido =R$ 20.000.000;
- juros = R$ 12.210.200;
- data da contratação = 01/1/X16;
- vencimento = 31/12/X20;
- juros = 10% ao ano.

Na data da contratação, o lançamento seria:

D = Disponível	20.000.000	
D = Juros a apropriar (circulante)	4.884.080	
D = Juros a apropriar (não circulante)	7.326.120	
C = Financiamentos (circulante)		12.884.080[6]
C = Financiamentos (não circulante)		19.326.120

6 Como a classificação em circulante e não circulante leva em conta "o término do exercício seguinte" e como a operação se deu em 1º/1/X16, note que o término do exercício seguinte será em 31/12/X17, logo, nesse primeiro momento, no curto prazo é registrado o valor referente a 2 anos. Na data do balanço, será efetuada a reclassificação.

No balanço patrimonial, teríamos a seguinte situação:

Passivo circulante:

Financiamento	12.884.080
(–) Juros a apropriar	(4.884.080)
Financiamento	8.000.000

Passivo não circulante:

Financiamento	19.326.120
(–) Juros a apropriar	(7.326.120)
Financiamento	12.000.000

Vejamos os lançamentos em 31/12/X16. Como já se passaram 12 meses, é necessário primeiramente apropriar ao resultado, pelo regime de competência, os juros. Posteriormente, deverão ser reclassificados os valores no circulante e não circulante. Entretanto, como inicialmente foram utilizados dois anos na classificação de curto e longo prazos, não haveria necessidade de reclassificar. Assim, teríamos os seguintes lançamentos de apropriação de juros:

Apropriação dos juros:

D = Despesas de Juros	2.442.040	
C = Juros a apropriar – circulante		976.816
C = Juros a apropriar – não circulante		1.465.224

Logo, o balanço teria a seguinte composição:

Passivo circulante:

Financiamento	12.884.080
(–) Juros a apropriar	(3.907.264)
Financiamento	8.976.816

Passivo não circulante:

Financiamento	19.326.120
(–) Juros a apropriar	(5.860.896)
Financiamento	13.465.224

Os controles internos sobre os financiamentos consistem basicamente na certificação da adequação dos contratos firmados, bem como no acompanhamento eficiente dos juros incorridos e variações cambiais, quando cabíveis, bem como as autorizações dos pagamentos efetuados.

Neste último caso, seguem-se as mesmas normas básicas de controles internos relativos a segregação de funções e mais de uma autorização nos pagamentos efetuados.

3.2.1.2 Procedimentos de auditoria – financiamentos

O processo de auditoria da conta financiamentos tem como propósito certificar que o valor existe e está devidamente avaliado a valor presente na data do balanço.

No caso de financiamentos em moeda estrangeira, é fundamental também certificar que estão corretamente convertidos em moeda nacional da data do balanço.

a) Exemplo de programa auditoria resumo – financiamentos

Área: Financiamentos

Cliente: Dunas S.A.
Data: 31/12/X10

Objetivos do exame:

a) assegurar que os valores existem, são procedentes e estão corretamente avaliados e classificados;
b) certificar-se de que todos os contratos estão em vigor e de acordo com as práticas do mercado;
c) assegurar que os encargos foram devidamente contabilizados dentro do pressuposto da competência.

Análise:

Descrição	WP	Visto
Elabore um WP contendo os dados do balanço final.		
Obtenha a composição e movimentação da conta financiamento e elabore o WP contendo os saldos anteriores, adições, baixas e saldo final.		
Selecione os empréstimos que serão objeto de circularização e elabore WP confrontando as respostas com os saldos do razão. Cruze as respostas das circularizações já obtidas junto aos bancos com os saldos do razão.		
Obtenha e analise os contratos de empréstimos. Certifique-se de que os juros estão corretamente calculados, dentro do regime de competência e de acordo com os praticados no mercado.		
Verifique as garantias dadas pela empresa para os financiamentos obtidos e a sua correta divulgação em notas explicativas.		
Para empréstimos em moeda estrangeira, verifique, além do cálculo dos juros, o registro e cálculo da variação cambial.		

b) Exemplos de WPs – financiamentos

EE – Financiamentos
P. Lins
25/2/X11

Dunas S.A.
31/12/X10

Contas	# 31/12/X09	* 31/12/X10	Ref.	Ajustes D	Ajustes C	31/12/X10
Financiam. nacionais	16.800.000	15.227.000	EE1			15.227.000
Financiam. externos	17.500.000	25.199.446	EE2			25.199.446
	34.300.000	40.426.446				40.426.446
	s	s				s

– confere com os nossos WPs anteriores
* – confere com o balanço

EE1 – Financiamentos
26/02/X11
P. Lins

Dunas S.A.
31/12/X10

Financiamentos em moeda nacional

Descrição	τ Saldo em 31/12/X09	Juros	Adições ¥ Novos	Adições ¥ Juros √	Pagtos ¤	Saldo em 31/12/X10	Ajustes D	Ajustes C	§ Saldo final 31/12/X10
Banco Unitu	7.000.000	15% a. a.	0	1.050.000	– 300.000	7.750.000			7.750.000
Banco Bradesil	1.500.000	18% a. a.	0	270.000	– 170.000	1.600.000			1.600.000
Banco Alfa	8.300.000	19% a. a.	0	1.577.000	– 4.000.000	5.877.000			5.877.000
	16.800.000		0	2.897.000	– 4.470.000	15.227.000	0	0	EE 15.227.000
	s			s	s	s			s

√ – conferi cálculos

τ – confere com os nossos WPs

¥ – confere com razão e DRE

¤ – conferi os extratos bancários

§ – confere com as respostas às cartas de circularização arquivadas no WP A2

EE2 – Financiamentos
26/02/X11
P. Lins

Dunas S.A.
31/12/X10

Financiamentos em Moeda Estrangeira

	τ			Adições				Pagamentos						μ	§	Ref.
	Saldo em R$	Tx	Saldo em US$									Saldo em US$	Saldo em R$	Variação	Saldo ajustado	
Descrição	31/12/X09	US$	31/12/X09	Data	R$	Tx US$	US$	Data	R$	Tx US$	US$	31/12/X10	31/12/X10	Cambial	31/12/X10	
					§				§							
Banco Boston	3.000.000	1,32	2.272.727	0	0		0	30/12/X10	– 300.000	1,56	– 192.308	2.080.420	2.700.000	545.455	3.245.455	
Banco Marros	4.500.000	1,32	3.409.091	30/01/X10	1.000.000	1,34	746.269	30/12/X10	– 650.000	1,56	– 416.667	3.738.693	4.850.000	982.361	5.832.361	
Banco Milas	10.000.000	1,32	7.575.758	25/10/X10	4.000.000	1,45	2.758.621		0		0	10.334.378	14.000.000	2.121.630	16.121.630	
	17.500.000			0	5.000.000		3.504.889		– 950.000			16.153.491	21.550.000	3.649.446	25.199.446	EE
	s				s		s		s			s	s	s	s	

τ – confere com os nossos WPs
¤ – conferi os extratos bancários
§ – confere com razão
μ – confere com razão e DRE

Nota:

Exemplo de Cálculo:

Banco Boston	
Saldo U$ em 31/12/x10	2.080.420
Tx. dólar	x 1,56
Saldo em R$ atual	3.245,455
Saldo em R$ anterior	(2.700.000)
Variação cambial	**545.455**

3.2.2 Provisão para contingências

O CPC 25 define passivo como uma obrigação presente derivada de eventos já ocorridos, cuja liquidação se espera resulte em saída de recursos da entidade, capazes de gerar benefícios econômicos. Por exemplo, as contas a pagar são passivos a pagar por conta de bens ou serviços fornecidos ou recebidos e que tenham sido faturados ou formalmente acordados com o fornecedor ou ainda derivados de apropriações por competência, como os valores devidos a empregados (por exemplo, valores relacionados com pagamento de férias).

Embora algumas vezes seja necessário estimar o valor ou prazo desses passivos, a incerteza é geralmente muito menor do que nas provisões.

Diferentemente do passivo, as provisões para contingências são obrigações com valores e/ou prazos incertos.

- O mesmo CPC 25 distingue provisões de passivos contingentes em função do seu reconhecimento da seguinte maneira:

Provisões ⇒ são reconhecidas como passivo (presumindo-se que possa ser feita uma estimativa confiável), porque são obrigações presentes e é provável que uma saída de recursos que incorporam benefícios econômicos seja necessária para liquidar a obrigação.

- São exemplos de tais obrigações as penalidades ou os custos de limpeza de danos ambientais ilegais, que em ambos os casos dariam origem na liquidação a uma saída de recursos que incorporam benefícios econômicos independentemente das ações futuras da entidade. De forma similar, a entidade reconhece uma provisão para os custos de descontinuidade de poço de petróleo ou de central elétrica nuclear na medida em que a entidade é obrigada a retificar danos já causados.

Passivos contingentes ⇒ não são reconhecidos como passivos porque são:

i) obrigações possíveis, visto que ainda há de ser confirmado se a entidade tem ou não uma obrigação presente que possa conduzir a uma saída de recursos que incorporam benefícios econômicos; ou

ii) obrigações presentes que não satisfazem os critérios de reconhecimento porque não é provável que seja necessária uma saída de recursos que incorporem benefícios econômicos para liquidar a obrigação, ou não pode ser feita uma estimativa suficientemente confiável do valor da obrigação.

Um exemplo de passivo contingente onde não há reconhecimento de um passivo é o caso citado pelo CPC 25, onde a entidade pretende ou precisa efetuar gastos para operar de forma particular no futuro (por exemplo, montando filtros de fumaça em certo tipo de fábrica). Dado que a entidade pode evitar os gastos futuros pelas suas próprias ações, por exemplo, alterando o seu modo de operar, ela não tem nenhuma obrigação presente relativamente a esse gasto futuro e nenhuma provisão é reconhecida.

Como forma de evidenciação, para cada classe de provisão, a entidade deve divulgar:

- o valor contábil no início e no fim do período;
- provisões adicionais feitas no período, incluindo aumentos nas provisões existentes;
- valores utilizados (ou seja, incorridos e baixados contra a provisão) durante o período;
- valores não utilizados revertidos durante o período; e
- o aumento durante o período no valor descontado a valor presente proveniente da passagem do tempo e o efeito de qualquer mudança na taxa de desconto.

Nota

A Companhia e suas controladas são partes envolvidas em ações trabalhistas, cíveis, tributárias e outros em andamento e estão discutindo estas questões tanto na esfera administrativa como na judicial, as quais, quando aplicável, são amparadas por depósitos judiciais. As provisões para as perdas decorrentes destes processos são estimadas e atualizadas pela Administração, amparada pela opinião da Diretoria Jurídica da Companhia e de seus consultores legais externos.

Adicionalmente às provisões registradas, existem outros passivos contingentes, distribuídos entre processos tributários, cíveis e trabalhistas, considerados como perda possível no montante de R$ 6.793 mil (R$ 3.416 mil na controladora) para os quais, com base no prognóstico de nossos advogados, não há necessidade de constituição de provisão.

Fonte: Nota explicativa da Cia. Vale referente às demonstrações contábeis de 2008.

3.2.2.1 Aspectos contábeis e controles internos – provisão para contingências

Quando atendidas as exigências relativas ao reconhecimento da provisão para contingências, a sua contabilização segue o mesmo tratamento das demais contabilizações de passivo que transitam pelo resultado.

Considere-se o seguinte exemplo ilustrativo extraído do apêndice do CPC 25:

Após um casamento em 20X0, dez pessoas morreram, possivelmente por resultado de alimentos envenenados oriundos de produtos vendidos pela empresa (entidade) responsável pelo *buffet*. Procedimentos legais são instaurados para solicitar indenização da entidade, mas esta disputa o caso judicialmente. Até a data da autorização para a publicação das demonstrações contábeis do exercício findo em 31 de dezembro de 20X0, os advogados da entidade aconselham que é provável que a entidade não será responsabilizada. Entretanto, quando a entidade elabora as suas demonstrações contábeis para o exercício findo em 31 de dezembro de 20X1, os seus advogados aconselham que, dado o desenvolvimento do caso, é provável que a entidade seja responsabilizada.

a) Em 31 de dezembro de 20X0

   Obrigação presente como resultado de evento passado que gera obrigação – baseado nas evidências disponíveis até o momento em que as demonstrações contábeis foram aprovadas, não há obrigação como resultado de eventos passados.

   Conclusão – nenhuma provisão é reconhecida. A questão é divulgada como passivo contingente.

b) Em 31 de dezembro de 20X1

   Obrigação presente como resultado de evento passado que gera obrigação – baseado na evidência disponível, há uma obrigação presente. Saída de recursos envolvendo benefícios futuros na liquidação – provável.

Conclusão – uma provisão é reconhecida pela melhor estimativa do valor necessário para liquidar a obrigação.

Os controles internos consistem basicamente no acompanhamento e avaliação das provisões de forma que o seu reconhecimento esteja sempre baseado nas expectativas de desembolsos futuros.

Na Figura 3.1, é apresentado um resumo sobre a decisão de quando contabilizar e de quando apenas evidenciar em notas explicativas.

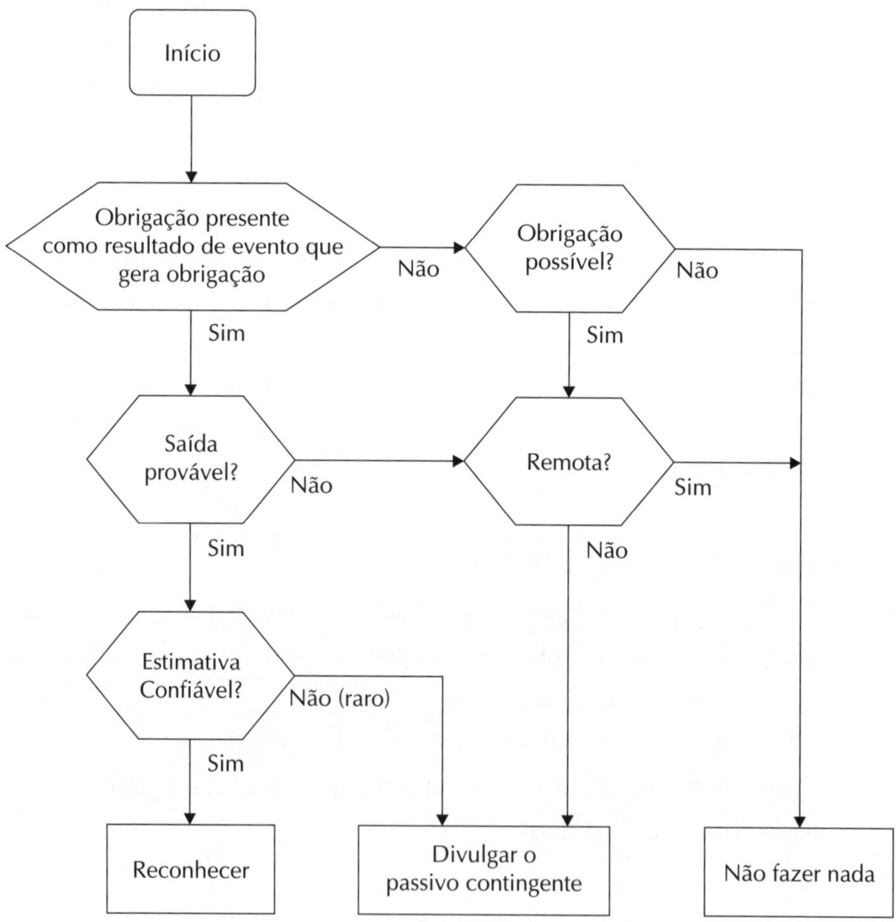

Fonte: CPC 25 – Anexos.

Figura 3.1 *Identificação da contabilização.*

3.2.2.2 Procedimentos de auditoria - provisão para contingências

O processo de auditoria da conta provisões para contingências tem como propósito certificar que o valor existe, está devidamente avaliado e representa uma expectativa de desembolso futuro.

a) Exemplo de programa de auditoria resumido – provisão para contingência

Área: Provisão para contingência

Cliente: Dunas S.A.

Data: 31/12/X10

Objetivos do exame:

a) assegurar que os valores são procedentes e estão corretamente avaliados e classificados;

b) assegurar que os valores foram devidamente evidenciados nas demonstrações contábeis e contabilizados dentro do pressuposto da competência.

Análise:

Descrição	WP	Visto
Elabore um WP contendo os dados do balanço final.		
Obtenha a composição e movimentação da conta provisões para contingências e elabore o WP.		
Circularize o departamento jurídico ou o escritório de advocacia que presta serviços para a empresa para obter evidências concretas de futuros desembolsos de caixa relativos a ações judiciais avaliando a necessidade ou não de provisionamento.		

b) Exemplos de WPs – provisão para contingência

FF – Provisão para contingências

P. Lins

1º/3/X11

Dunas S.A.

31/12/X10

Contas	# 31/12/X09	* 31/12/X10	Ref.	Ajustes D	Ajustes C	31/12/X10
Contingências	4.575.000	3.000.000	**FF1**			3.000.000

– confere com os nossos WPs anteriores

* – confere com o balanço

FF1 – Contingências

1º/3/X11

P. Lins

Dunas S.A.

31/12/X10

Descrição	τ Saldo 31/12/X9	¥ Adições	¤ Baixas	Ref.	Saldo 31/12/X10
Provisão contingências	4.575.000	525.000	– 2.100.000	FF	3.000.000

τ – confere com os nossos WPs

¥ – confere com DRE

¤ – conferi o razão e os pagamentos nos extratos bancários

Nota:

A circularização do Departamento Jurídico da empresa apontou apenas o valor de R$ 525.000 como provável perda.

3.3 Procedimentos e testes de auditoria – patrimônio líquido

O patrimônio líquido (PL) é um grupo do balanço patrimonial que reflete a riqueza dos acionistas quando positivo, através da diferença entre o ativo circulante mais o não circulante e o passivo circulante somado ao não circulante.

Ou seja:

PL = (AC + AnC) – (PC + PnC)

A composição do PL foi vista na Parte I deste livro.

Tanto neste tópico quando no seguinte, referente a demonstração do resultado do exercício, serão abordados apenas os procedimentos de auditoria.

3.3.1 Procedimentos de auditoria

Os procedimentos de auditoria para as contas do PL consistem basicamente na obtenção junto ao cliente da auditoria da DMPL, na elaboração do respectivo WP e na análise da composição do PL.

a) Exemplo de programa de auditoria resumido – patrimônio líquido

Área: Patrimônio líquido - PL

Cliente: Dunas S.A.
Data: 31/12/X10

Objetivos do exame:

a) assegurar que todas as determinações dos estatutos, atas de assembleia e demais obrigações referentes ao PL, notadamente em relação à destinação de lucros e modificações no Capital Social, foram devidamente acatadas;
b) certificar-se de que todas as modificações das contas do PL são adequadas e estão devidamente consistentes com os anos anteriores e/ou com a atividade da empresa;
c) assegurar que os pressupostos contábeis foram devidamente observados e estão uniformes com os anos anteriores;
d) certificar-se de que os efeitos do resultado do exercício estão devidamente refletidos no PL.

Análise:

Descrição	WP	Visto
Elabore um WP contendo a movimentação das contas do PL. Utilize os dados da DMPL obtida nas demonstrações contábeis do cliente.		
Obtenha cópia das atas das assembleias que autorizaram o aumento de capital e distribuição de lucros.		
Quando aplicável, cruze todas as informações da DMPL com o BP e DRE.		
Evidencie e efetue conferência dos cálculos relativos aos dividendos e reservas.		

b) Exemplos de WPs – patrimônio líquido

PL - Patrimônio líquido
P. Lins
25/2/X11

Dunas S.A.
31/12/X10

(Em mil)

Contas	# 31/12/X09	* 31/12/X10	Ref.	Ajustes D	Ajustes C	31/12/X10
Patrimônio líquido	53.750	87.171	**PL1**			87.171

- confere com os nossos WPs anteriores

* - confere com o balanço

PL1 – Patrimônio líquido
4/3/X11
P. Lins

Dunas S.A.
31/12/X10

	¥ Capital social	¥ Expansão/ investi- mentos	¥ Ações em tesouraria	¥ Legal	¥ Desti- nação lucros	Total	
Em 31 de dezembro de X8 τ	19.492	18.108	– 790	2.072	0	38.882	
Lucro líquido do exercício					20.006	20.006	
Capitalização de reservas	8.508	– 7.673		– 835		0	
Dividendos intermediários		– 371			– 15	– 386	
Destinação do resultado					– 4.752	– 4.752	
Apropriação às reservas de lucros		14.239		1.000	– 15.239	0	
Em 31 de dezembro de X9 τ	28.000	24.303	– 790	2.237	0	53.750	PL
Lucro líquido do exercício √√					21.279	21.279	
Ações em tesouraria			– 1.658			– 1.658	
Aumento de capital ¤	19.434					19.434	
Destinação do resultado ¤					– 4.829	– 4.829	❶
Dividendos intermediários ¤		– 580			– 225	– 805	
Apropriação às reservas de lucros		15.161		1.064	– 6.225	0	
Em 31 de dezembro de X10 §	47.434	38.884	– 2.448	3.301	0	87.171	PL
	s	s	s	s	s	s	

τ – confere com os nossos WPs anteriores

¥ – confere com razão

¤ – confere com ata da assembleia de acionistas

§ – confere com balanço

√√ – confere com DRE

Nota: A remuneração aos acionistas propostas para 20X10 foi calculada como segue:

Lucro líquido do exercício	21.279	
Reserva legal	– 1.064	√
Lucro líquido ajustado	20.215	
	s	

Dividendos/juros sobre o capital próprio totais	5.054	√
Dividendos antecipados em outubro de 20X9	– 225	
Dividendo/juros sobre o capital próprio proposto	4.829	❶
√ Calculado	s	

3.4 Procedimentos de auditoria: contas de resultado - Demonstração do Resultado do Exercício (DRE)

A DRE é uma demonstração contábil que reflete as modificações ocorridas no patrimônio da entidade decorrentes das suas atividades operacionais.

As contas que compõem a DRE foram vistas na Parte I deste livro. Nesse sentido, serão abordados apenas os procedimentos de auditoria.

3.4.1 Procedimentos de auditoria - DRE

Conforme pode ser visto em algumas áreas nas auditorias do balanço patrimonial apresentadas anteriormente, grande parte das adições e baixas nas contas patrimoniais reflete diretamente no resultado do exercício. Assim, por exemplo, quando auditamos as contas salários a pagar, perdas estimadas em créditos de liquidação duvidosa – PECLD ou empréstimos a pagar, estamos verificando também uma parte das despesas de salários, despesas com perdas em vendas e as despesas com os encargos financeiros ocorridas no período.

a) Exemplo de programa de auditoria resumido – contas de resultado

Área: Contas de resultado

Cliente: Dunas S.A.

Data: 31/12/X10

Objetivos do exame:

a) assegurar que todos os valores relativos a receitas, custos e despesas estão corretamente classificados e mensurados;

b) certificar-se de que todas as demais informações cabíveis sobre as contas de resultado estão devidamente evidenciadas em notas explicativas;

c) assegurar que os pressupostos contábeis, notadamente o de competência, foram devidamente observados e estão uniformes com os anos anteriores.

Análise:

Descrição	WP	Visto
Elabore um WP contendo as principais contas da DRE.		
Elabore um WP para as receitas de vendas, verifique a adequação e analise possíveis discrepâncias das devoluções, abatimentos e impostos.		
Para os impostos sobre venda, verifique a consistência dos cálculos, relacionando-os com o volume de vendas.		
Para os custos das mercadorias vendidas, elabore um WP e verifique a sua composição e adequação. Cruze os valores com o razão e estoques.		
Para as despesas com vendas, relacione, quando possível, com o volume de vendas por mês e avalie a consistência dos valores e possíveis discrepâncias.		
Selecione aleatoriamente em todos os meses notas fiscais e efetue testes substantivos. Cruze com o Razão da conta clientes.		

b) Exemplos de WPs – demonstração do resultado do período

DR – Demonstração do resultado

P. Lins

2/3/X11

Dunas S.A.

31/12/X10

Contas de resultado

Descrição	31/12/X09	31/12/X10	Ref.	Ajustes D	Ajustes C	31/12/X10
	#	*		D	C	
Receita de vendas	157.000.000	191.905.000	**DR1**			191.905.000
(–) Devoluções	– 840.000	– 1.150.000	**DR1**			– 1.150.000
(–) Impostos	– 22.830.000	– 27.046.750	**DR1**			– 27.046.750
Receita líquida	133.330.000	163.708.250				163.708.250
(–) CMV	– 107.432.890	– 137.238.412	**DR2**			–137.238.412
Lucro bruto	25.897.110	26.469.838				26.469.838
(–) Despesas operacionais	– 2.100.500	-5.572.430	**DR3**			– 5.572.430
(–) Participações societárias	– 1.504.500	– 1.020.000	J1			– 1.020.000
Lucro antes do IR	22.292.110	19.877.408				19.877.408
(–) Provisão para IR	– 6.687.633	– 5.963.222	√			– 5.963.222
Lucro líquido	15.604.477	13.914.186				13.914.186
	s	s				s

\# – confere com os nossos WPs anteriores

* – confere com o Razão

√ – verifiquei os cálculos. Confere com Razão e BP

DR1 – Resultado
02/03/X11
P. Lins

Dunas S.A.
31/12/X10

Receitas de vendas

	τ	τ	τ	τ	τ	τ	τ	τ	τ	τ	τ	τ	DR
Descrição	Jan.	Fev.	Mar.	Abr.	Maio	Jun.	Jul.	Ago.	Set.	Out.	Nov.	Dez.	Total
Vendas brutas	12.000.000	13.400.000	12.500.000	14.000.000	14.100.000	14.405.000	15.200.000	16.000.000	17.800.000	18.000.000	22.000.000	22.500.000	191.905.000
(–) Devoluções	0	0	– 200.000	0	– 180.000	– 150.000	0	0	– 240.000	– 100.000	0	– 280.000	– 1.150.000
(–) Impostos	– 1.800.000	– 2.010.000	– 1.875.000	– 2.100.000	– 2.115.000	– 2.160.750	– 1.976.000	– 2.080.000	– 2.670.000	– 2.700.000	– 2.860.000	– 2.700.000	– 27.046.750
Vendas líquidas	10.200.000	11.390.000	10.425.000	11.900.000	11.805.000	12.094.250	13.224.000	13.920.000	14.890.000	15.200.000	19.140.000	19.520.000	163.708.250
	s	s	s	s	s	s	s	s	s	s	s	s	s

τ– confere com Razão

Notas:

1. Confrontei o valor das vendas brutas com o contas a receber, não havendo discrepâncias materiais.
2. Verifiquei documentação referente às devoluções.
3. Verifiquei os cálculos e as guias de recolhimento dos impostos.

DR1.1 – Resultado
03/03/X11
P. Lins

Dunas S.A.
31/12/X10
Receita bruta – jan. a abr.

τ Jan.	Data	Valor	τ Fev.	Data	Valor	τ Mar.	Data	Valor	τ Abr.	Data	Valor
Nf 00101	2/1/X10	800.000	Nf 00170	3/2/X10	500.000	Nf 00201	1º/3/X10	710.000	Nf 00201	2/4/X10	100.000
Nf 00111	2/1/X10	890.000	Nf 00174	5/2/X10	560.000	Nf 00205	10/03/X10	300.000	Nf 00205	4/4/X10	1.000.000
Nf 00121	4/1/X10	100.000	Nf 00175	10/2/X10	450.000	Nf 00206	10/03/X10	120.000	Nf 00206	5/4/X10	220.000
Nf 00124	5/1/X10	240.000	Nf 00177	11/2/X10	370.000	Nf 00211	12/03/X10	400.000	Nf 00211	10/4/X10	600.000
Nf 00141	12/1/X10	320.000	Nf 00181	15/2/X10	700.000	Nf 00214	13/03/X10	230.000	Nf 00214	12/4/X10	321.000
Nf 00142	14/1/X10	700.000	Nf 00190	25/2/X10	450.000	Nf 00221	18/03/X10	500.000	Nf 00221	22/4/X10	342.000
Nf 00145	20/1/X10	130.000	Testado	22%	3.030.000	Nf 00241	19/03/X10	120.000	Nf 00241	22/4/X10	120.000
Nf 00151	21/1/X10	200.000	Não testado	78%	10.370.000	Nf 00242	22/03/X10	140.000	Nf 00242	23/4/X10	140.000
Nf 00163	28/1/X10	185.000	Total	**DR1**	13.400.000	Nf 00244	24/03/X10	890.000	Nf 00244	24/4/X10	206.000
Testado	30%	3.565.000			s	Nf 00245	25/03/X10	213.000	Nf 00245	24/4/X10	111.000
Não testado	70%	8.435.000				Nf 00250	30/03/X10	212.000	Nf 00246	26/4/X10	311.000
Total	**DR1**	12.000.000				Testado	30%	3.835.000	Testado	25%	3.471.000
		s				Não testado	70%	8.665.000	Não testado	75%	10.529.000
						Total	**DR1**	12.500.000	Total	**DR1**	14.000.000
								s			s

τ – Conferi os preços unitários com tabelas de preços em vigor em cada mês

Notas: 1. Seleção aleatória de NF efetuada com base no Excel®.
2. Verifiquei a aprovação dos créditos.
3. Confrontei as notas fiscais com os pedidos de vendas.

DR1.2 – Resultado
3/3/X11
P. Lins

Dunas S.A.
31/12/X10

Receita Bruta – maio – ago.

τ Maio	Data	Valor	τ Jun.	Data	Valor	τ Jul.	Data	Valor	τ Ago.	Data	Valor
Nf 00248	2/5/X10	200.000	Nf 00277	6/6/X10	1.400.000	Nf 00300	05/7/X10	710.000	Nf 00333	1º/8/X10	100.000
Nf 00249	2/5/X10	2.780.000	Nf 00278	16/6/X10	450.000	Nf 00301	15/7/X10	300.000	Nf 00339	2/8/X10	200.000
Nf 00251	7/5/X10	178.000	Nf 00279	17/6/X10	340.000	Nf 00303	16/7/X10	120.000	Nf 00340	3/8/X10	320.000
Nf 00252	7/5/X10	300.000	Nf 00281	26/6/X10	170.000	Nf 00304	17/7/X10	400.000	Nf 00341	10/8/X10	400.000
Nf 00257	17/5/X10	110.000	Nf 00282	26/6/X10	300.000	Nf 00305	20/7/X10	230.000	Nf 00342	11/8/X10	340.000
Nf 00262	18/5/X10	300.000	Nf 00284	28/6/X10	430.000	Nf 00311	20/7/X10	500.000	Nf 00344	12/8/X10	300.000
Nf 00270	21/5/X10	200.000	Nf 00289	29/6/X10	123.000	Nf 00312	22/7/X10	120.000	Nf 00345	13/8/X10	430.000
Nf 00272	23/5/X10	190.000	Nf 00292	30/6/X10	200.000	Nf 00313	23/7/X10	140.000	Nf 00346	15/8/X10	800.000
Nf 00274	27/5/X10	250.000	Nf 00293	30/6/X10	300.000	Nf 00322	25/7/X10	890.000	Nf 00347	17/8/X10	400.000
Testado	32%	4.508.000	Nf 00299	31/6/X10	130.000	Nf 00327	30/07/X10	213.000	Nf 00349	18/8/X10	124.000
Não testado	68%	9.592.000	Testado	27%	3.843.000	Nf 00330	31/07/X10	212.000	Nf 00350	19/8/X10	300.000
Total	**DR1**	14.100.000	Não testado	73%	10.562.000	Testado	25%	3.835.000	Nf 00352	21/8/X10	310.000
		s	Total	**DR1**	14.405.000	Não testado	75%	11.365.000	Nf 00355	30/8/X10	125.000
					s	Total	**DR1**	15.200.000	Testado	26%	4.149.000
								s	Não testado	74%	11.851.000
									Total	**DR1**	
											16.000.000
											s

τ – conferi os preços unitários com tabelas de preços em vigor em cada mês

Notas: 1. Seleção aleatória de NF efetuada com base no Excel®.
2. Verifiquei a aprovação dos créditos.
3. Confrontei as notas fiscais com os pedidos de vendas.

DR1.3 – Resultado
3/3/X11
P. Lins

Dunas S.A.
31/12/X10

Receita bruta – set. – dez.

Set.	Data	Valor	Out.	Data	Valor	Nov.	Data	Valor	Dez.	Data	Valor
Nf 00357	4/9/X10	900.000	Nf 00377	6/10/X10	400.000	Nf 00410	5/11/X10	210.000	Nf 00252	10/12/X10	100.000
Nf 00357	12/9/X10	590.000	Nf 00389	20/10/X10	500.000	Nf 00410	6/11/X10	300.000	Nf 00253	10/12/X10	1.000.000
Nf 00358	13/9/X10	102.000	Nf 00391	21/10/X10	1.590.000	Nf 00410	15/11/X10	200.000	Nf 00255	10/12/X10	220.000
Nf 00359	14/9/X10	200.000	Nf 00392	22/10/X10	300.000	Nf 00410	15/11/X10	321.000	Nf 00259	10/12/X10	600.000
Nf 00364	14/9/X10	400.000	Nf 00398	26/10/X10	280.000	Nf 00410	17/11/X10	453.000	Nf 00261	10/12/X10	321.000
Nf 00365	15/9/X10	124.000	Nf 00400	26/10/X10	230.000	Nf 00410	22/11/X10	900.000	Nf 00266	10/12/X10	342.000
Nf 00366	16/9/X10	143.200	Nf 00401	28/10/X10	500.000	Nf 00410	23/11/X10	300.000	Nf 00268	10/12/X10	120.000
Nf 00367	18/9/X10	210.000	Nf 00402	29/10/X10	278.000	Nf 00410	24/11/X10	145.000	Nf 00269	10/12/X10	140.000
Nf 00368	18/9/X10	190.000	Nf 00403	30/10/X10	320.000	Nf 00410	25/11/X10	700.200	Nf 00275	10/12/X10	206.000
Nf 00370	20/9/X10	200.000	Nf 00404	30/10/X10	300.000	Nf 00410	26/11/X10	230.000	Nf 00277	10/12/X10	206.000
Nf 00371	24/9/X10	300.500	Testado	26%	4.698.000	Nf 00410	26/11/X10	600.000	Nf 00289	10/12/X10	206.000
Nf 00376	25/9/X10	1.200.000	Não testado	74%	13.302.000	Nf 00250	30/11/X10	300.000	Nf 00290	10/12/X10	206.000
Testado	26%	4.559.700	Total	**DR1**	18.000.000	Testado	21%	4.659.200	Nf 00292	10/12/X10	111.000
Não testado	74%	13.240.300				Não testado	79%	17.340.800	Testado	20%	3.778.000
Total	**DR1**	17.800.000				Total	DR1	22.000.000	Não testado	80%	18.722.000
		s						s	Total	**DR1**	22.500.000
											s

τ – conferi os preços unitários com tabelas de preços em vigor em cada mês

Notas: 1. Seleção aleatória de NF efetuada com base no Excel®.
2. Verifiquei a aprovação dos créditos.
3. Confrontei as notas fiscais com os pedidos de vendas.

DR2 – Resultado
02/03/X11
P. Lins

Dunas S.A.
31/12/X10
CMV

	τ	τ	τ	τ	τ	τ	τ	τ	τ	τ	τ	τ	τ	
Descrição	Jan.	Fev.	Mar.	Abr.	Maio	Jun.	Jul.	Ago.	Set.	Out.	Nov.	Dez.	Total	
MAT	3.000.000	3.500.000	3.600.000	2.560.000	4.610.000	4.030.000	4.900.000	4.200.000	4.900.000	5.030.000	5.390.000	5.400.000	51.120.000	❶
MOD	450.000	478.000	520.000	500.000	510.000	480.000	498.000	540.000	520.000	520.000	599.000	601.000	6.216.000	§
CIF	7.000.000	7.100.000	7.100.300	7.100.200	7.140.000	7.145.300	7.100.000	7.105.000	7.103.000	7.100.300	7.100.500	7.100.400	85.195.000	
CPP	10.450.000	11.078.000	11.220.300	10.160.200	12.260.000	11.655.300	12.498.000	11.845.000	12.523.000	12.650.300	13.089.500	13.101.400	142.531.000	
(+) Est. inicial	210.000	3.344.000	3.323.400	2.692.872	2.235.244	3.678.000	2.680.719	3.999.360	2.961.250	2.629.830	2.656.563	3.141.480	33.552.718	
(–) Est. final	– 3.344.000	– 3.323.400	– 2.692.872	– 2.235.244	– 3.678.000	– 2.680.719	– 3.999.360	– 2.961.250	– 2.629.830	– 2.656.563	– 3.141.480	– 5.502.588	– 38.845.306	∂
CMV	7.316.000	11.098.600	11.850.828	10.617.828	10.817.244	12.652.581	11.179.359	12.883.110	12.854.420	12.623.567	12.604.583	10.740.292	137.238.412	DR
	s	s	s	s	s	s	s	s	s	s	s	s	s	

Notas:

1. CPP = Custo de produção do período
2. Matéria-prima consumida:

Estoque inicial	12.500.000	¥
(+) Compras	61.200.000	t / #
(–) Estoque final	– 22.580.000	∂
Mat. consumida	51.120.000	❶
	s	

τ – confere com razão

§ – confrontei com a folha de pagamento

∂ – confere com balanço

¥ – confere com nossos WPs anteriores

– comparei as compras mensais com a conta fornecedores, não encontrando discrepâncias. Conferi os cálculos dos impostos.

DR3 – Resultado
3/3/X11
P. Lins

Dunas S.A.
31/12/X10
Despesas operacionais

	τ	τ	τ	τ	τ	τ	τ	τ	τ	τ	τ	τ		
Descrição	Jan.	Fev.	Mar.	Abr.	Maio	Jun.	Jul.	Ago.	Set.	Out.	Nov.	Dez.	Total	
De vendas	300.000	268.000	312.500	210.000	352.500	288.100	288.800	240.000	400.500	450.000	473.000	461.250	4.044.650	**DR3.1**
Administrativas	112.500	119.500	119.600	112.500	127.500	110.400	94.620	135.000	117.000	130.000	128.785	135.225	1.442.630	**DR3.2**
Financeiras	7.000	5.000	6.500	8.600	8.900	6.000	5.900	6.700	8.060	6.700	7.890	7.900	85.150	§
Total	419.500	392.500	438.600	331.100	488.900	404.500	389.320	381.700	525.560	586.700	609.675	604.375	5.572.430	**DR**
	s	s	s	s	s	s	s	s	s	s	s	s	s	

§ – imaterial para análise

τ– confere com Razão

DR3.1 – Resultado
03/03/X11
P. Lins

Dunas S.A.
31/12/X10
Despesas de vendas

Descrição	31/12/X09	31/12/X10	Ref.	Ajustes D	Ajustes C	31/12/X10
	§	τ				
Salários e encargos	790.020	828.022	∂			828.022
Comissões sobre vendas	789.534	984.052	❶			984.052
Viagens	121.060	163.700				163.700
Fretes	54.000	98.010				98.010
Propaganda	1.100.000	1.700.000	¥			1.700.000
Outros	176.050	270.866				270.866
	3.030.664	4.044.650	DR3			4.044.650
	s	s				s

Nota:

Comissão de vendas:

Receita de vendas	163.708.250	
Percentual médio	× 0,6%	
Comissão	982.250	
Valor lançado	984.052	❶
Diferença imaterial	1.803	

τ – confere com Razão

§ – confere com nos WPs anteriores

∂ – confrontei com a folha de pagamento

¥ – verifiquei documentação suporte

DR3.2 – Resultado
3/3/X11
P. Lins

Dunas S.A.
31/12/X10
Despesas administrativas

Descrição	31/12/X09	31/12/X10	Ref.	Ajustes D	Ajustes C	31/12/X10
	§	τ		D	C	
Salários e encargos	198.000	231.000	∂			231.000
Honorários diretoria	445.000	551.000	∂			551.000
Energia	56.050	67.002				67.002
Seguros	199.763	260.626	√			260.626
Depreciação	118.030	122.002	¥			122.002
Auditoria	137.600	168.000				168.000
Outros	56.080	43.000				43.000
	1.210.523	1.442.630	DR3			1.442.630
	s	s				s

τ – confere com Razão
§ – confere com nossos WPs anteriores
∂ – confrontei com a folha de pagamento
¥ – verifiquei cálculos e confrontei com o imobilizado
√ – verifiquei apólices e coberturas, estando todas adequadas

3.5 Procedimentos de auditoria: demonstração do fluxo de caixa, demonstração do resultado abrangente e demonstração do valor adicionado

A demonstração do fluxo de caixa (DFC), a demonstração do resultado abrangente (DRA) e a demonstração do valor adicionado (DVA) são as demonstrações mais recentes a compor as demonstrações contábeis obrigatórias.

Conforme a DRE, as composições da DFC, da DRA e da DVA foram vistas na Parte I deste livro. Nesse sentido, serão abordados apenas os procedimentos de auditoria.

3.5.1 Procedimentos de auditoria – DFC

A demonstração do fluxo de caixa publicada pelas empresas utiliza-se do método indireto. Esse método, conforme já descrito na Parte I, considera o lucro líquido do exercício e efetua a soma ou diminuição das variações ocorridas nas contas que afetam direta ou indiretamente o caixa de forma a evidenciar, na última linha, o saldo das disponibilidades do exercício sob análise ou a variação ocorrida de um ano para o outro nas disponibilidades imediatas da empresa.

Nesse sentido, a auditoria da DFC consiste basicamente em verificar os ajustes no lucro líquido dos valores que estão considerados dentro do lucro líquido e que não afetam as disponibilidades e, em seguida, cruzar as variações nas contas patrimoniais que afetam o caixa das demonstrações contábeis do ano em curso e do anterior.

a) Exemplo de programa de auditoria resumido – DFC

Área: Demonstração do fluxo de caixa

Cliente: Dunas S.A.
Data: 31/12/X10

Objetivos do exame:

a) assegurar que os valores considerados na DFC são pertinentes e demonstram corretamente a variação das disponibilidades da empresa no período;
b) assegurar que todos os valores estão devidamente contabilizados.

Análise:

Descrição	WP	Visto
Obtenha a DFC e elabore um WP.		
Quando aplicável, cruze todos os valores com o balanço e DRE.		
Cruze as variações entre os balanços atual e do ano anterior.		
Certifique-se de que todos os valores estão devidamente contabilizados e registrados no razão.		
Investigue quaisquer variações significativas ocorridas de um ano para o outro e que afetem a DFC.		

b) Exemplo de WP[7] – demonstração do fluxo de caixa

Dunas S.A.
31/12/X10

FC – Fluxo de caixa
5/3/X11
P. Lins

Descrição	Fluxo de caixa § 31/12/X09	t 31/12/X10	Ref.	Ajustes D	Ajustes C	31/12/X10
Fluxo de caixa das operações:						
Lucro líquido	19.890	21.279	DR			21.279
Ajustes:						
Resultado de participações societárias	- 201	- 261	J1			- 261
Depreciação, amortização e exaustão	753	879	M1			879
Variações cambiais líquidas	- 56	- 78				- 78
Outros	24	124				124
	20.410	21.943				21.943
Redução (aumento) ativos:						
Clientes	1.721	2.872				2.872
Estoques	- 650	- 901	E1			- 901
Outros	- 201	- 355				- 355
	870	1.616				1.616
Aumento (redução) passivos:						
Fornecedores	654	836				836
Salários e encargos	55	67				67
Tributos e contribuições	121	231				231
Outros	- 321	- 214				– 214
	509	920				920
Recursos líquidos operacionais	21.789	24.479				24.479
Fluxo de caixa investimentos:						
Investimentos a curto prazo	- 5.007	- 14.180				- 14.180
Adições no imobilizado	- 16.703	- 19.024	M1			- 19.024
Recursos de investimentos	- 21.710	- 33.204				- 33.204
Fluxo de caixa financiamentos:						
Empréstimos captados a longo prazo	1.273	2.975				2.975
Aumento de capital	9.750	19.434	PL1			19.434
Recursos de financiamentos	11.023	22.409				22.409
Aumento (redução) no disponível	11.102	13.684				13.684
Saldo inicial disponível	8.030	19.132				19.132
Saldo final disponível	19.132	32.816	A			32.816
	s	s				s

§ - confere com nossos WPs anteriores

τ - confere com razão e/ou documentação suporte

[7] Conforme já comentado no primeiro WP, na Parte I deste livro, as referências com outros WPs não guardam necessariamente relação. São apenas ilustrações de que há a necessidade de se fazer tal cruzamento. Nesse sentido, tanto para a demonstração do fluxo de caixa quanto para a demonstração do valor adicionado, todas as referências pertinentes deverão ser efetuadas.

3.5.2 Procedimentos de auditoria – DRA

Conforme comentado no capítulo anterior, a Demonstração do Resultado Abrangente apresenta os resultados não realizados, ou seja, os ganhos e perdas futuros, mas ainda incertos.

A auditoria da DRA consiste basicamente no cruzamento do lucro com a demonstração do resultado do exercício e na verificação dos ajustes ao lucro líquido relativos aos ganhos e perdas não realizados.

a) Exemplo de programa de auditoria resumido – DRA

Área: Demonstração resultado abrangente

Cliente: Dunas S.A.

Data: 31/12/X10

Objetivos do exame:

a) assegurar que os valores considerados na DRA são pertinentes e demonstram corretamente os valores relativos a ganhos e perdas futuros e incertos no período;

b) certificar-se que todos os valores estão devidamente contabilizados.

Análise:

Descrição	WP	Visto
Obtenha a DRA e elabore um WP.		
Quando aplicável, cruze todos os valores com o balanço e DRE.		
Identifique as origens dos valores lançados como ajustes.		
Investigue quaisquer variações significativas ocorridas de um ano para o outro.		

b) Exemplo de WP – demonstração do resultado abrangente

			RA – Resultado Abrangente
			P. Lins
Dunas S/A			12/2/X11
31/12/X2			¥
		20X11	**20X10**
Lucro Líquido do Exercício	√	30.422	10.505
Ajustes acumulados em conversão de moedas	£	- 859	- 9.060
Ganhos e (perdas) não realizados em investimentos para venda	£	62	- 82
Total do resultado abrangente		29.625	1.363
Resultado abrangente atribuído aos acionistas não controladores		187	- 59
Resultado abrangente atribuído aos acionistas controladores		29.438	1.422
		s	s

√ Confere com o razão e DRE

£ Verifiquei cálculos e documentação suporte

¥ Confere com nossos WPs anteriores

3.5.3 Procedimentos de auditoria – DVA

Segundo o CPC 09, a Demonstração do Valor Adicionado apresenta o quanto a entidade agrega de valor aos insumos adquiridos de terceiros e que são vendidos ou consumidos durante determinado período. Para os investidores e outros usuários, essa demonstração proporciona o conhecimento de informações de natureza econômica e social e oferece a possibilidade de melhor avaliação das atividades da entidade dentro da sociedade na qual está inserida.

Assim como a auditoria da demonstração do fluxo de caixa, a auditoria da demonstração do valor adicionado também consiste em relacionar seus números com aqueles constantes na DRE e no balanço patrimonial.

a) Exemplo de programa de auditoria resumido – DVA

Área: Demonstração do valor adicionado

Cliente: Dunas S.A.

Data: 31/12/X10

Objetivos do exame:

a) assegurar que os valores lançados na DVA refletem adequadamente os valores gerados e distribuídos;

b) assegurar que todos os valores estão devidamente contabilizados.

Análise:

Descrição	WP	Visto
Obtenha a DVA e elabore um WP.		
Quando aplicável, cruze todos os valores com o balanço e DRE.		
Certifique-se de que todos os valores estão devidamente contabilizados e registrados no razão.		
Investigue quaisquer variações significativas ocorridas de um ano para o outro.		

b) Exemplo de WP – demonstração do valor adicionado

VA – valor adicionado
5/3/X11
P. Lins

Dunas S.A.
31/12/X10

Descrição	§ 31/12/X09	τ 31/12/X10	Ref.	Ajustes D	Ajustes C	31/12/X10
Geração do valor adicionado						
Receitas de produtos e serviços	19.890	21.279	DR			21.279
Outras receitas	23	101				101
PECLD	– 1.500	– 1.200	C1			– 1.200
(–) Serviços contratados	– 4.493	– 4.393				– 4.393
(–) Matéria-prima	– 5.972	– 7.800	E2			– 7.800
(–) Energia	– 210	– 299				– 2 99
Valor adicionado bruto	7.738	7.698				7.698
Depreciação, amortização e exaustão	– 753	– 879	M1			– 879
Valor adicionado líquido a distribuir	6.985	6.819				6.819
	s	s				s
Pessoal	890	901				901
Impostos, taxas e contribuições	1.002	1.055				1.055
Remuneração do capital de terceiros	2.100	2.200				2.200
Remuneração capital próprio	2.993	2.663				2.663
Distribuição do valor adicionado	6.985	6.819				6.819
	s	s				s

§ – confere com nossos WPs anteriores

τ – confere com Razão e/ou documentação suporte

Note que, sempre que possível, deve-se relacionar os valores tanto do fluxo de caixa quanto da DVA com os demais WPs. Quando não for possível, a documentação deverá ser examinada.

3.6 Procedimentos e testes de auditoria – eventos subsequentes

Os procedimentos de auditoria relativos a eventos subsequentes têm o objetivo principal de verificar a ocorrência de eventos contábeis ou extracontábeis ocorridos após o fechamento do balanço e que possam afetar de forma significativa ou tenham relação direta com as demonstrações contábeis auditadas. Por exemplo, verificam-se se todos os valores pagos ou recebidos nos primeiros meses do ano seguinte ao fechamento do balanço são do período em curso ou relativos ao ano anterior objeto da auditoria. Caso o fato gerador tenha ocorrido no ano da auditoria, é necessário verificar se haverá a necessidade de contabilização ou apenas o registro em notas explicativas. Mesmo para eventos ocorridos cujo fato gerador seja referente ao ano seguinte ao fechamento do balanço, é necessário avaliar se esse fato, de alguma forma, pode repercutir nas demonstrações contábeis auditadas e, portanto, passível de evidenciação.

Conforme CPC 24, evento subsequente ao período a que se referem as demonstrações contábeis é aquele evento, favorável ou desfavorável, que ocorre entre a data final do período a que se referem as demonstrações contábeis, ou seja, 31 de dezembro, e a data na qual é autorizada a emissão dessas demonstrações. Dois tipos de eventos podem ser identificados:

a) os que evidenciam condições que já existiam na data final do período a que se referem as demonstrações contábeis e que originam ajustes;

b) os que são indicadores de condições que surgiram subsequentemente ao período contábil a que se referem as demonstrações contábeis e que não originam ajustes.

Vejamos alguns exemplos:

1. Multa trabalhista

    a) data do balanço auditado – 31/12/X11;

    b) fato ocorrido – a empresa paga R$ 20.700.000 de multa trabalhista de uma ação iniciada no ano de X9, não registrada nos anos anteriores.

Nesse caso, haverá a necessidade de o auditor propor o ajuste, uma vez que, embora o fato gerador tenha ocorrido em ano anterior ao balanço ora fechado, a entidade já tinha a obrigação presente ao final daquele período contábil. O ajuste seria o seguinte:

D = Despesa com multas trabalhistas

C = Provisão para multas trabalhistas 20.700.000

2. Falência de cliente:
   a) data do balanço auditado – 31/12/X12
   b) fato ocorrido – um cliente tem sua falência decretada em 2/2/X13. Se já havia o registro da provisão para devedores duvidosos, deverá ocorrer a baixa da conta clientes.

Caso não haja a provisão, deverá ser baixado diretamente contra o resultado dentro do balanço auditado, uma vez que o fato gerador relacionava-se às vendas ocorridas no período auditado.

3. Acidente ambiental
   a) data do balanço auditado – 31/12/X11;
   b) em 12/01/X12, a empresa envolve-se em um acidente com o derramamento de 10 milhões de litros de óleo diesel em um rio. Por esse fato, a empresa é multada em R$ 50.000.000.

Não há contabilização (provisionamento) desse evento nas demonstrações auditadas (31/12/X11), uma vez que se trata de um fato ocorrido no exercício seguinte.

Entretanto, considerando o valor como material e que pode afetar a continuidade da empresa, esse fato deverá ser evidenciado tanto em nota explicativa quanto no relatório da auditoria, através de parágrafo de ênfase.[8]

Se o valor for apenas material e não afetar a continuidade da empresa auditada, será evidenciado apenas em notas explicativas.

4. Declínio do valor de ativos
   a) data do balanço auditado – 31/12/X14;

---

[8] *Vide* Capítulo 5 sobre relatórios.

b) em 10/02/X15, a empresa constata uma redução relevante do valor de seus investimentos decorrente de novas condições de mercado inexistentes no período auditado.

Nesse caso, também não há registro contábil. Entretanto, se a não divulgação desse evento puder influenciar decisões econômicas dos usuários das demonstrações contábeis, a entidade deve divulgar em nota explicativa:

- a natureza do evento; e
- a estimativa de seu efeito financeiro ou uma declaração de que tal procedimento não pode ser feito.

3.6.1 Procedimentos de auditoria – eventos subsequentes

Os procedimentos de auditoria para a área de eventos subsequentes consistem em analisar fatos ocorridos e documentos, notadamente os extratos bancários, para verificar a ocorrência de pagamentos ou recebimentos relativos a fatos contábeis do período auditado e que não estejam devidamente evidenciados, seja por contabilização, seja por evidenciação em nota explicativa.

O WP relativo à área eventos subsequentes tem características específicas diferentes dos demais. Na verdade, trata-se de um WP descritivo, apresentando características iguais aos demais WPs apenas quando são detectados eventos passíveis de contabilização ou evidenciação em notas explicativas.

São exemplos de eventos que precisam ser analisados e, se for o caso, evidenciados e/ou contabilizados, no caso de relevância:

- pagamentos ou recebimentos;
- devoluções e abatimentos de vendas;
- falência de clientes importantes;
- cancelamento de contratos importantes;
- processos judiciais em andamento.

a) Exemplo de programa de auditoria resumido – eventos subsequentes

Área: Eventos subsequentes

Cliente: Dunas S.A.

Data: 31/12/X10

Objetivos do exame:

a) assegurar que todos os fatos e valores relevantes relativos ao período sob análise estão devidamente contabilizados ou evidenciados em notas explicativas;

b) certificar-se de que todas as informações importantes sobre as demonstrações contábeis ocorridas entre o período de fechamento do balanço (31/12) e o encerramento dos trabalhos de campo foram verificadas;

c) assegurar que o regime de competência foi devidamente cumprido e está uniforme com os anos anteriores.

Análise:

Descrição	WP	Visto
Elabore um WP descrevendo de forma resumida os procedimentos efetuados para assegurar o cumprimento dos objetivos do exame.		
Converse com o *controller* e com o diretor financeiro e verifique possíveis situações novas ou fatos contábeis ocorridos entre o fechamento das DC e o final do trabalho de campo que possam afetá-las.		
Verifique as atas das reuniões de diretoria, do conselho de administração e das assembleias e verifique decisões que possam afetar as DCs.		
Obtenha os extratos bancários de todos os bancos após a data do fechamento e até o final dos trabalhos de campo e verifique os pagamentos e recebimentos, evidenciando possíveis anormalidades.		
Obtenha o razão dos estoques e verifique compras e devoluções anormais.		
Obtenha o razão de receita de vendas e verifique vendas, devoluções ou abatimentos anormais.		

b) Exemplo de WP – eventos subsequentes

ES – Eventos subsequentes
P. Lins
4/3/X11

Dunas S.A.
31/12/X10

Descrição:

a) em conversa com o diretor financeiro, não foi constatado nenhum tipo de fato contábil relevante que pudesse refletir nas DCs;
b) a circularização dos advogados da empresa não constatou processos judiciais que demandem contingências futuras relevantes;
c) os razões dos estoques e da receita de vendas não apresentaram anormalidades;
d) nos extratos bancários, foi constado o pagamento de uma multa fiscal no valor de R$ 834.340 não provisionada. Portanto, proponho o seguinte ajuste dentro do período sob análise:

D = Multas fiscais
C = Provisão para multas fiscais 834.340

Nota

Pastas de trabalho

Em geral, a auditoria utiliza-se de duas pastas: uma de material permanente, que fica no escritório, e outra de campo, que fica no cliente/auditado. A pasta permanente é composta normalmente pelas demonstrações contábeis entregues pelo cliente, atas de reuniões do conselho de administração, carta de responsabilidade da administração e quaisquer outros documentos referentes à auditoria que não devam e/ou necessitem transitar junto com os auditores nas dependências do cliente.

As pastas de campo são aquelas inerentes ao trabalho nas áreas que está sendo executado no cliente. São basicamente os WPs e os documentos que suportam as afirmações contidas nos mesmos. Após o término dos trabalhos, essas pastas são arquivadas em local apropriado e mantidas sob sigilo.

Atualmente, as empresas de auditoria usam sistemas de processamento eletrônico de dados (PED) nos quais são mantidos em rede todos os WPs e documentos inerentes ao trabalho e que possam estar digitalizados. Os documentos recebidos do cliente ficam nas pastas permanentes. Após o encerramento dos trabalhos e publicação do relatório, o acesso ao cliente via rede fica restrito, não existindo mais as pastas de trabalho.

Estudo de caso

Considere o balanço patrimonial abaixo. Nos exercícios da Parte I do livro foram elaborados os programas e WPs do ativo e passivo circulante. Agora, utilizando o mesmo Balanço Patrimonial, elabore os programas de trabalho e os WPs do ativo e passivo não circulantes, bem como do patrimônio líquido.

Cia. Global S.A. 31/12/X11					
	Ativo		**Passivo**		
	31/12/X10	**31/12/X11**		**31/12/X10**	**31/12/X11**
Circulante			**Circulante**		
Disponibilidades	4.578	5.210	Fornecedores	74.500	90.970
Aplicações financeiras	890	1.010	Salários e encargos	10.900	12.760
			Impostos a recolher	8.600	9.901
Clientes	22.567	24.878			
Estoques	187.901	186.900			
	215.936	**217.998**		**94.000**	**113.631**
Não circulante			**Não circulante**		
Empréstimos	47.250	53.250	Financiamentos	**25.800**	**35.030**
Depósitos judiciais	3.700	2.400			
Investimentos	56.000	68.700	**Patrimônio líquido**		
Intangível	10.050	7.108	Capital	180.000	180.000
Imobilizado	84.070	87.540	Reserva de lucros	117.206	117.206
	201.070	**218.998**	Prejuízo		(8.871)
				297.206	**288.335**
Total	**417.006**	**436.996**		**417.006**	**436.996**

Informações adicionais:

Ativo não circulante

a) Empréstimos

Os empréstimos classificados no não circulante são oriundos das relações entre as partes relacionadas da empresa. A taxa de juros de 3% ao mês está de acordo com as praticadas pelo mercado. A empresa possui duas controladas com os seguintes saldos em 31/12/X10:

Cia. Uno R$ 27.250

Cia. Duo R$ 20.000

Em 27/12/X11, foram recebidos da Cia. Uno R$ 14.117. Não houve outros recebimentos no período. Os juros recebidos no período totalizam R$ 20.117, relativos às duas companhias. Deste total, R$ 8.449 referem-se à empresa Duo.

b) Depósitos judiciais

A conta depósitos judiciais é composta por diversas ações trabalhistas. Conforme circularização do escritório de advocacia que assessora a empresa, há grandes possibilidades de sucesso nas ações. Alegou-se, inclusive, que durante o ano de X11 já ganharam duas dessas ações, sendo baixado o valor de R$ 1.300.

c) Investimentos

Conforme já descrito no item *a* acima, a empresa possui duas controladas. As informações sobre os investimentos permanentes são as seguintes:

Controladas	Patrimônio Líquido em 31/12/X10 (R$)	Dividendos Pagos (R$)	Resultado em X11 (R$)	Patrimônio Líquido ajustado em 31/12/X11 (R$)	Participação (%)
Cia. Uno	75.320	- 2.100	5.211	78.431	51
Cia. Duo	53.250	- 120	2.062	55.192	52

d) Intangível

A conta intangível é formada por uma patente adquirida em 10/1/X10 com vida útil estimada inicialmente em 10 anos. Entretanto, em X11, em função de demandas de mercado, concluiu-se que o valor da patente seria de R$ 7.108.

e) Imobilizado

O quadro abaixo apresenta o saldo inicial e o percentual de depreciação utilizado no ano em curso após avaliação da vida útil dos bens.

Descrição	Saldo inicial (R$)	% anual de depreciação
Máquinas e equipamentos	54.540	12,5
Instalações	30.600	12
Veículos	35.700	24,5
Subtotal	120.840	
Depreciação acumulada	(36.770)	
Saldo final	84.070	

Não houve baixas no período e as aquisições ocorridas em 20/12/X11 foram exclusivamente à conta instalações, no valor de R$ 22.706.

Passivo não circulante

f) Financiamentos

Conforme o contrato, a taxa de juros foi de 2,58% ao mês. Não houve amortização no período. A circularização do banco Pará devidamente arquivada na área disponível indicou o valor de R$35.025. Ao ser indagado pelo auditor, o contador confirmou o erro e procederá ao ajuste proposto pela auditoria.

Patrimônio líquido

g) Na análise da DMPL, foram extraídas as seguintes informações:

	Capital social	Expansão/ investimentos	Legal	Destinação lucros	Total
Em 31 de dezembro de X10	180.000	115.426	1.780	0	297.206
Prejuízo líquido do exercício				- 8.871	- 8.871
Em 31 de dezembro de X11	180.000	115.426	1.780	- 8.871	288.335

4

PLANEJAMENTO DE AUDITORIA

Objetivos do capítulo

Todo trabalho da auditoria externa é precedido de um rigoroso processo de planejamento, de forma que todo trabalho possa ser devida e previamente avaliado com o intuito de evitar possíveis problemas durante o trabalho de campo. Nesse sentido, o objetivo deste capítulo é apresentar os principais aspectos relativos ao planejamento da auditoria.

4.1 Planejamento de auditoria

Conforme visto na Figura 2.1, no Capítulo 2 deste livro, o planejamento de auditoria compreende três partes principais:

- avaliação dos controles internos (CI) e sistema de informações (SI);
- revisão analítica;
- avaliação dos riscos da auditoria.

Planejamento da auditoria propriamente dito é um processo de avaliação que se inicia após a contratação dos serviços e vai geralmente até pouco antes do início dos trabalhos de campo.

Conforme a NBC TA – 210, os termos do trabalho de auditoria estabelecidos devem ser formalizados na carta de contratação de auditoria ou outra forma adequada de acordo por escrito que devem incluir:

a) o objetivo e o alcance da auditoria das demonstrações contábeis;
b) as responsabilidades do auditor;
c) as responsabilidades da administração;
d) a identificação da estrutura de relatório financeiro aplicável para a elaboração das demonstrações contábeis; e
e) referência à forma e ao conteúdo esperados de quaisquer relatórios a serem emitidos pelo auditor e uma declaração de que existem circunstâncias em que um relatório pode ter forma e conteúdo diferentes do esperado.

O planejamento da auditoria é a etapa do trabalho na qual o auditor independente estabelece a estratégia geral dos trabalhos a executar na entidade a ser auditada, elaborando-o a partir da contratação dos serviços, estabelecendo o alcance, a época e a direção da auditoria, para orientar o desenvolvimento do plano de auditoria de modo que possa desempenhar um trabalho eficiente e eficaz.

Nesta etapa devem ser levantadas as informações necessárias para conhecer o tipo de atividade da entidade auditada, suas peculiaridades e complexidades, práticas operacionais, legislações aplicáveis, confiança nos controles internos e sistema de informações. Para tanto, devem ser obtidos e examinados os relatórios de auditorias anteriores, bem como quaisquer outras fontes, de forma a determinar a natureza e a complexidade do trabalho a ser executado.

Nesse sentido, o auditor deve documentar a estratégia global da auditoria, o plano de auditoria e as eventuais alterações significativas ocorridas na estratégia global de auditoria ou no plano de auditoria durante o trabalho de auditoria, e as razões dessas alterações.

O objetivo precípuo do planejamento é determinar os riscos da auditoria e a extensão dos exames a serem efetuados no campo. O grau de confiança nos controles internos e sistema de informação será o pilar de todo o trabalho de campo. Erros ou omissões cometidos nessa fase podem acarretar sérias consequências nos trabalhos e nos resultados da auditoria.

Nota

1. O planejamento de auditoria envolve a definição de estratégia global para o trabalho e o desenvolvimento de plano de auditoria. Um planejamento adequado é benéfico para a auditoria das demonstrações contábeis de várias maneiras, inclusive para:
   - auxiliar o auditor a dedicar atenção adequada às áreas importantes da auditoria;
   - auxiliar o auditor a identificar e resolver tempestivamente problemas potenciais;
   - auxiliar o auditor a organizar adequadamente o trabalho de auditoria para que seja realizado de forma eficaz e eficiente;
   - auxiliar na seleção dos membros da equipe de trabalho com níveis adequados de capacidade e competência para responderem aos riscos esperados e na alocação adequada de tarefas;
   - facilitar a direção e a supervisão dos membros da equipe de trabalho e a revisão do seu trabalho;
   - auxiliar, se for o caso, na coordenação do trabalho realizado por outros auditores e especialistas.
2. Planejamento não é uma fase isolada da auditoria, mas um processo contínuo e iterativo, que muitas vezes começa logo após (ou em conexão com) a conclusão da auditoria anterior, continuando até a conclusão do trabalho de auditoria atual. Entretanto, o planejamento inclui a consideração da época de certas atividades e procedimentos de auditoria que devem ser concluídos antes da realização de procedimentos adicionais de auditoria. Por exemplo, o planejamento inclui a necessidade de considerar, antes da identificação e avaliação pelo auditor dos riscos de distorções relevantes, aspectos como:
   a) os procedimentos analíticos a serem aplicados como procedimentos de avaliação de risco;
   b) a obtenção de entendimento global da estrutura jurídica e o ambiente regulatório aplicável à entidade e como a entidade cumpre com os requerimentos dessa estrutura;
   c) a determinação da materialidade;
   d) o envolvimento de especialistas;
   e) a aplicação de outros procedimentos de avaliação de risco.

   O auditor pode optar por discutir esses elementos do planejamento com a administração da entidade, de forma a facilitar a condução e o gerenciamento do trabalho de auditoria (por exemplo, coordenar alguns dos procedimentos de auditoria planejados com o trabalho do pessoal da entidade). Apesar de normalmente essas discussões ocorrerem, a estratégia global de auditoria e o plano de auditoria continuam sendo de responsabilidade do auditor.

Fonte: NBC TA – 300.

O planejamento deve considerar todos os fatores relevantes na execução dos trabalhos, especialmente os seguintes:

a) o conhecimento detalhado das práticas contábeis adotadas pela entidade e as alterações procedidas em relação ao exercício anterior;
b) o conhecimento detalhado do sistema contábil e de controles internos da entidade e seu grau de confiabilidade;
c) os riscos de auditoria e identificação das áreas importantes da entidade, quer pelo volume de transações, quer pela complexidade de suas atividades;
d) a natureza, a oportunidade e a extensão dos procedimentos de auditoria a serem aplicados;
e) a existência de entidades associadas, filiais e partes relacionadas;
f) o uso dos trabalhos de outros auditores independentes, especialistas e auditores internos;
g) a natureza, o conteúdo e a oportunidade dos pareceres, relatórios e outros informes a serem entregues à entidade; e
h) a necessidade de atender a prazos estabelecidos por entidades reguladoras ou fiscalizadoras e para a entidade prestar informações aos demais usuários externos.

Nota

Um planejamento mal elaborado pode comprometer todo o trabalho da auditoria, em alguns casos, de forma irreversível e danosa para empresa de auditoria, notadamente quando se trata da avaliação dos riscos.

Outro ponto importante no planejamento da auditoria e relacionado diretamente com a continuidade da empresa auditada é o fato de o auditor avaliar as principais questões econômicas relativas direta ou indiretamente ao cliente e que possam vir a afetar suas decisões relativas ao planejamento, tais como:

- o nível geral da atividade econômica na área de atuação da entidade e fatores que podem influenciar seu desempenho, tais como níveis de inflação, crescimento, recessão, deflação, desemprego, situação política, entre outros;

- as taxas de juros e as condições de financiamento;
- as políticas governamentais, como monetária, fiscal, cambial e tarifas para importação e exportação; e
- o controle sobre capitais externos.

A realização de uma primeira auditoria numa entidade requer alguns cuidados especiais da parte do auditor independente, podendo ocorrer duas situações básicas:

i) as demonstrações contábeis do período anterior não foram auditadas;
ii) as demonstrações contábeis do período anterior foram auditadas por auditor independente antecessor.

Nestes casos, conforme a NBC TA 510, ao conduzir um trabalho de auditoria inicial, o objetivo do auditor com relação a saldos iniciais é obter evidência de auditoria apropriada e suficiente sobre se:

a) os saldos iniciais contêm distorções que afetam de forma relevante as demonstrações contábeis do período corrente; e
b) as adequadas políticas contábeis refletidas nos saldos iniciais foram aplicadas de maneira uniforme nas demonstrações contábeis do período corrente, ou as mudanças nessas políticas contábeis estão devidamente registradas e adequadamente apresentadas e divulgadas de acordo com a estrutura de relatório financeiro aplicável.

Se o auditor não conseguir obter evidência de auditoria apropriada e suficiente com relação aos saldos iniciais, ele deve expressar a opinião com ressalva ou abstenção de opinião sobre as demonstrações contábeis. Se, por outro lado, o auditor concluir que os saldos iniciais contêm distorção que afeta de forma relevante as demonstrações contábeis do período corrente e se o efeito da distorção não é devidamente registrado ou adequadamente apresentado ou divulgado, o auditor deve também expressar a opinião com ressalva ou opinião adversa, conforme o mais apropriado.

Nota

Em decorrência de imprevistos, mudanças nas condições ou na evidência de auditoria obtida na aplicação de procedimentos de auditoria, o auditor pode ter que modificar a estratégia global e o plano de auditoria e, portanto, a natureza, a época e a extensão dos procedimentos adicionais de auditoria planejados, considerando a revisão dos riscos avaliados. Pode ser o caso de informação identificada pelo auditor que difere significativamente da informação disponível quando o auditor planejou os procedimentos de auditoria. Por exemplo, evidência de auditoria obtida por meio da aplicação de procedimentos substantivos pode ser contraditória à evidência de auditoria obtida por meio de testes de controle.

Fonte: NBC TA – 300.

4.1.1 Avaliação dos controles internos e sistema de informação

A avaliação do grau de confiabilidade nos controles internos (CI) e no sistema de informações (SI) é uma fase crucial do planejamento da auditoria e irá determinar inclusive a aceitação ou não do serviço, bem como o escopo, extensão e procedimentos dos trabalhos a serem executados.

Caso os controles internos e o sistema de informação não atendam aos requisitos mínimos de eficiência e eficácia, notadamente o primeiro, o auditor responsável pela auditoria pode considerar a possibilidade de não prosseguir com o trabalho em razão dos riscos inerentes à auditoria, uma vez que todo trabalho de campo é determinado com base na confiança nos CI e SI. Ressalte-se que falhas e erros nessa avaliação repercutem diretamente nos resultados do trabalho do auditor.

O sistema contábil e de controles internos compreendem os procedimentos adotados pela entidade na proteção do seu patrimônio, promoção da confiabilidade e tempestividade dos seus registros e demonstrações contábeis, e da sua eficácia operacional.

Cabe ressaltar que os CI e SI são de responsabilidade da administração da entidade; porém, o auditor, sempre que cabível, deve efetuar sugestões objetivas para seu aprimoramento, decorrentes de constatações feitas no decorrer do seu trabalho.

4.1.1.1 Controles internos

O controle interno pode ser definido como um processo integrado e operado pela empresa como um todo, com a intenção de fornecer razoável segurança tanto às atividades administrativas quanto às operacionais, de forma a diminuir as possibilidades de desvios de ativos, desobediência às normas internas, bem como de erros não intencionais. Pode ser dividido ainda nas seguintes categorias, conforme seu objetivo:

- confiabilidade das informações geradas;
- salvaguarda de ativos;
- observância (*compliance*) às leis e regulamentos aplicáveis;
- eficiência e eficácia das operações.

Nota

O COSO (Committee of Sponsoring Organization of the Treadway Commission) é uma instituição sem fins lucrativos formada por representantes da *American Accounting Association, American Institute of Certified Public Accountants, Financial Executives International, Institute of Management Accountants e* pelo *Institute of Internal Auditors*. Seu objetivo principal é apresentar um modelo conceitual para o gerenciamento de riscos corporativos, proporcionando as diretrizes para a evolução e o aprimoramento do gerenciamento de riscos e dos procedimentos para sua análise.

Segundo o COSO, controle interno é um processo conduzido pelo conselho de administração, pela administração e pelo corpo de empregados de uma organização, com a finalidade de possibilitar uma garantia razoável quanto à realização dos objetivos nas seguintes categorias:

- eficácia e eficiência das operações;
- confiabilidade das demonstrações financeiras;
- conformidade com leis e regulamentos cabíveis.

Fonte: COSO – Relatório de Gerenciamento de Riscos Corporativos – Estrutura Integrada.

Especificamente no trabalho da auditoria externa, os pontos que são mais afetos são a confiança nas informações geradas e a salvaguarda dos ativos. As demais categorias, não menos importantes, são relacionadas à auditoria interna, conforme visto na Parte I do livro.

Os CI possuem alguns tipos que se aplicam de forma generalizada a todas as empresas e que são denominados princípios básicos dos CI, dos quais se destacam:

a. A responsabilidade deve ser explicitamente determinada

Toda responsabilidade deve ser determinada de forma clara e objetiva. Assumida a responsabilidade por um determinado trabalho, área ou função, essa não pode ser repassada a terceiros. Por exemplo, é muito comum que o auditor externo utilize dos serviços da auditoria interna (devidamente acordado com a empresa), com intuito de diminuir o número de horas do trabalho e, consequentemente, os custos para o cliente. Entretanto, em caso de qualquer problema com os WPs elaborados pela auditoria interna e utilizados pelo auditor externo nos seus trabalhos, a responsabilidade total e irrestrita é do auditor externo.

b. Segregação de funções

A segregação de funções consiste em fazer com que nenhum funcionário da empresa detenha responsabilidade única sobre toda a rotina de um processo. Exemplo, um mesmo funcionário não pode autorizar o pagamento de um fornecedor e ainda assinar sozinho o cheque. Ou ainda o tesoureiro que efetua os pagamentos não pode ter acesso à contabilização.

c. Uso de confirmações extracontábeis

Outro CI clássico é a obtenção da confirmação de saldos através da contagem física. Esse procedimento possibilita o "batimento" entre o valor informado nos controles do cliente e repercutido no razão contra o valor constatado pela contagem. Um exemplo é o inventário físico (contagem física) dos bens da empresa efetuado, no mínimo, uma vez por ano.

> **Nota**
>
> Embora também seja um procedimento extracontábil, a confirmação de saldos com terceiros (circularização) é um procedimento de auditoria e não de controle interno propriamente dito, mesmo que possa ser utilizado pela auditoria interna.

d. Toda instrução deve ser feita por escrito

Todas as normas e determinações na empresa devem ser por escrito. Não existe determinação verbal. Todos os procedimentos relacionados principalmente com a salvaguarda dos ativos da empresa devem ser obrigatoriamente por escrito.

A avaliação dos controles internos pela auditoria externa deve, no mínimo, abordar os seguintes pontos, quando aplicáveis:

- as normas para a elaboração de demonstrações contábeis e quaisquer outros informes contábeis e administrativos, para fins internos ou externos;
- a elaboração, a revisão e a aprovação de conciliações de contas;
- a sistemática revisão da exatidão aritmética dos registros;
- a adoção de sistemas de informação computadorizados e os controles adotados na sua implantação, alteração, acesso a arquivos e geração de relatórios;
- os controles adotados sobre as contas que registram as principais transações da entidade;
- o sistema de aprovação e a guarda de documentos;
- a comparação de dados internos com fontes externas de informação;
- os procedimentos de inspeções físicas periódicas em ativos da entidade;
- a limitação do acesso físico a ativos e registros; e
- a comparação dos dados realizados com os dados projetados.

Auditoria × Consultoria

Os controles internos, por vezes, causam alguns conflitos entre os preceitos da auditoria e aqueles seguidos pela consultoria. A auditoria busca sempre controles mais rigorosos que possam reduzir de forma mais acentuada os riscos das atividades da empresa, garantindo a salvaguarda dos ativos e confiabilidade das informações, o que, de alguma forma, torna sempre o fluxo de informação/documentos mais burocrático e, consequentemente, lento. Por outro lado, a consultoria busca sempre a satisfação dos usuários da empresa tanto internos quanto externos. Uma forma de fazer isso é aumentando a agilidade do processo. Para tanto, quanto menos controles, mais rápido se torna o fluxo. Nesse momento, surge um possível conflito:

A auditoria busca maior controle e a consultoria, mais rapidez!

Considere o seguinte exemplo. Para executar um pagamento a vista ao fornecedor, é necessário percorrer as seguintes etapas:

a) recebimento do material, conferência e confirmação do recebimento pelo estoque;
b) envio de vias da nota fiscal para o contas a pagar e, posteriormente, para a tesouraria efetuar o pagamento;
c) obtenção da autorização do pagamento;
d) assinatura do cheque ou autorização de transferência bancária por, no mínimo, duas pessoas, por exemplo: o tesoureiro e o caixa;
e) envio para o banco efetuar o pagamento.

Problemas que podem acontecer durante esse processo e que podem atrasar o fluxo:

1) a nota fiscal demorou dois dias para ser atestada e mais um dia para chegar à tesouraria;
2) a autorização só foi obtida três dias depois;
3) o tesoureiro precisou ausentar-se dois dias na parte da manhã, quando os cheques são assinados ou as transferências autorizadas, o que acarretou, por conseguinte, o atraso de dois dias;
4) finalmente, foi enviado ao banco.

Para a consultoria, o processo mais eficaz poderia ser efetuado da seguinte forma:

a) recebimento do material, conferência e confirmação do recebimento pelo estoque;
b) como já está conferido e atestado o recebimento, envio direto para o banco programar o pagamento com débito na conta-corrente.

Note que, no primeiro caso, o processo é bem mais lento, porém bem mais seguro em função da aplicação do princípio do controle interno da segregação de função. No segundo caso, poderiam ocorrer desvios com a atestação de notas fiscais frias ou superfaturadas, uma vez que não teriam as demais conferências.

O controle interno deve ser suficiente para inibir erros e/ou fraudes, porém de maneira a não restringir de forma acentuada a agilidade do processo.

4.1.1.2 Sistema de informações

Os sistemas de processamento eletrônico de dados (PED) são atualmente uma ferramenta imprescindível na condução de quaisquer tipos de negócio. Todas as informações importantes, sejam administrativas ou operacionais e mesmo as informações de cunho confidencial, circulam em redes internas e externas. A segurança e a confiabilidade dessas informações é um ponto fundamental para as empresas e, por conseguinte, para a auditoria.

O nível de complexidade de um SI contábil para a auditoria externa vai depender de alguns fatores, dos quais se destacam:

- o volume de transações;
- o tipo de programa aplicativo utilizado, sua segurança, confiabilidade nos cálculos efetuados e relatórios gerados;
- a integração/interação entre os programas aplicativos;
- a disponibilidade de dados, tais como documentos-fonte, certos arquivos informatizados e outras documentações comprobatórias, necessários ao trabalho do auditor. Essa disponibilidade pode existir apenas por um curto período ou apenas em arquivo eletrônico;
- a capacidade da estrutura de PED da entidade para gerar relatório interno útil para o desenvolvimento de testes substantivos e outros procedimentos analíticos.

No planejamento da auditoria, a avaliação do SI vai determinar, junto com o CI, o nível de confiança nas informações geradas pelos relatórios contábeis, que por sua vez vai determinar o volume de testes substantivos que serão executados nos trabalhos de campo. Além disso, esta avaliação vai considerar também os riscos da auditoria.

São exemplos de situações que devem ser consideradas na avaliação dos SI em relação aos controles:

- segregação de funções deficiente (muitos controles exercidos pelo sistema de PED podem sobrepor os CI exercidos em diversas fases do processo);
- uniformidade das transações efetuadas;
- possíveis erros/falhas no desenvolvimento, manutenção e execução do PED, comprometendo a consistência e acuracidade das informações prestadas;
- fidelidade e segurança física das informações;
- segurança lógica e confidencialidade das informações.

4.1.1.3 Procedimentos de conhecimento das atividades do cliente

Para o bom andamento do processo de auditoria, no planejamento é fundamental conhecer como são executadas as principais atividades do cliente. Esse conhecimento possibilita detectar com antecedência possíveis áreas que necessitem de maior atenção durante os trabalhos de campo, principalmente por possíveis falhas nos controles internos ou nos sistemas de informações. Para tanto, são identificadas e descritas três grandes áreas ou fluxos de documentos:

- compras;
- vendas;
- folha de pagamento.

Note-se que essas áreas abrangem todas as grandes atividades operacionais da empresa. Sua análise possibilita compreender de forma clara todo processo operacional e ainda identificar possíveis falhas e pontos fortes nos controles internos e nos sistemas de informações.

A avaliação dessas três grandes áreas se processa inicialmente com a entrevista conduzida pelo auditor junto aos responsáveis de cada fase do fluxo de documentos na qual é obtida uma descrição detalhada de cada área envolvida no processo. Em seguida, o auditor irá percorrer todo o processo, selecionando documentos e confirmando ou não o que foi descrito pelo funcionário. Normalmente são utilizados fluxogramas para melhor visualização e entendimento do processo. A seguir, são apresentados exemplos simplificados.

Fluxo de compras

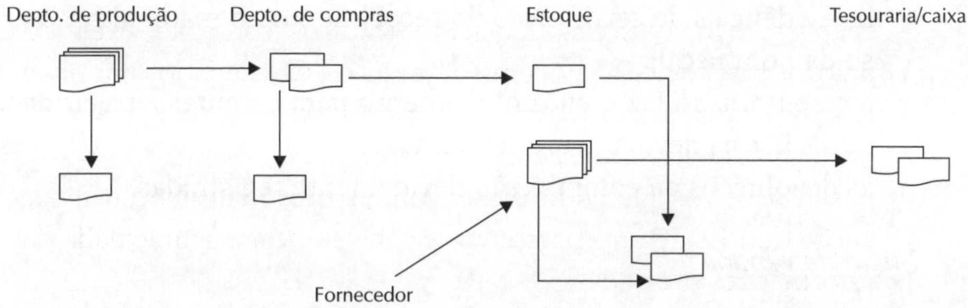

Descrição resumida do processo – compras

O departamento de produção solicita insumos através de um pedido de material (PM) em três vias. Uma das vias fica arquivada no departamento e as duas outras são encaminhadas ao departamento de compras. Com base no PM recebido, são efetuados os procedimentos relativos ao processo de compras, tais como consultar fornecedores cadastrados, enviar pedidos de cotação de preços, avaliar preço e qualidade etc. Autorizada a compra, o fornecedor selecionado entrega o produto junto com a nota fiscal (NF) no setor de estoque. O setor confronta a quantidade e especificações do PM com o contido na nota fiscal. Estando de acordo, é autorizado o recebimento e o setor arquiva o PM com uma via da NF e encaminha a outras vias da NF devidamente certificadas de que os produtos foram recebidos, para a tesouraria efetuar o pagamento ou agendar o pagamento para a data do vencimento junto ao setor de contas a pagar. Embora o processo descrito abranja todo o fluxo de documentos, ressalte-se que esta é uma descrição simplificada.

Ressalte-se que todo o processo anteriormente descrito pode e deve ser efetuado via sistema de informática.

Exemplos de pontos de controle interno no processo de compras:

- as compras só se iniciam com o PM;
- são efetuadas consultas ao cadastro de fornecedores para a cotação de preço;
- há evidências de autorização por escrito ou eletronicamente para a efetivação da compra;

- o setor de estoque confronta a quantidade e especificações do PM com o contido na nota fiscal;
- há evidências de certificação do recebimento do material no verso da nota fiscal;
- a tesouraria só faz o encaminhamento para o contas a pagar das notas fiscais devidamente certificadas;
- as devoluções de compras são devidamente registradas.

Fluxo de vendas

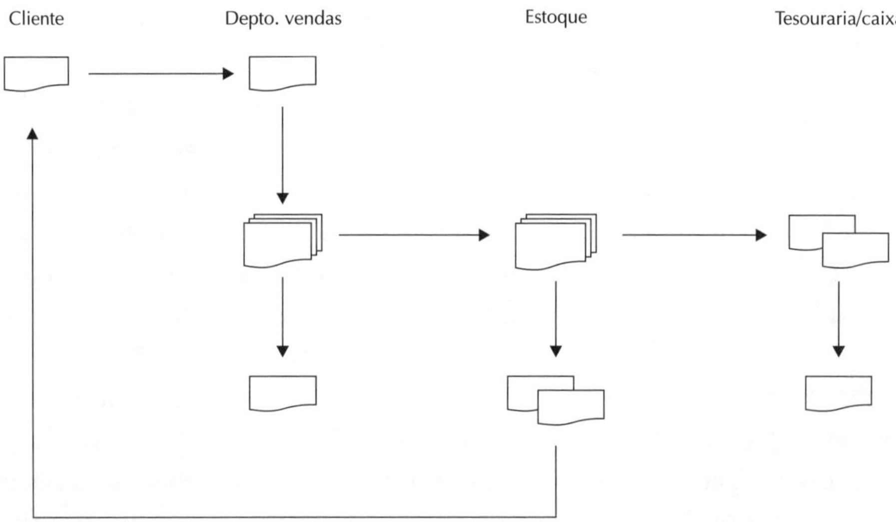

Descrição resumida do processo – vendas

O cliente entra em contato e formaliza um pedido de venda (PV). Esse pedido de venda é encaminhado ao departamento de venda, onde é preliminarmente consultado o estoque para certificar-se a existência física do produto solicitado, bem como o cadastro de clientes com intuito de verificar qualquer pendência. Confirmada a existência em estoque e a aprovação do crédito, é emitida a nota fiscal de venda, a qual é encaminhada junto com o produto ao cliente, que certifica o recebimento e devolve uma via assinada. Na portaria da empresa, é confrontado o tipo e quantidade dos produtos que estão saindo com os descritos nas notas fiscais. O estoque encaminha as notas fiscais para a tesouraria para o registro no contas a receber e posterior acompanhamento do recebimento.

Exemplos de pontos de controle interno:

- todas as vendas são pré-aprovadas com o uso do PV;
- há consulta do estoque e do cadastro de clientes antes das vendas;
- todas as saídas são confrontadas com os documentos;
- os recebimentos de vendas são confrontados com as baixas no contas a receber ou efetuados automaticamente via PED.

Folha de pagamento

No processo da folha de pagamento, são avaliados todos os procedimentos adotados pela empresa em relação ao seu pessoal, desde a contratação até a rescisão, passando pelos cálculos dos salários e encargos trabalhistas. O processo relativo à folha de pagamento se inicia e termina praticamente apenas dentro do departamento de recursos humanos, indo apenas no final para a tesouraria autorizar o pagamento.

Nesse sentido, efetuar-se-á apenas a descrição do processo sem a utilização de fluxograma.

Descrição resumida do processo – folha de pagamento

O funcionário, ao ser admitido, conforme solicitação de determinada seção ou departamento, entrega sua documentação para que seja efetuado o seu registro no livro de funcionários e demais locais conforme normas trabalhistas. Efetuado o registro do funcionário, este é designado a um setor para desempenhar as atividades para as quais foi contratado. O departamento de recursos humanos (DRH) passa, a partir desse momento, a controlar as entradas, saídas do funcionário, bem como toda e qualquer informação prestada pelo seu chefe imediato, tais como horas extras, faltas justificadas[1] etc. Tais informações devem ser efetuadas necessariamente por escrito. No caso de demissão, a chefia informa imediatamente ao DRH, que providenciará que toda a empresa seja informada do fato, bem como clientes e fornecedores, quando for o caso, de forma que todos os acessos permitidos ao funcionário demitido sejam bloqueados. Efetuada essa atitude imediata, são levantados os dados dos apontamentos dos dias

---

[1] As faltas não justificadas são controladas em geral, automaticamente, pelo cartão eletrônico de ponto e, portanto, só demandam informação do chefe quando tais faltas sejam autorizadas/abonadas.

trabalhados para que sejam calculadas as verbas indenizatórias devidas pela empresa ao funcionário demitido. Tais medidas se aplicam tanto ao funcionário demitido quanto àquele que pede demissão, variando apenas alguns cálculos.

Exemplos de pontos de controle:

- todas as admissões são solicitadas e pré-aprovadas pelo chefe do setor em que o funcionário vai trabalhar;
- todos os funcionários admitidos são registrados no livro de funcionários e têm suas carteiras profissionais anotadas;
- as horas extras são pré-aprovadas pelo chefe do setor;
- todos os cálculos são elaborados via sistema de PED e conferidos por amostragem por funcionário externo ao setor de recursos humanos;
- o controle de assiduidade e de faltas é eletrônico, com o uso de cartão eletrônico e/ou impressão digital;
- as demissões são informadas a todos os setores da empresa e os acessos a empresa e aos sistemas de PED são imediatamente suspensos.

4.1.2 Relevância e riscos de auditoria

O objetivo de uma auditoria das demonstrações contábeis é permitir ao auditor independente expressar uma opinião se essas demonstrações estão, ou não, em todos os aspectos relevantes, de acordo com todas as normas e práticas contábeis aplicáveis às circunstâncias

4.1.2.1 Relevância

O conceito de relevância diz respeito ao efeito/influência que a omissão ou mesmo apenas a distorção de uma informação acarreta na decisão do usuário dessa informação dentro das demonstrações contábeis. Em linhas gerais, essas omissões/distorções são causadas em função de erros ou fraudes.

Na fase de planejamento, o auditor independente deve estabelecer um nível de relevância aceitável para permitir a detecção de distorções relevantes. Tanto o montante (aspecto quantitativo) como a natureza (aspecto qualitativo) de possíveis distorções devem ser considerados e documentados nos papéis de trabalho de auditoria, para referência durante a execução e a conclusão dos trabalhos.

Nota

1. O auditor independente deve considerar a possibilidade de distorções de valores, relativamente, não relevantes, que, ao serem acumulados, possam, no conjunto, produzir distorção relevante nas demonstrações contábeis. Por exemplo, um erro na aplicação de um procedimento de encerramento mensal de contas pode ser um indicativo de uma distorção relevante durante o exercício social, caso tal erro se repita em cada um dos meses. Indícios de erros repetitivos, mesmo não relevantes, individualmente, podem indicar deficiência nos controles internos, requerendo do auditor independente o aprofundamento dos exames.
2. A relevância definida, quantificada e documentada nos papéis de trabalho que evidenciam o planejamento deve ser considerada pelo auditor independente ao:
   a) determinar a natureza, época e extensão dos procedimentos de auditoria; e
   b) avaliar o efeito de distorções identificadas.

A determinação quantitativa do nível de relevância é uma questão de julgamento profissional, geralmente computada com base em percentual de um item específico das demonstrações contábeis que, de acordo com o julgamento do auditor independente, pode afetar a opinião dos usuários das demonstrações contábeis, levando em consideração a natureza da entidade que está apresentando as informações contábeis.

Por outro lado, em relação às distorções de caráter qualitativo destacam-se:

a) inadequada descrição de uma prática contábil quando for provável que um usuário das demonstrações contábeis possa interpretar, incorretamente, tal prática;
b) ausência de divulgação de um descumprimento regulamentar ou contratual quando tal descumprimento possa vir a afetar, de forma relevante, a capacidade operacional da entidade auditada ou possa resultar em sanções.

Nota

Existe uma relação inversa entre o risco de auditoria e o nível estabelecido de relevância, isto é, quanto menor for o risco de auditoria, maior será o valor estabelecido como nível de relevância e vice-versa. Vejamos um exemplo.

Considere as seguintes hipóteses de relevância:

1ª) Selecionar todos os itens do estoque com valor superior a R$ 10.000.

2ª) Selecionar todos os itens do estoque com valor superior a R$ 300.000.

No primeiro caso, o grau de relevância pode ser considerado alto e no segundo caso, baixo.

Assim, na primeira hipótese, com um alto grau de relevância mais itens seriam verificados e, portanto, os riscos serão menores, ao passo que na segunda hipótese menos itens seriam verificados, acarretando um risco maior.

O auditor independente toma essa relação inversa em conta ao determinar a natureza, época e extensão dos procedimentos de auditoria. Por exemplo, se, na execução de procedimentos específicos de auditoria, o auditor independente determinar que o nível de risco é maior que o previsto na fase de planejamento, o nível de relevância, preliminarmente estabelecido, deve ser reduzido. O auditor independente deve atenuar tal ocorrência por:

a) reduzir o nível de risco de controle, onde praticável, e suportar tal redução por meio de ampliação dos testes de controles; ou
b) reduzir o risco de detecção via modificação da natureza, época e extensão dos testes substantivos planejados.

4.1.2.2 Materialidade

A determinação do escopo de testes a serem efetuados no campo passa necessariamente pela determinação da materialidade. Materialidade pode ser definida como o valor mínimo para o qual a ocorrência de um erro não detectado pode vir a causar distorções significativas nas demonstrações contábeis. Nesse sentido, para todos os valores considerados materiais serão efetuados análises, testes e ajustes.

De maneira geral, no planejamento da auditoria são definidos dois tipos básicos de materialidade:

- materialidade para análise de contas; e
- materialidade para ajustes e testes.

São exemplos de materialidade para análise de contas:

- 0,5% a 1% do ativo total;
- 0,5% a 1,5% do patrimônio líquido;
- 1% da receita bruta.

Assim, todas as contas das demonstrações contábeis com valores acima da materialidade serão analisadas com a abertura de WPs específicos. Os demais valores abaixo da materialidade poderão ser agrupados em "outras contas".

São exemplos de materialidade para ajustes e testes:

- 10% do lucro líquido;
- 0,05% a 0,10% do patrimônio líquido.

No caso da materialidade referente a ajustes e testes, serão estabelecidos valores para os quais os auditores efetuarão procedimentos de auditoria e, se for o caso, propostos os devidos ajustes, também respeitando a materialidade.

Nesse sentido, por exemplo, na conta empréstimos obtidos, serão analisados todos os contratos com valores acima de 10% do lucro líquido.

É importante ressaltar que os percentuais acima listados são apenas exemplos. Cada trabalho de auditoria demanda uma análise criteriosa que pode em muito diferenciar-se dos exemplos listados, uma vez que a análise da materialidade deve contemplar também aspectos qualitativos e não apenas os aspectos quantitativos.

4.1.2.3 Risco de auditoria

O risco de auditoria consiste na possibilidade de o auditor emitir uma opinião inadequada sobre demonstrações contábeis (DC) significativamente incorretas. Em outras palavras, seria o caso de o auditor afirmar que as DC estão adequadamente representadas (relatório limpo) quando na verdade contêm erros ou classificações incorretas materiais/relevantes.

Conforme a NBC TA – 315, o auditor deve buscar entender se a entidade tem processo para:

a) identificar riscos de negócio relevantes para os objetivos das demonstrações contábeis;

b) estimar a significância dos riscos;

c) avaliar a probabilidade de sua ocorrência; e

d) decidir sobre ações em resposta a esses riscos.

A análise dos riscos de auditoria deve considerar a relevância em dois níveis básicos:

a) geral – considerando as demonstrações contábeis tomadas no seu conjunto, bem como as atividades, qualidade da administração, avaliação do sistema contábil e de controles internos e situação econômica e financeira da entidade; e

b) específicos – relativos ao saldo das contas ou natureza e volume das transações.

Nesse sentido, o auditor deve avaliar o ambiente de controle da entidade, compreendendo, por exemplo:

a) a função e envolvimento dos administradores nas atividades da entidade;

b) a estrutura organizacional e os métodos de administração adotados, especialmente quanto a limites de autoridade e responsabilidade;

c) as políticas de pessoal e segregação de funções;

d) a fixação, pela administração, de normas para inventário, para conciliação de contas, preparação de demonstrações contábeis e demais informes adicionais;

e) as implantações, modificações e acesso aos sistemas de informação computadorizada, bem como acesso a arquivos de dados e possibilidade de inclusão ou exclusão de dados;

f) o sistema de aprovação e registro de transações;

g) as limitações de acesso físico a ativos e registros contábeis e/ou administrativos; e

h) as comparações e análises dos resultados financeiros com dados históricos e/ou projetados.

Conforme ainda a NBC TA – 315, como parte da avaliação de riscos, o auditor deve determinar se qualquer um dos riscos identificados é, no seu julgamento, um risco significativo. Ao exercer esse julgamento, o auditor deve excluir os efeitos dos controles identificados relacionados ao risco.

Ao exercer o julgamento quanto a quais riscos são significativos, o auditor deve considerar pelo menos o seguinte:

a) se o risco é um risco de fraude;
b) se o risco está relacionado com desenvolvimentos significativos recentes, econômicos, contábeis ou de outro tipo, e que, portanto, exijam atenção específica;
c) a complexidade das transações;
d) se o risco envolve transações significativas com partes relacionadas;
e) o grau de subjetividade na mensuração das informações contábeis relacionadas ao risco, especialmente as mensurações que envolvam uma vasta gama de incerteza de mensuração; e
f) se o risco envolve transações significativas que estejam fora do curso normal do negócio para a entidade ou que de outra forma pareçam não usual.

4.1.2.3.1 Tipos de risco de auditoria

Os riscos de auditoria podem ser classificados da seguinte maneira:

- riscos inerentes;
- riscos de controle;
- riscos de detecção.

Riscos inerentes

Risco inerente é aquele comum a qualquer atividade empresarial. Apresenta-se com ênfase na parte operacional.

Para Boynton et al. (2002), risco inerente é a possibilidade de afirmação de um erro ou classificação indevida relevante, supondo que não haja controles internos que com ele se relacionem.

Em outras palavras é a suscetibilidade de uma afirmação a respeito de uma transação, saldo contábil ou divulgação, a uma distorção que possa ser relevante, individualmente ou em conjunto com outras distorções, antes da consideração de quaisquer controles relacionados (NBC TA 200).

Conforme pode ser depreendido, a característica desse tipo de risco, quando referido às demonstrações contábeis, é a falta de controle interno específico para prevenir ou detectar o ato.

Algumas áreas são mais sensíveis do que outras a esse tipo de erro, por exemplo:

- é mais fácil desviar recursos do caixa do que desviar um computador;
- as provisões e estimativas apresentam mais riscos de erros do que as demais contas;
- as despesas com transporte (táxi, por exemplo) apresentam mais riscos de superavaliação do que uma despesa relativa a uma conta de água e esgoto.

Na análise do risco inerente, algumas avaliações são fundamentais, como:

- conhecimento dos negócios e das peculiaridades da empresa como um todo;
- provisões e estimativas;
- investimentos de grande vulto em andamento ou participações em outras empresas, notadamente fora da atividade-fim principal;
- saúde financeira dos clientes mais representativos;
- perspectivas da economia em relação ao segmento da empresa etc.

Risco de controle

Risco de controle refere-se à possibilidade de ocorrência de um erro material em um saldo ou conjunto de transações que não possa ser evitado pelos controles internos preventivos e/ou detectado pelos controles internos detectivos do cliente auditado. Por exemplo, a empresa auditada não aplica a segregação de funções em todas as suas áreas. No planejamento da auditoria esse e outros problemas relativos aos controles internos do cliente precisam ser verificados e devidamente avaliados.

Risco de detecção

No caso do risco de detecção, o ponto está na possibilidade de os procedimentos executados pela auditoria não serem capazes de detectar um erro material em um saldo ou conjunto de transações. Por exemplo, o auditor não circularizou adequadamente todos os fornecedores selecionados para testes ou utilizou indevidamente de critérios direcionados – maiores valores, principais fornecedores etc. – para a seleção aleatória desses fornecedores.

4.1.3 Revisão analítica

Considerada também como um teste substantivo, a revisão analítica, diferentemente do primeiro, que é realizado na fase de campo, é efetuada de modo geral na fase de planejamento da auditoria.

Alinhada com a análise dos controles internos e sistemas de informações, a revisão analítica consiste na avaliação pormenorizada do comportamento, discrepâncias e uniformidade tanto nas contas patrimoniais e de resultado quando na avaliação das atividades operacionais.

Seu objetivo principal é detectar flutuações anormais nas contas das demonstrações contábeis, de forma a identificar áreas de maior risco para a auditoria e, portanto, que serão objeto de maior atenção. Objetiva ainda avaliar se há alguma possível evidência de descontinuidade da empresa auditada, tanto nas demonstrações contábeis quanto em informações e fatos do mercado.

Por exemplo, na avaliação do passivo circulante, o auditor detecta um alto valor na conta impostos a recolher em dissonância com as receitas de vendas e o contas a receber. Esse fato talvez indique que a empresa não está recolhendo os impostos corretamente dentro dos vencimentos, o que, por sua vez, pode indicar também dificuldades de caixa.

São pontos que devem receber atenção especial do auditor durante a revisão analítica:

Análise das Dcs:

- patrimônio líquido negativo;
- índices econômico-financeiros adversos durante os últimos três anos;

- prejuízos contínuos;
- capital circulante líquido negativo;
- passivos fiscais e ambientais relevantes, inclusive multas;
- passivos a descoberto;
- grande volume de perdas;
- variações significativas nas contas entre períodos (análise horizontal);
- variações significativas na composição das contas nos períodos sob análise;
- maior volume de empréstimos e financiamentos a curto prazo do que a longo prazo.

Análise contextual:

- alta rotatividade na administração central;
- entrada de novos concorrentes e, por conseguinte, perda de mercado;
- boatos constantes de quebra ou interesse de compra pelos concorrentes;
- instalações inadequadas ou com indícios de má conservação;
- evidências de saída de investidor de peso durante a implantação de novos projetos ou unidades de negócios;
- atividade de risco de danos ambientais; histórico de desastres ambientais e multas;
- evidências de insatisfação de acionistas e credores;
- possíveis efeitos negativos de crises nacionais e internacionais e políticas de governo.

De maneira geral, a revisão analítica é evidenciada através de um WP onde constam as demonstrações contábeis com análise horizontal e vertical e os índices econômico-financeiros. Além dessas informações, são evidenciados todos os pontos relevantes listados nas análises acima descritas.

Em todas essas avaliações, quando detectada a possibilidade de descontinuidade da empresa auditada ou até mesmo de algum projeto em andamento de alto valor, o auditor independente deverá relatar tal fato em seu relatório.

Exercícios e estudo de caso

1. Defina planejamento de auditoria.
2. Quais os objetivos do planejamento de auditoria?
3. Quais as categorias dos controles internos?
4. Quais as consequências de um planejamento mal elaborado nos procedimentos de auditoria?
5. Existe um certo conflito entre as convicções da auditoria e da consultoria de processos. A auditoria quer sempre controles rigorosos para garantir a salvaguarda dos ativos. Por outro lado, a consultoria de processos quer que todas as atividades da empresa sejam ágeis e rápidas para o pronto atendimento do cliente, interno ou externo. Para tanto, pode recomendar que uma mesma pessoa execute diversas tarefas no intuito de tornar o processo mais rápido, o que por sua vez está em contraponto com os preceitos básicos da auditoria. Comente.
6. A Cia Bafana S.A., do ramo de esquadrias de alumínio, está implantando uma nova filial na cidade do Rio de Janeiro. A empresa possui os seguintes departamentos e número de funcionários:

Departamento	Nº de funcionários
Corte	10
Montagem	8
Acabamento	3
Manutenção	3
Administração	8
Vendas	7

O departamento de vendas atua em todo o estado do Rio de Janeiro, podendo, inclusive, atender a outros estados da federação.

Pede-se:

À luz dos controles internos, determine a rotina a ser implementada pela empresa na nova filial, no tocante à folha de pagamento, vendas e compras.

7. O que é risco de auditoria? Que pontos, dentro do planejamento da auditoria, o auditor deve observar?
8. Quais os tipos de riscos de auditoria existentes? Comente cada um deles.
9. Defina revisão analítica. Qual a sua importância dentro do planejamento da auditoria?

Questões de concursos públicos[2]

1. (DERSA – Auditor Sênior – 2009) O conhecimento do sistema contábil e de controles internos é fundamental para o Planejamento da Auditoria e necessário para determinar a natureza, a extensão e a oportunidade dos procedimentos de auditoria, devendo o auditor:

   I. ter conhecimento do sistema de contabilidade adotado pela entidade e de sua integração com os sistemas de controles internos;
   II. avaliar o grau de confiabilidade das informações geradas pelo sistema contábil, sua tempestividade e sua utilização pela administração; e
   III. avaliar o grau de exatidão dos controles internos adotados pela entidade, mediante a aplicação de provas de procedimentos de controle.

   Com relação aos itens anteriores, pode-se afirmar que:

   a) I e II estão corretos.
   b) II e III estão corretos.
   c) I e III estão corretos.
   d) todos estão corretos.
   e) todos estão incorretos.

2. (CEAGESP – Analista I – 2010) O auditor deve planejar seu trabalho consoante as Normas Profissionais de Auditor Independente, com as normas de contabilidade, bem como de acordo com os prazos e demais compromissos contratualmente assumidos com a entidade.

---

[2] Sugere-se que na resolução das questões de concursos sejam justificadas e debatidas todas as respostas incorretas.

O planejamento pressupõe adequado nível de conhecimento sobre as atividades, os fatores econômicos, legislação aplicável e as práticas operacionais da entidade, e o nível geral de competência de sua administração. O planejamento deve considerar todos os fatores relevantes na execução dos trabalhos, tais como o conhecimento detalhado das práticas contábeis adotadas pela entidade e as alterações procedidas em relação ao exercício anterior, o conhecimento detalhado do sistema contábil e de controles internos da entidade e seu grau de confiabilidade, bem como:

I. os riscos de auditoria e identificação das áreas importantes da entidade, quer pelo volume de transações, quer pela chefia de contabilidade;
II. a natureza, oportunidade e extensão dos procedimentos de auditoria a serem aplicados;
III. a não existência de entidades associadas, filiais e partes relacionadas;
IV. o uso dos trabalhos de outros auditores independentes, especialistas e auditores internos;
V. a natureza, o conteúdo e a oportunidade dos pareceres, relatórios e outros informes a serem entregues à entidade.

Estão corretas apenas:

a) I, II e III.
b) II, III e IV.
c) I, III e V.
d) II, IV e V.
e) III, IV e V.

3. (Auditor-Fiscal da Receita Federal – 2009) A responsabilidade primária na prevenção e detecção de fraudes e erros é:

a) da administração.
b) da auditoria interna.
c) do conselho de administração.
d) da auditoria externa.
e) do comitê de auditoria.

4. (Imprensa Oficial – Assistente Administrativo – 2010) Controle interno define-se como o planejamento organizacional e todos os métodos e procedimentos adotados dentro de uma empresa a fim de:

   a) proteger o caixa da empresa.
   b) salvaguarda de ativos.
   c) reduzir custos.
   d) monitorar ativos.
   e) valorizar ativos.

5. (CEAGESP – Analista I – 2010) Segundo o "AICPA – American Institute of Certified Public Accountant", o controle interno compreende o plano de organização e todos os métodos e medidas adotados numa empresa para proteger seu ativo, verificar a exatidão e a fidedignidade de seus dados contábeis, incrementar a eficiência operacional e promover a obediência às diretrizes administrativas estabelecidas. O auditor independente deve efetuar o estudo e a avaliação do sistema contábil e de controles internos da entidade, como base para determinar:

   a) a natureza, oportunidade e extensão da aplicação dos procedimentos de auditoria;
   b) a extensão e o cumprimento de seus trabalhos de auditoria;
   c) a profundidade e o cumprimento da aplicação dos procedimentos de auditoria;
   d) a natureza, oportunidade e tempestividade da aplicação dos procedimentos de auditoria;
   e) a oportunidade, extensão e funcionalidade da aplicação dos procedimentos de auditoria.

6. (DERSA – Auditor Sênior – 2009) Indique a opção correta em relação ao planejamento de auditoria quando for realizada uma auditoria, pela primeira vez, na entidade, ou quando as Demonstrações Contábeis do exercício anterior tenham sido examinadas por outro auditor:

   a) obtenção de evidências suficientes de que os saldos de abertura do exercício não contenham representações errôneas ou inconsistentes que, de alguma maneira, distorçam as Demonstrações Contábeis do exercício atual;

b) exame da adequação dos saldos de abertura do exercício anterior com os saldos finais do exercício anterior;

c) verificação se as práticas contábeis adotadas no exercício anterior são uniformes com as adotadas no exercício posterior;

d) identificação de fatos irrelevantes que não possam afetar as atividades da entidade e sua situação patrimonial e financeira;

e) identificação de relevantes eventos subsequentes ao exercício anterior, somente os revelados.

7. (Petrobras – Auditor Júnior – 2010) Analise as proposições abaixo:

   I. Procedimento de auditoria utilizado para identificar possíveis fraudes, envolvendo desvios de mercadorias ou equipamentos da empresa.

   II. Procedimentos de auditoria interna realizados para identificação de possíveis falhas no processo financeiro.

   Correspondem às proposições, respectivamente, os procedimentos.

I	II
a) teste de conformidade	entrevista gravada e reconciliação bancária
b) inventário físico	reconciliação bancária e contagem de caixa
c) mapa analítico	contagem de caixa e auditoria investigativa
d) controle de entrada	revisão analítica e registro de mapa de saldos
e) detecção de metais	reconciliação bancária e revisão de saldos

8. (Petrobras – Auditor Júnior – 2010) As fraudes ocorrem nas empresas por diversos motivos, tais como inexistência de normas e controles internos fragilizados, entre outros. Elas ocorrem em determinados processos das empresas de forma conjunta ou isoladamente.

   Uma das formas de prevenção da fraude no processo de contas a pagar é a implantação do controle de:

   a) inventário físico;

   b) mapeamento operacional;

   c) segregação de funções;

d) revisão analítica;

e) acesso operacional.

9. (Prefeitura de Uberaba – Analista em Auditoria e Regulamentação e Fiscalização de Saúde – Auditoria – Ciências Contábeis – 2011) Em relação ao contexto de Revisão Analítica, que tem como objetivo determinar o relacionamento entre contas, assinale a alternativa que representa o mais adequado conjunto de inter-relacionamentos entre contas e transações.

   a) vendas e contas a receber; salários e encargos sociais; despesas financeiras e ativo imobilizado;

   b) custo das vendas e estoques; custos das vendas e receitas de vendas; compras e fornecedores;

   c) compras a prazo e fornecedores; vendas a prazo e estoques; salários e provisões;

   d) salários e encargos sociais; vendas e contas a receber; despesas financeiras e empréstimos.

10. (Petrobras – Auditor Júnior – 2011) O sistema de controles internos de uma empresa abrange as áreas contábeis e administrativas ou gerenciais. Um exemplo de controle interno contábil é o(a):

    a) controle de qualidade;

    b) treinamento de pessoal;

    c) análise da lucratividade;

    d) conciliação bancária;

    e) análise de tempos e movimentos.

11. (Petrobras – Auditor Júnior – 2011) Os controles internos podem ser classificados como preventivos ou detectivos, dependendo do objetivo e do momento em que são aplicados. Observe os controles apresentados a seguir.

    I. segregação de funções;

    II. limites e alçadas;

    III. autorizações;

    IV. conciliações;

    V. revisões de desempenho.

São exemplos de controles preventivos APENAS os apresentados em:

a) I, II e III;

b) II, III e IV;

c) III, IV e V;

d) I, II, III e V;

e) I, II, IV e V.

12. (Petrobras – Auditor Júnior – 2011) As normas de auditoria estabelecem que o auditor deve avaliar o sistema de controles internos a fim de determinar a natureza, época e extensão dos procedimentos de auditoria. A esse respeito, considere os procedimentos a seguir.

I – implementar novos controles internos que, porventura, estiverem faltando;

II – levantar e identificar o sistema de controle interno utilizado na empresa;

III – realizar o mapeamento de toda a organização, elaborando fluxos e normas de processo;

IV – verificar se o sistema levantado está realmente sendo utilizado pela empresa;

V – avaliar, por meio de testes, a eficácia dos controles internos utilizados.

Durante a avaliação do sistema de controles internos, são deveres dos auditores APENAS os procedimentos apresentados em:

a) I, II e V;

b) I, III e IV;

c) II, IV e V;

d) I, II, III e IV;

e) II, III, IV e V.

13. (CFC – Exame de qualificação técnica para registro do cadastro nacional de auditores independentes – CNAI – 2014) De acordo com a NBC TA Estrutura Conceitual, o risco do trabalho de asseguração pode ser representado por componentes de risco. Acerca

dos conceitos de alguns tipos de risco associados ao trabalho dos auditores independentes a seguir apresentados, assinale a opção INCORRETA.

a) Risco da informação é o risco potencial sobre se o objeto contenha distorções, decorrentes dos controles internos e não detectadas pelo auditor independente.
b) Risco inerente é a suscetibilidade da informação sobre o objeto a uma distorção relevante, pressupondo que não haja controles relacionados.
c) Risco de controle é o risco de que uma distorção relevante possa ocorrer e não ser evitada, ou detectada e corrigida, em tempo hábil por controles internos relacionados.
d) Risco de detecção é o risco de que o auditor independente não detecte uma distorção relevante existente.

14. (IBGE – Auditor – 2010) O auditor lida com o risco de não identificar erros ou irregularidades relevantes, por ser o exame efetuado em base de testes. Esse risco é classificado como:

a) Inerente.
b) Geral.
c) Iminente.
d) De controle.
e) De detecção.

15. (CEMIG – Auditor Júnior – 2012) Numere a COLUNA II de acordo com a COLUNA I relacionando os objetivos dos Controles Internos ao que cada um pretende.

COLUNA I

1. A salvaguarda dos interesses.
2. A precisão e confiabilidade dos informes e relatórios contábeis, financeiros e operacionais.
3. O estímulo à eficiência operacional.
4. A aderência às políticas existentes.

COLUNA II

( ) Assegurar que os objetivos da administração sejam adequadamente seguidos pelo pessoal.

( ) Prover os meios necessários à condução das tarefas.

( ) Proteger o patrimônio contra perdas e riscos devidos a erros ou irregularidades.

( ) Gerar informações adequadas e oportunas necessárias à administração.

Assinale a alternativa que apresenta a sequência de números CORRETA.

a) 1 – 3 – 2 – 4.

b) 4 – 1 – 2 – 3.

c) 3 – 4 – 1 – 2.

d) 4 – 3 – 1 – 2.

5

RELATÓRIOS DE AUDITORIA, CARTA DE RESPONSABILIDADE E SOx

Objetivos do capítulo

O objetivo principal deste capítulo é apresentar o resultado final do trabalho da auditoria externa: o relatório. Nesse sentido, serão apresentados os tipos de relatórios e suas peculiaridades. Além disso, também são apresentadas a carta de responsabilidade e as principais normas da Sarbanes-Oxley, criada em 2002, para tornar mais rígidas as normas inerentes a escândalos financeiros para as empresas com ações na bolsa de valores de Nova Iorque.

5.1 Relatórios de auditoria

O objetivo final de todo trabalho de auditoria é expressar uma opinião sobre as demonstrações contábeis analisadas. Essa opinião se materializa através do relatório de auditoria, que se localiza normalmente no final das demonstrações contábeis publicadas.

5.1.1 Tipos de relatórios de auditoria

Os relatórios de auditoria se classificam em dois grandes grupos:

a) Relatórios sem opinião modificada; e

b) Relatórios com opinião modificada

Os primeiros são denominados também de relatórios sem ressalva e os segundos são divididos em relatórios com ressalva, adverso e com abstenção de opinião.

Conforme a NBC TA 700, os relatórios de auditoria apresentam a seguinte composição básica:

1. Título

O relatório do auditor deve ter título que indique claramente que é o relatório do auditor.

2. Destinatário

O relatório do auditor deve ser endereçado conforme exigido pelas circunstâncias do trabalho.

3. Opinião do auditor

A primeira seção do relatório deve incluir a opinião do auditor independente e ter "Opinião" como título. Esta seção também deve:

a) identificar a entidade cujas demonstrações contábeis foram auditadas;
b) afirmar que as demonstrações contábeis foram auditadas;
c) identificar o título de cada demonstração que compõe as demonstrações contábeis;
d) fazer referência às notas explicativas, incluindo o resumo das principais políticas contábeis; e
e) especificar a data ou o período de cada demonstração que compõe as demonstrações contábeis

3.1. Ao expressar uma opinião não modificada sobre demonstrações contábeis elaboradas de acordo com a estrutura de conformidade, a opinião do auditor deve ser a de que as demonstrações contábeis são elaboradas, em todos os aspectos relevantes, de acordo com a estrutura de relatório financeiro aplicável.

3.2. Se a estrutura de relatório financeiro aplicável na opinião do auditor não se refere às normas internacionais de relatório financeiro (IFRS), emitidas pelo Conselho de Normas Internacionais de Contabilidade, ou às normas internacionais de Contabilidade do setor público, emitidas pelo Conselho de Normas Internacionais de Contabilidade do Setor Público, a opinião do auditor deve identificar a jurisdição de origem da estrutura, por exemplo, práticas contábeis adotadas no Brasil, cuja definição consta da NBC TG 26 – Apresentação das Demonstrações Contábeis aprovada pelo Conselho Federal de Contabilidade.

4. Base para opinião

O relatório do auditor deve incluir uma seção, logo após a seção "Opinião", com o título "Base para opinião", que:

a) declare que a auditoria foi conduzida em conformidade com as normas de auditoria;

b) referencie a seção que descreve as responsabilidades do auditor segundo as normas de auditoria;

c) inclua a declaração de que o auditor é independente da entidade de acordo com as exigências éticas relevantes relacionadas com a auditoria e que ele atendeu às outras responsabilidades éticas do auditor de acordo com essas exigências. A declaração deve identificar a jurisdição de origem das exigências éticas relevantes ou referir-se ao Código de Ética do IESBA (International Ethics Standards Board for Accountants) da Federação Internacional de Contadores (IFAC); e

d) declare se o auditor acredita que a evidência de auditoria obtida por ele é suficiente e apropriada para fundamentar sua opinião.

5. Continuidade operacional

Quando aplicável, o auditor deve elaborar o relatório de acordo com os itens 21 a 23 da NBC TA 570. Nesta seção, são evidenciados os possíveis problemas futuros de continuidade que o auditor entenda como relevante e, por conseguinte, precise divulgar.

São exemplos de eventos que, se relevantes, acarretam incertezas quanto ao futuro da empresa e que, quando relevantes, demandam a inclusão no relatório:

- existência de incerteza relativa ao desfecho futuro de litígio excepcional ou ação regulatória;
- grande catástrofe que tenha tido, ou continue a ter, efeito significativo sobre a posição patrimonial e financeira da entidade;
- a retirada de algum sócio investidor durante fase pré-operacional;
- multas e restrições judiciais etc.

Nota

Os artigos 21 ao 23 da NBC TA 570 acima citados compreendem:

21. Se as demonstrações contábeis foram elaboradas utilizando a base contábil de continuidade operacional, mas, no julgamento do auditor, a utilização dessa base pela administração na elaboração das demonstrações contábeis é inapropriada, ele deve expressar opinião adversa.

Uso da base contábil de continuidade operacional é apropriado, mas existe incerteza significativa

22. Se for feita divulgação adequada da incerteza significativa nas demonstrações contábeis, o auditor deve expressar uma opinião não modificada e o relatório do auditor deve incluir uma seção separada sob o título "Incerteza significativa relacionada com a continuidade operacional":
    a) chamar a atenção para a nota explicativa às demonstrações contábeis que divulga os assuntos especificados no item 19; e
    b) declarar que esses eventos ou condições indicam que existe incerteza significativa que pode levantar dúvida significativa quanto à capacidade de continuidade operacional da entidade e que a opinião do auditor não está ressalvada em relação a esse assunto.

Não é feita divulgação adequada da incerteza significativa nas demonstrações contábeis

22. Se não for feita divulgação adequada de incerteza significativa nas demonstrações contábeis, o auditor deve:
    a) expressar uma opinião com ressalva ou adversa, conforme apropriado, de acordo com a NBC TA 705; e
    b) na seção Base para Opinião com Ressalva (Adversa) do relatório do auditor, declarar que existe incerteza significativa que pode levantar dúvida significativa quanto à capacidade de continuidade operacional da entidade e que as demonstrações contábeis não divulgam esse assunto de forma adequada.

6. Principais assuntos de auditoria

Para as auditorias de conjuntos completos de demonstrações contábeis para fins gerais de entidades listadas em bolsa de valores, o auditor independente deve comunicar os principais assuntos de auditoria no seu relatório de acordo com a NBC TA 701.

Quando o auditor tem, por força de lei ou regulamento, que comunicar os principais assuntos de auditoria no seu relatório, ou decide assim fazê-lo, ele deve proceder de acordo com os itens A40 a A42 da NBC TA 701.

7. Outras informações

Quando aplicável, o auditor deve reportar de acordo com a NBC TA 720 – Responsabilidade do Auditor em Relação a Outras Informações.

Nota

Conforme a NBC 720, os objetivos do auditor, após ter lido as outras informações, são de:

a) considerar se há inconsistência relevante entre as outras informações e as demonstrações contábeis;
b) considerar se há inconsistência relevante entre as outras informações e o seu conhecimento obtido na auditoria;
c) responder apropriadamente quando identifica a existência de inconsistências relevantes ou quando, de outra forma, toma conhecimento de que as outras informações parecem apresentar distorções relevantes; e
d) apresentar o relatório de acordo com esta norma.

8. Responsabilidade pelas demonstrações contábeis

O relatório do auditor deve incluir uma seção com o título "Responsabilidades da administração pelas demonstrações contábeis". O relatório do auditor não precisa referir-se especificamente à "administração", mas deve usar o termo que é apropriado no contexto da estrutura legal. Em algumas jurisdições, a referência apropriada pode ser os responsáveis pela governança.

Essa seção do relatório do auditor deve explicar a responsabilidade da administração pela:

(a) elaboração das demonstrações contábeis de acordo com a estrutura de relatório financeiro aplicável e pelos controles internos que a administração determinar que sejam necessários para permitir a elaboração de demonstrações contábeis livres de distorção relevante, independentemente se causada por fraude ou erro; e

(b) avaliação da capacidade da entidade de manter a continuidade operacional (ver item 2 da NBC TA 570) e se o uso da base contábil de continuidade operacional é apropriado, assim como divulgar, se aplicável, questões relacionadas com a continuidade operacional. A explicação da responsabilidade da administração por essa avaliação deve incluir uma descrição de quando o uso da base contábil de continuidade operacional é apropriado.

Essa seção do relatório do auditor também deve identificar os responsáveis pela supervisão do processo de apresentação de relatórios financeiros quando os responsáveis por essa supervisão forem diferentes daqueles que cumprem com as responsabilidades descritas no acima. Nesse caso, o título dessa seção também deve se referir aos "Responsáveis pela governança" ou a outro termo que seja apropriado no contexto da estrutura legal da jurisdição em particular.

Quando as demonstrações contábeis forem elaboradas de acordo com uma estrutura de apresentação adequada, a descrição da responsabilidade da administração pelas demonstrações contábeis no relatório do auditor deve se referir à "elaboração e adequada apresentação das demonstrações contábeis", ou "elaboração de demonstrações contábeis que apresentam uma visão verdadeira e justa", conforme apropriado nas circunstâncias.

9. Responsabilidade do auditor independente pela auditoria das demonstrações contábeis

Essa seção do relatório do auditor deve declarar que:

a) os objetivos do auditor são:

i. obter segurança razoável de que as demonstrações contábeis tomadas em conjunto estão livres de distorção relevante, independentemente de se causada por fraude ou erro; e
ii. emitir um relatório que inclua a opinião do auditor;

b) segurança razoável é um alto nível de segurança, mas não é uma garantia de que uma auditoria conduzida de acordo com as normas de auditoria sempre detectará uma distorção relevante quando ela existir; e
c) as distorções podem decorrer de fraude ou erro, e:
   i. descrever que elas são consideradas relevantes se, individualmente ou em conjunto, pudesse ser razoavelmente esperado que elas influenciassem as decisões econômicas de usuários tomadas com base nas demonstrações contábeis; ou
   ii. fornecer uma definição ou descrição da materialidade de acordo com a estrutura de relatório financeiro aplicável.

A seção "Responsabilidade do auditor pela auditoria das demonstrações contábeis" do relatório do auditor deve também:

a) declarar que, como parte da auditoria de acordo com as normas de auditoria, o auditor exerce o julgamento profissional e mantém o ceticismo profissional durante toda a auditoria; e
b) descrever a auditoria especificando que as responsabilidades do auditor são:
   i. identificar e avaliar os riscos de distorção relevante nas demonstrações contábeis, independentemente se causada por fraude ou erro, planejar e executar procedimentos de auditoria que respondam a esses riscos e obter evidência de auditoria que seja suficiente e apropriada para fornecer uma base para a opinião do auditor. O risco de não se detectar uma distorção relevante resultante de fraude é maior que aquele de se detectar uma distorção relevante resultante de erro, uma vez que a fraude pode envolver conluio, falsificação, omissões intencionais, falsas declarações ou transgressão dos controles internos;

ii. obter entendimento dos controles internos relevantes para a auditoria para planejar procedimentos de auditoria que são apropriados nas circunstâncias, mas não para fins de expressar uma opinião sobre a eficácia dos controles internos da entidade. Nas circunstâncias em que o auditor também tem a responsabilidade de expressar uma opinião sobre a eficácia dos controles internos juntamente com a auditoria das demonstrações contábeis, o auditor deve omitir a frase de que a consideração do auditor sobre os controles internos não tem a finalidade de expressar uma opinião sobre a eficácia dos controles internos da entidade;

iii. avaliar a adequação das políticas contábeis utilizadas e a razoabilidade das estimativas contábeis e das respectivas divulgações feitas pela administração;

iv. concluir quanto à adequação do uso, pela entidade, da base contábil de continuidade operacional e, com base na evidência de auditoria obtida, se existe incerteza relevante relacionada com eventos ou condições que podem levantar dúvida significativa quanto à capacidade de continuidade da entidade. Se o auditor concluir que existe incerteza relevante, ele deve chamar atenção no seu relatório para as respectivas divulgações nas demonstrações contábeis ou, se essas divulgações forem inadequadas, modificar a opinião. As conclusões do auditor se baseiam na evidência de auditoria obtida até a data do seu relatório. Contudo, eventos ou condições futuras podem fazer com que a entidade interrompa a sua continuidade operacional;

v. quando as demonstrações contábeis são elaboradas de acordo com uma estrutura de apresentação adequada, avaliar a apresentação geral, estrutura e conteúdo das demonstrações contábeis, incluindo as divulgações, e se elas representam as transações e eventos subjacentes de forma a alcançar a apresentação adequada;

c) quando a NBC TA 600[1] se aplicar, explicar ainda a responsabilidade do auditor em trabalhos de auditoria de grupo, especificando que:

   i. as responsabilidades do auditor são as de obter evidência de auditoria apropriada e suficiente com relação às informações financeiras das entidades ou atividades de negócio do grupo para expressar uma opinião sobre as demonstrações contábeis do grupo;

   ii. o auditor é responsável pela direção, supervisão e desempenho da auditoria do grupo; e

   iii. o auditor continua sendo o único responsável pela sua opinião.

A seção "Responsabilidade do auditor pela auditoria das demonstrações contábeis" do relatório do auditor deve ainda:

a) declarar que o auditor se comunica com os responsáveis pela governança com relação, entre outras questões, ao alcance e à época planejadas da auditoria e às descobertas significativas de auditoria, incluindo quaisquer deficiências significativas nos controles internos que ele venha a identificar durante a auditoria;

b) declarar, para a auditoria das demonstrações contábeis de entidades listadas em bolsa de valores, que o auditor independente fornece para os responsáveis pela governança uma declaração de que ele cumpriu com as exigências éticas relevantes com relação à independência e que comunicou a eles todos os relacionamentos e outras questões que podem, de forma razoável, gerar ameaça à independência do auditor e, quando aplicável, as respectivas salvaguardas; e

c) para a auditoria das demonstrações contábeis das entidades listadas em bolsa de valores e quaisquer outras entidades para as quais os principais assuntos de auditoria são comunicadas de acordo com a NBC TA 701, especificar que, com base nesses assuntos comunicados para os responsáveis pela governança, o auditor determina aqueles que são mais relevantes na auditoria das

[1] Esta norma trata das considerações especiais aplicáveis às auditorias de grupos.

demonstrações contábeis do período atual e que são, portanto, os principais assuntos de auditoria. O auditor explica esses assuntos no seu relatório salvo se alguma lei ou regulamento impedir divulgações públicas sobre o assunto ou quando, em circunstâncias extremamente raras, o auditor determinar que o assunto não deve ser comunicado no seu relatório porque as consequências adversas de tal ato podem, de forma razoável, ser mais importantes que os benefícios de interesse público de tal comunicação.

10. Outras responsabilidades relativas à emissão do relatório

Se for requerido ao auditor tratar de outras responsabilidades no seu relatório sobre as demonstrações contábeis, complementares à sua responsabilidade de acordo com as normas de auditoria, essas outras responsabilidades devem ser tratadas em seção separada no relatório do auditor com o título "Relatório sobre outros requisitos legais e regulatórios" ou, de outra forma, conforme apropriado ao conteúdo da seção, salvo se essas outras responsabilidades tratarem dos mesmos tópicos apresentados na seção de responsabilidades do auditor de acordo com as exigências das normas de auditoria, caso em que as outras responsabilidades relativas à emissão do relatório do auditor podem ser apresentadas na mesma seção que os respectivos elementos de relatório exigidos pelas normas de auditoria.

10.1. Se as outras responsabilidades forem apresentadas na mesma seção que os respectivos elementos de relatório exigidos pelas normas de auditoria, o relatório do auditor deve diferenciar claramente essas outras responsabilidades daquelas exigidas pelas normas de auditoria.

11. Nome do sócio ou responsável técnico

Para auditorias de conjuntos completos de demonstrações contábeis para fins gerais de entidades listadas em bolsa de valores, o nome do sócio ou responsável técnico deve ser incluído no relatório do auditor, salvo se, em raras circunstâncias, essa divulgação puder, de forma razoável, levar a uma ameaça significativa à segurança pessoal. Nas raras circunstâncias em que o auditor pretender não incluir o nome do sócio ou responsável técnico no seu relatório, ele deve discutir essa intenção com os responsáveis pela governança, informando-os da sua avaliação sobre a probabilidade e gravidade de existência de ameaça significativa à segurança pessoal.

11.1. Assinatura do auditor

O relatório do auditor deve ser assinado.

11.2. Endereço do auditor independente

11.3. O relatório do auditor deve mencionar a localidade em que o relatório foi emitido.

11.4. Data do relatório do auditor

O relatório do auditor não pode ter data anterior à data em que ele obteve evidência de auditoria apropriada e suficiente para fundamentar a sua opinião sobre as demonstrações contábeis, incluindo evidência de que:

a) todas as demonstrações e divulgações que compõem as demonstrações contábeis foram elaboradas e divulgadas; e
b) as pessoas com autoridade reconhecida afirmam que assumem a responsabilidade sobre essas demonstrações contábeis.

5.1.1.1 Relatório sem opinião modificada

O relatório sem opinião modificada, ou limpo, se caracteriza pelo fato de a auditoria externa não ter observado durante os trabalhos de campo nenhum tipo de problema relevante nas demonstrações contábeis, ou, ainda, se encontrado, que a empresa auditada efetuou os ajustes propostos pela auditoria. Em outras palavras o relatório sem ressalva indica que o auditor está convencido de que as demonstrações contábeis foram elaboradas de acordo com as normas contábeis, seus números estão representados e evidenciados adequadamente para o correto entendimento dos usuários, tanto em termos de conteúdo quanto de forma.

Quadro 5.1 Exemplo de relatório sem opinião modificada

RELATÓRIO DO AUDITOR INDEPENDENTE SOBRE AS DEMONSTRAÇÕES CONTÁBEIS

Aos acionistas da Companhia Dunas S/A

Opinião

Examinamos as demonstrações contábeis da Companhia Dunas S/A, que compreendem o balanço patrimonial em 31 de dezembro de 20X1 e as respectivas demonstrações do resultado, do resultado abrangente, das mutações do patrimônio líquido e dos fluxos de caixa para o exercício findo nessa data, bem como as correspondentes notas explicativas, incluindo o resumo das principais políticas contábeis.

Em nossa opinião, as demonstrações contábeis acima referidas apresentam adequadamente, em todos os aspectos relevantes, a posição patrimonial e financeira da Companhia Dunas S/A em 31 de dezembro de 20X1, o desempenho de suas operações e os seus fluxos de caixa para o exercício findo nessa data, de acordo com as práticas contábeis adotadas no Brasil.

Base para opinião

Nossa auditoria foi conduzida de acordo com as normas brasileiras e internacionais de auditoria. Nossas responsabilidades, em conformidade com tais normas, estão descritas na seção a seguir, intitulada "Responsabilidades do auditor pela auditoria das demonstrações contábeis". Somos independentes em relação à companhia, de acordo com os princípios éticos relevantes previstos no Código de Ética Profissional do Contador e nas normas profissionais emitidas pelo Conselho Federal de Contabilidade, e cumprimos com as demais responsabilidades éticas de acordo com essas normas. Acreditamos que a evidência de auditoria obtida é suficiente e apropriada para fundamentar nossa opinião.

Principais assuntos de auditoria[2]

Principais assuntos de auditoria são aqueles que, em nosso julgamento profissional, foram os mais significativos em nossa auditoria do exercício corrente. Esses assuntos foram tratados no contexto de nossa auditoria das demonstrações contábeis como um todo e na formação de nossa opinião sobre essas demonstrações contábeis e, portanto, não expressamos uma opinião separada sobre esses assuntos.

Outras informações que acompanham as demonstrações contábeis e o relatório do auditor

A administração da companhia é responsável por essas outras informações que compreendem o relatório da administração[3].

---

[2] A seção "Principais assuntos de auditoria" é exigida somente para entidades listadas.

[3] Nos termos da legislação societária brasileira, o relatório da administração é divulgado em conjunto com as demonstrações contábeis. No entanto, podem existir outros relatórios divulgados em conjunto com as demonstrações contábeis. Nesses casos, a redação do

Nossa opinião sobre as demonstrações contábeis não abrange o relatório da administração e não expressamos qualquer forma de conclusão de auditoria sobre esse relatório.

Em conexão com a auditoria das demonstrações contábeis, nossa responsabilidade é a de ler o relatório da administração e, ao fazê-lo, considerar se esse relatório está, de forma relevante, inconsistente com as demonstrações contábeis ou com nosso conhecimento obtido na auditoria ou, de outra forma, aparenta estar distorcido de forma relevante. Se, com base no trabalho realizado, concluirmos que há distorção relevante no relatório da administração, somos requeridos a comunicar esse fato. Não temos nada a relatar a este respeito.

Responsabilidades da administração e da governança pelas demonstrações contábeis[4]

A administração é responsável pela elaboração e adequada apresentação das demonstrações contábeis de acordo com as práticas contábeis adotadas no Brasil[5] e pelos controles internos que ela determinou como necessários para permitir a elaboração de demonstrações contábeis livres de distorção relevante, independentemente se causada por fraude ou erro.

Na elaboração das demonstrações contábeis, a administração é responsável pela avaliação da capacidade de a Companhia continuar operando, divulgando, quando aplicável, os assuntos relacionados com a sua continuidade operacional e o uso dessa base contábil na elaboração das demonstrações contábeis, a não ser que a administração pretenda liquidar a Companhia ou cessar suas operações, ou não tenha nenhuma alternativa realista para evitar o encerramento das operações.

Os responsáveis pela governança da Companhia são aqueles com responsabilidade pela supervisão do processo de elaboração das demonstrações contábeis.

Responsabilidades do auditor pela auditoria das demonstrações contábeis

Nossos objetivos são obter segurança razoável de que as demonstrações contábeis, tomadas em conjunto, estão livres de distorção relevante, independentemente se causada por fraude ou erro, e emitir relatório de auditoria contendo nossa opinião. Segurança razoável é um alto nível de segurança, mas não uma garantia de que a auditoria realizada de acordo com as normas brasileiras e internacionais de auditoria sempre detectam as eventuais distorções relevantes existentes. As distorções podem ser decorrentes de fraude ou erro e são consideradas relevantes quando, individualmente ou em conjunto, possam influenciar, dentro de uma perspectiva razoável, as decisões econômicas dos usuários tomadas com base nas referidas demonstrações contábeis.

A descrição adicional das responsabilidades do auditor pela auditoria das demonstrações contábeis está localizada no sítio da [organização] em: [*link para o sítio*]. Essa descrição faz parte do nosso relatório do auditor.

---

parágrafo acima deve ser alterada para incluir o nome dos relatórios que acompanham as demonstrações contábeis.

4 Em todos esses exemplos de relatório do auditor, os termos "administração" e "responsáveis pela governança" podem precisar ser substituídos por outros termos mais apropriados no contexto da estrutura legal de determinada jurisdição.

5 Quando a responsabilidade da administração é elaborar demonstrações contábeis que apresentam uma visão verdadeira e justa, esta sentença pode ser lida: "A administração é responsável pela elaboração de demonstrações contábeis que apresentam uma visão verdadeira e justa de acordo com as práticas contábeis adotadas no Brasil e, para isso,...".

[Local (localidade do escritório de auditoria que emitiu o relatório) e data do relatório do auditor independente] [Nome do auditor independente (pessoa física ou jurídica)] [Nome do profissional (sócio ou responsável técnico, no caso de o auditor ser pessoa jurídica)] [Números de registro no CRC da firma de auditoria e do profissional que assina o relatório] [Assinatura do auditor independente]

Fonte: NBC TA 700.

5.1.1.2 Relatório com opinião modificada

Os relatórios com opinião modificada se dividem em relatórios com ressalva, adverso e com abstenção de opinião.

Relatório com Ressalva

O auditor deve expressar uma opinião modificada, com ressalva quando:

a) ele, tendo obtido evidência de auditoria apropriada e suficiente, conclui que as distorções, individualmente ou em conjunto, são relevantes, mas não generalizadas nas demonstrações contábeis; ou
b) ele não consegue obter evidência apropriada e suficiente de auditoria para suportar sua opinião, mas ele conclui que os possíveis efeitos de distorções não detectadas, se houver, sobre as demonstrações contábeis poderiam ser relevantes, mas não generalizados.

A expressão "generalizado" é o termo usado para descrever os possíveis efeitos de distorções sobre as demonstrações contábeis que não são detectados devido à impossibilidade de obter evidência de auditoria apropriada e suficiente. Efeitos generalizados sobre as demonstrações contábeis são aqueles que, no julgamento do auditor:

(i) não estão restritos aos elementos, contas ou itens específicos das demonstrações contábeis;
(ii) se estiverem restritos, representam ou poderiam representar uma parcela substancial das demonstrações contábeis; ou

(iii) em relação às divulgações, são fundamentais para o entendimento das demonstrações contábeis pelos usuários.

A estrutura do relatório com opinião modificada – Ressalva segue a do relatório sem opinião modificada, diferenciando-se quanto à expressão *exceto quanto por*, incluída no parágrafo opinião. Os demais parágrafos são iguais, razão pela qual não foram reproduzidos no exemplo abaixo.

O motivo da ressalva deve ser evidenciado no parágrafo base para opinião com ressalva. Pode também ser referenciado para uma nota explicativa (*... exceto pelo contido na nota explicativa 10.a*) das demonstrações contábeis.

Quadro 5.2 Exemplo de relatório com opinião modificada. Ressalva

Relatório do auditor independente sobre as demonstrações contábeis

Aos acionistas da Companhia Dunas S/A

Opinião com ressalva

Examinamos as demonstrações contábeis consolidadas da Cia. Dunas S/A e suas controladas que compreendem o balanço patrimonial consolidado em 31 de dezembro de 20X1 e as respectivas demonstrações consolidadas do resultado, do resultado abrangente, das mutações do patrimônio líquido e dos fluxos de caixa para o exercício findo nessa data, bem como as correspondentes notas explicativas, incluindo o resumo das principais políticas contábeis.

Em nossa opinião, exceto pelos possíveis efeitos do assunto descrito na seção a seguir intitulada "Base para opinião com ressalva" do nosso relatório, as demonstrações contábeis consolidadas acima referidas apresentam adequadamente, em todos os aspectos relevantes, a posição patrimonial e financeira da Companhia Dunas S/A e suas controladas em 31 de dezembro de 20X1, o desempenho consolidado de suas operações e os seus fluxos de caixa consolidados para o exercício findo nessa data, de acordo com as práticas contábeis adotadas no Brasil.

Base para opinião com ressalva

O investimento da Companhia Dunas S/A na Empresa XYZ, uma coligada estrangeira adquirida durante o exercício e contabilizada pelo método da equivalência patrimonial, está registrado por $ xxx no balanço patrimonial consolidado em 31 de dezembro de 20X1, e a participação da Companhia Dunas S/A no lucro líquido da Empresa XYZ de $ xxx está incluída no resultado do exercício findo em 31 de dezembro de 20X1 da Companhia Dunas S/A. Não foi possível obter evidência de auditoria apropriada e suficiente sobre o valor contábil do investimento da Companhia Dunas S/A na Empresa XYZ em 31 de dezembro de 20X1 e da participação dela no lucro líquido da investida XYZ em razão de não termos tido acesso às informações contábeis, à administração e aos auditores da Empresa XYZ. Consequentemente, não foi possível determinar se havia necessidade de ajustar esses valores.

Nossa auditoria foi conduzida de acordo com as normas brasileiras e internacionais de auditoria. Nossas responsabilidades, em conformidade com tais normas, estão descritas na seção a seguir intitulada "Responsabilidade do auditor pela auditoria das demonstrações contábeis". Somos independentes em relação à companhia e suas controladas (grupo) de acordo com os princípios éticos relevantes previstos no Código de Ética Profissional do Contador e nas normas profissionais emitidas pelo Conselho Federal de Contabilidade e cumprimos com as demais responsabilidades éticas de acordo com essas normas. Acreditamos que a evidência de auditoria obtida é suficiente e apropriada para fundamentar nossa opinião com ressalva.

Fonte: NBC TA 700.

Relatório Adverso e Abstenção de Opinião

A estrutura do relatório com opinião modificada - Adverso segue a do relatório sem opinião modificada, diferenciando-se quanto à expressão *não apresentam adequadamente*, incluída no parágrafo opinião e evidenciada no parágrafo base para opinião adversa. Os demais parágrafos são iguais.

No caso da abstenção de opinião, a expressão utilizada, de maneira geral, é *não expressamos uma opinião sobre as demonstrações contábeis*.

Parecer Adverso

O auditor deve expressar uma opinião adversa quando, tendo obtido evidência de auditoria apropriada e suficiente, conclui que as distorções, individualmente ou em conjunto, são relevantes e generalizadas para as demonstrações contábeis. Nesse relatório, é evidenciado que as demonstrações contábeis não estão adequadamente representadas, nas datas e períodos indicados, de acordo com as normas de auditoria e Contabilidade.

Quadro 5.3 Exemplo de relatório com opinião modificada. Adverso

Relatório do auditor independente sobre as demonstrações contábeis

Aos acionistas da Companhia Dunas S/A

Opinião adversa

Examinamos as demonstrações contábeis consolidadas da Companhia Dunas S/A e suas controladas que compreendem o balanço patrimonial consolidado em 31 de dezembro de 20X1 e as respectivas demonstrações consolidadas do resultado, do resultado abrangente, das mutações do patrimônio líquido e dos fluxos de caixa para o exercício findo nessa data, bem como as correspondentes notas explicativas, incluindo o resumo das principais políticas contábeis.

Em nossa opinião, devido à importância do assunto discutido no parágrafo a seguir intitulado "Base para opinião adversa", as demonstrações contábeis consolidadas acima referidas ***não*** apresentam adequadamente, em todos os aspectos relevantes, a posição patrimonial e financeira da Companhia Dunas S/A e suas controladas em 31 de dezembro de 20X1 e o desempenho consolidado de suas operações e os seus fluxos de caixa consolidados para o exercício findo nessa data, de acordo com as práticas contábeis adotadas no Brasil.

Base para opinião adversa

Conforme explicado na Nota X, a companhia não consolidou a controlada XYZ, adquirida durante 20X1, devido a não ter sido possível determinar os valores justos de certos ativos e passivos relevantes dessa controlada na data da aquisição. Esse investimento, portanto, está contabilizado com base no custo. De acordo com as práticas contábeis adotadas no Brasil, a controlada deveria ter sido consolidada. Se a controlada XYZ tivesse sido consolidada, muitos elementos nas demonstrações contábeis consolidadas acima referidas teriam sido afetados de forma relevante. Os efeitos da não consolidação nas demonstrações contábeis consolidadas não foram determinados.

Nossa auditoria foi conduzida de acordo com as normas brasileiras e internacionais de auditoria. Nossas responsabilidades, em conformidade com tais normas, estão descritas na seção a seguir intitulada "Responsabilidade do auditor pela auditoria das demonstrações contábeis". Somos independentes em relação à companhia, de acordo com os princípios éticos relevantes previstos no Código de Ética Profissional do Contador e nas normas profissionais emitidas pelo Conselho Federal de Contabilidade, e cumprimos com as demais responsabilidades éticas de acordo com essas normas. Acreditamos que a evidência de auditoria obtida é suficiente e apropriada para fundamentar nossa opinião adversa.

Fonte: NBC TA 700.

Relatório com Abstenção de Opinião

No caso do relatório com abstenção de opinião, o auditor deve abster-se de expressar uma opinião quando não consegue obter evidência de auditoria apropriada e suficiente para suportar sua opinião e ele conclui que os possíveis efeitos de distorções não detectadas, se houver, sobre as demonstrações contábeis poderiam ser relevantes e generalizadas.

Por outro lado, o auditor também deve abster-se de expressar uma opinião quando, em circunstâncias extremamente raras envolvendo diversas incertezas, ele conclui que, independentemente de ter obtido evidência de auditoria apropriada e suficiente sobre cada uma das incertezas, não é possível expressar uma opinião sobre as demonstrações contábeis devido à possível interação das incertezas e seu possível efeito cumulativo sobre essas demonstrações contábeis.

De maneira geral, os relatórios com abstenção de opinião são decorrentes de uma ou mais limitações impostas pela administração depois da aceitação do trabalho pelo auditor. Nesse caso, se a administração se recusar a retirar a(s) limitação(ões), o auditor deve comunicar o assunto aos responsáveis pela governança, a menos que todos aqueles responsáveis pela governança estejam envolvidos na administração da entidade, assim como determinar se é possível executar procedimentos alternativos para obter evidência de auditoria apropriada e suficiente.

O auditor deve ainda analisar as implicações das limitações de forma a concluir:

a) se os possíveis efeitos de distorções não detectadas, se houver, sobre as demonstrações contábeis poderiam ser relevantes, mas não generalizados. Nesse caso, emitiria uma opinião com ressalva; ou
b) se ele concluir que os possíveis efeitos de distorções não detectadas, se houver, sobre as demonstrações contábeis poderiam ser relevantes e generalizados de modo que uma ressalva na opinião seria não adequada para comunicar a gravidade da situação. Nesse caso, o auditor deve:
   i) renunciar ao trabalho de auditoria, quando praticável e possível de acordo com as leis ou regulamentos aplicáveis; ou
   ii) se a renúncia ao trabalho de auditoria antes da emissão do seu relatório de auditoria independente não for viável ou possível, abster-se de expressar uma opinião sobre as demonstrações contábeis.

Quadro 5.4 Exemplo de relatório com opinião modificada. Abstenção de Opinião

Relatório do auditor independente sobre as demonstrações contábeis

Aos acionistas da Companhia Dunas S/A

Opinião com abstenção de opinião

Examinamos as demonstrações contábeis consolidadas da Companhia Dunas S/A e suas controladas que compreendem o balanço patrimonial consolidado em 31 de dezembro de 20X1 e as respectivas demonstrações consolidadas do resultado, do resultado abrangente, das mutações do patrimônio líquido e dos fluxos de caixa para o exercício findo nessa data, bem como as correspondentes notas explicativas, incluindo o resumo das principais políticas contábeis.

Em nossa opinião, devido à importância do assunto discutido no parágrafo a seguir intitulado "Base para abstenção de opinião", não nos foi possível obter evidência de auditoria apropriada e suficiente para fundamentar nossa opinião de auditoria. Consequentemente, não expressamos uma opinião sobre as demonstrações contábeis acima referidas.

Base para abstenção de opinião

O investimento da empresa no empreendimento XYZ (localizado no País X e cujo controle é mantido de forma compartilhada) está registrado por $ xxx no balanço patrimonial da Companhia Dunas S/A, que representa mais de 90% do seu patrimônio líquido em 31 de dezembro de 20X1. Não nos foi permitido o acesso à administração e aos auditores da XYZ, incluindo a documentação de auditoria do auditor da XYZ. Consequentemente, não nos foi possível determinar se havia necessidade de ajustes em relação à participação proporcional da Companhia nos ativos da XYZ, que ela controla em conjunto, assim como sua participação proporcional nos passivos da XYZ pelos quais ela é responsável em conjunto, e sua participação proporcional nas receitas, despesas e nos elementos componentes das demonstrações das mutações do patrimônio líquido e dos fluxos de caixa do exercício findo naquela data.

Nossa auditoria foi conduzida de acordo com as normas brasileiras e internacionais de auditoria. Nossas responsabilidades, em conformidade com tais normas, estão descritas na seção a seguir intitulada "Responsabilidade do auditor pela auditoria das demonstrações contábeis". Somos independentes em relação à companhia, de acordo com os princípios éticos relevantes previstos no Código de Ética Profissional do Contador e nas normas profissionais emitidas pelo Conselho Federal de Contabilidade, e cumprimos com as demais responsabilidades éticas de acordo com essas normas. Acreditamos que a evidência de auditoria obtida é suficiente e apropriada para fundamentar nossa abstenção de opinião.

Fonte: NBC TA 700.

Conforme deve ser notado nos exemplos acima, em todos os relatórios, exceto o sem ressalva, o auditor deve incluir, no parágrafo base para opinião, uma descrição clara e detalhada de todas as razões que fundamentaram o seu relatório e, quando aplicável, a quantificação dos efeitos sobre as demonstrações contábeis.

Nota

Os relatórios adverso e com abstenção de opinião não são muito comuns e constituem-se em uma informação extremamente negativa para a empresa auditada perante o mercado de capitais e os acionistas e futuros investidores em geral. Entretanto, deve-se ressaltar que o trabalho realizado durante o planejamento de auditoria deveria ter sido capaz de prever possíveis problemas futuros que pudesse acarretar relatórios adversos e com abstenção de opinião.

Por outro lado, embora o planejamento tenha sido feito adequadamente, podem ocorrer novas situações durante os trabalhos de campo que não eram possíveis de ser previstas no planejamento e que demandam novos procedimentos de auditoria que, quando insuficientes para suportar essa nova situação, acarretam ressalva ou mesmo a abstenção de opinião no relatório.

Quando a auditoria for efetuada em conglomerados onde há empresas controladas e coligadas, o auditor externo deve certificar-se de que todas as demais empresas que estão registradas na conta investimentos estão também dentro das normas contábeis. Se porventura as demais empresas forem auditadas por outras empresas, esse fato deve obrigatoriamente ser evidenciado no relatório. Ressalte-se ainda que a responsabilidade da empresa que realiza auditoria na controladora é plena, mesmo que as empresas coligadas e controladas tenham suas auditorias efetuadas por outras empresas.

5.2 Carta de responsabilidade da administração

A carta de responsabilidade emitida pelo cliente e destinada à auditoria constitui-se de uma declaração de que todas as informações constantes nas demonstrações contábeis, bem como todas as documentações e demais informações solicitadas pela auditoria, são verdadeiras. Esse documento é considerado um papel de trabalho e deve ser arquivado, junto com os demais WPs, na pasta permanente.

A carta de responsabilidade deve ser emitida no final dos trabalhos da auditoria com a mesma data do relatório sobre as demonstrações contábeis a que se refere.

Os objetivos do auditor independente ao obter a carta de responsabilidade podem ser resumidos como segue:

a) atender as normas de auditoria independente;
b) obter evidência auditorial por escrito;
c) delimitar as responsabilidades do auditor e da administração;
d) dar mais confiabilidade às informações verbais obtidas durante a auditoria;
e) dar garantias ao auditor independente quanto às responsabilidades posteriores à realização do trabalho, onde o nome do auditor esteja diretamente envolvido, tais como a apresentação das demonstrações aos sócios ou acionistas, a divulgação perante terceiros e outras;
f) possibilitar esclarecimento sobre pontos não constantes das demonstrações contábeis, tais como contingências ou responsabilidades não divulgadas, possibilidades efetivas de realização de determinados ativos e também aspectos de continuidade operacional.

A carta de responsabilidade da administração deve ser assinada pelo membro da administração que tiver a responsabilidade primária sobre a entidade e seus aspectos financeiros, geralmente o diretor-presidente e o diretor financeiro ou diretor de relações com o mercado, e pelo contabilista responsável pelas demonstrações contábeis.

Em determinadas circunstâncias, o auditor poderá exigir que a carta de responsabilidade também seja assinada por outros membros da administração.

A carta de responsabilidade ou qualquer outra informação dada por escrito pela administração da entidade auditada não elimina a necessidade do auditor de obter evidências sobre transações realizadas, pois não objetiva a eliminação de procedimentos de auditoria e nem substitui o trabalho do auditor independente.

Na possibilidade remota de a administração se recusar a fornecer a carta de responsabilidade ao auditor independente, isto constituirá uma limitação no escopo do seu exame.

Quadro 5.5 Exemplo-modelo de carta de responsabilidade

Local e data (a data deve ser igual a do relatório dos auditores independentes)

À

(NOME DA FIRMA DE AUDITORES INDEPENDENTES OU DO AUDITOR PESSOA FÍSICA)

Endereço do escritório de quem está emitindo o relatório.

Prezados Senhores:

Com referência ao seu exame das Demonstrações Contábeis da Cia. ABCD, relativas aos exercícios findos em XX de YY de ZZ e ZZ1, reconhecemos que a apresentação desta carta de responsabilidade constitui-se num procedimento de auditoria requerido pelas normas de auditoria aplicáveis no Brasil, para permitir-lhes formar uma opinião sobre se as Demonstrações Contábeis retromencionadas e a seguir identificadas, refletem, com adequação, em todos os aspectos relevantes, a posição patrimonial e financeira, os resultados das operações, as mutações do patrimônio líquido nos exercícios findos de acordo com as práticas contábeis adotadas no Brasil (ou outro conjunto de normas que tenha sido aplicável).

Para fins de identificação, as Demonstrações Contábeis examinadas por Vossas Senhorias apresentam os seguintes valores básicos:

	XX/YY/ZZ	XX/YY/ZZ1
Total do ativo		
Total das exigibilidades		
Patrimônio Líquido		
Lucro líquido exercício		

Essas contas estão de acordo com os livros da empresa e das Demonstrações Contábeis transcritas no Livro Diário e também concordarão com quaisquer publicações ou divulgações para outros fins.

Com base em nossos conhecimentos e opinião, como administradores da empresa, confirmamos as seguintes informações transmitidas a Vossas Senhorias durante seu exame das Demonstrações Contábeis dos exercícios sociais (ou períodos) findos.

Na qualidade de administradores da empresa, estamos cientes de nossa responsabilidade sobre o conjunto das Demonstrações Contábeis e das notas explicativas por nós apresentadas para o exame de Vossas Senhorias. Assim, na preparação do referido conjunto, atentamos para o fato de que deve apresentar, adequadamente, a posição patrimonial e financeira, o resultado das operações, as mutações do patrimônio líquido, as origens e as aplicações de recursos e todas as divulgações necessárias, segundo as práticas contábeis adotadas no Brasil, aplicados de maneira uniforme e em cumprimento à legislação pertinente. Além disso, colocamos à disposição de Vossas Senhorias todos os livros contábeis e financeiros, bem como os de atas de reuniões de acionistas, do conselho de administração e da diretoria. Adicionalmente, todas as atas de reuniões de acionistas, do conselho de administração e da diretoria celebradas até esta data encontram-se incluídas nos respectivos registros. Essas atas refletem a totalidade das decisões aprovadas.

As Demonstrações Contábeis e/ou suas notas explicativas:

I – Indicam ou registram:

1. Bases de avaliações dos ativos e ajustes dessas avaliações mediante provisões adequadas, quando necessárias, para refletir valores de realização ou outros valores previstos pelas práticas contábeis adotadas no Brasil. (Este item abrange todos os ativos, portanto, eventuais exceções devem ser incluídas aqui.)
2. Todas as obrigações e os passivos, bem como as informações pertinentes quanto a prazos, amortizações e encargos.
3. Todos os compromissos firmados e informações pertinentes.
4. Todos os prejuízos esperados em razão de circunstâncias já conhecidas.

II – Pressupõem que:

1. Todos os ativos são de propriedade da empresa e estão livres e desembaraçados de quaisquer ônus ou gravames.
2. Não há acordos para manutenção de limites mínimos de saldos em bancos ou outras vinculações, estando esses saldos disponíveis.
3. As contas estão adequadamente classificadas, considerando prazos e natureza dos ativos e passivos.
4. Todos os acordos ou operações estão adequadamente refletidos nas Demonstrações Contábeis.
5. Que o sistema contábil e de controle interno adotado pela entidade é de responsabilidade da administração e adequado ao seu tipo de atividade e volume de transações, assim como adequado para a prevenção e/ou detecção de eventuais fraudes e erros.

6. Todas as garantias dadas estão, adequadamente, divulgadas nas Demonstrações Contábeis.

Confirmamos a seguir o nome de todos os consultores jurídicos que cuidam de litígios, impostos, ações trabalhistas e quaisquer outros processos, a favor ou contra a empresa, bem como de qualquer outro fato que possa ser considerado como contingência.

Além disso, não temos conhecimento:

1. De que membros da administração não tenham cumprido todas as leis, as normas e os regulamentos a que a empresa está sujeita. Também não temos conhecimento de que houve, durante o exercício, operações ou transações que possam ser reconhecidas como irregulares ou ilegais e/ou que não tenham sido realizadas no melhor interesse da empresa.
2. De outras partes relacionadas, além daquelas pelas quais se apresentam informações nas respectivas notas explicativas às Demonstrações Contábeis.
3. De que diretores ou funcionários em cargos de responsabilidade ou confiança tenham participado ou participem da administração ou tenham interesses em sociedades com as quais a empresa manteve transações.
4. De quaisquer fatos ocorridos que possam afetar as Demonstrações Contábeis e as notas explicativas naquela data ou que as afetam até a data desta carta ou, ainda, que possam afetar a continuidade das operações da empresa.
5. De eventos e circunstâncias ocorridos ou esperados que possam nos levar a crer que o ativo imobilizado possa estar registrado por valores superiores ao seu respectivo valor de recuperação.
6. De efeitos relevantes nas Demonstrações Contábeis acima referidas e identificadas, decorrentes das seguintes situações:
   a) Ações ou reclamações relevantes contra a empresa.
   b) Acordos ou operações estranhos aos negócios normais ou quaisquer outros acordos.
   c) Inadimplências contratuais que possam resultar em prejuízos para a empresa.
   d) Existência de contingências (ativas ou passivas), além daquelas que estejam descritas nas notas explicativas e daquelas reconhecidas ou aprovisionadas.
   e) Existência de comunicação, por parte das autoridades normativas, sobre inobservância de normas ou aplicação de procedimentos contábeis etc.

Também confirmamos que:

A política de cobertura de seguros dos ativos e das operações da entidade é adequada às necessidades.

Não houve:

a) fraude envolvendo administração ou funcionários em cargos de responsabilidades ou confiança;

b) fraude envolvendo terceiros que poderiam ter efeito relevante nas Demonstrações Contábeis;

c) violação ou possíveis violações de leis, normas ou regulamentos cujos efeitos deveriam ser considerados para divulgação nas Demonstrações Contábeis ou mesmo dar origem ao registro de provisão para contingências passivas.

Os efeitos de distorções não reconhecidas nas Demonstrações Contábeis e sumariadas no Anexo I são irrelevantes, tanto individualmente quanto em agregado, para as Demonstrações Contábeis em seu conjunto. Além disso, não temos conhecimento de quaisquer outras distorções que não tenham sido ajustadas nas Demonstrações Contábeis.

Obs.: Incluir detalhes dos ajustes e reclassificações propostos pelos auditores independentes e não contabilizados pela entidade auditada, que seriam necessários para eliminar as distorções.

Todas as transações efetuadas no período foram devidamente registradas no sistema contábil de acordo com a legislação vigente. Especificamente, com relação aos instrumentos financeiros derivativos, a empresa celebrou contratos de (indicar as operações com instrumentos financeiros derivativos). Tais contratos estão adequadamente documentados e contabilizados nos registros contábeis e adequadamente divulgados nas Demonstrações Contábeis. Não temos conhecimento da existência de outros contratos com estas características, ou similares, que possam ser considerados como instrumentos financeiros derivativos que não tenham sido reportados a Vossas Senhorias.

Atenciosamente,

(NOME DA ENTIDADE AUDITADA)

Presidente

Diretor(es)

Contador responsável pelas demonstrações contábeis

Fonte: Adaptado da Resolução CFC 1.054/05.

5.3 Normas internacionais – Sarbanes-Oxley (SOx)

Após o escândalo de fraudes envolvendo principalmente as empresas Enron e WorldCom, com a conivência, no primeiro caso, da auditoria Arthur Andersen, o Congresso americano criou em 2002 uma norma denominada Sarbanes-Oxley, ou simplesmente SOx, sobrenomes do senador e do deputado americanos autores da lei.

Essa nova norma visava dar maiores garantias aos investidores quanto à segurança do mercado acionário americano. A sua obrigatoriedade para todas as empresas com ações negociadas na bolsa de Nova Iorque causou forte impacto no mercado acionário americano.

Em razão do alto custo de implantação, essa lei alavancou significativamente o lucro das empresas de auditoria externa no mundo todo.

A SOx é composta de diversos artigos que são divididos em 11 categorias ou títulos, abrangendo desde os relatórios da administração até os serviços da auditoria independente propriamente ditos.

A seguir, são apresentadas resumidamente essas categorias/títulos.

a) Implementação de órgão de supervisão dos auditores independentes – *Public Company Accounting Oversight Board* (PCAOB)

Essa categoria é composta de nove seções onde são estabelecidas as normas e os padrões de auditoria, bem como a independência e controle de qualidade sobre os trabalhos executados. Determina ainda as normas de acompanhamento das empresas de auditorias independentes com registro na SEC.

Em linhas gerais, o PCAOB é um conselho privado formado por cinco participantes indicados pela SEC e que gozem de reconhecida reputação, integridade, conhecimento técnico e comprometimento com os interesses dos investidores. Ressalte-se que apenas dois participantes podem ser contadores. Dentre as responsabilidades do PCAOB, destacam-se:

- os registros e fiscalizações das empresas de auditoria externa autorizadas;
- o estabelecimento de padrões, controle de qualidade e ética nos trabalhos executados pelas empresas de auditoria.

Como o conselho é um órgão privado, suas determinações necessitam ser ratificadas pela SEC para se tornarem efetivas. Nessa linha, uma dessas determinações – o padrão de auditoria nº 3 – estabelece critérios para guarda da documentação das auditorias independentes. A intenção dessa norma foi evitar a eliminação da documentação da auditoria pela Arthur Andersen, como ocorrido no caso Enron.

b) Independência da auditoria externa

Essa parte é composta também por nove seções e estabelece as normas de independência da auditoria. Aborda os possíveis conflitos de interesses da auditoria e/ou entre os membros da auditoria e o cliente.

A seção 201 estabelece de forma clara os serviços que estão proibidos de serem executados em concomitância com trabalhos de auditoria externa. Destes, destacam-se:

- implantação, operação ou supervisão dos sistemas de informação financeira;
- avaliação de empresas;
- cálculos atuariais;
- serviços de auditoria externa;
- recrutamento e seleção;
- pronunciamentos técnicos em favor de seus clientes.

Essa parte determina ainda a aprovação prévia pelo comitê de auditoria de quaisquer outros serviços não listados na seção 201 e que possam vir a ser prestados pela auditoria independente ao mesmo cliente.

Outros pontos importantes são:

- o rodízio dos sócios encarregados pelos trabalhos a cada cinco anos;
- a auditoria passa a reportar-se diretamente ao comitê de auditoria;
- intervalo de um ano entre as contratações, ou seja, uma empresa contrata a auditoria e, quando da finalização do contrato, um novo só poderá ser efetuado com uma carência de um ano.[6]

c) Responsabilidade corporativa

Essa categoria é composta de oito seções e determina, em linhas gerais, a responsabilidade dos membros da empresa auditada (presidente, diretor financeiro, contador etc.) pela exatidão e verdade dos números apresentados nos relatórios financeiros da empresa. Essa

6 O Brasil há muito tempo adota também esse procedimento, só que com um prazo de três anos de carência.

responsabilidade alcança os bens pessoais dos envolvidos, além das demais implicações cíveis e criminais decorrentes das ações fraudulentas. Define ainda a interação dos auditores e seus clientes.

Uma das grandes contribuições dessa parte da lei foi a criação do comitê de auditoria (seção 301). Esse comitê, vinculado diretamente ao conselho de administração e com orçamento próprio, é responsável pela escolha da auditoria que efetuará o trabalho na empresa, bem como pela supervisão desse trabalho. Esse comitê é formado por membros do conselho de administração, com a participação de pelo menos um especialista em finanças. Uma das principais funções desse comitê é buscar eliminar uma possível conivência entre o setor financeiro-contábil e auditoria interna da empresa com a auditoria externa, conforme ocorrido no caso Enron.

Conforme instrução normativa CVM 509/11, foi instituída a possibilidade para todas as empresas de criação do Comitê de Auditoria Estatutário – CAE. Ressalte-se que algumas empresas brasileiras com ações negociadas na Bolsa de Nova Iorque já haviam adotado o comitê de auditoria nos moldes e por força da SOx.

Outra atribuição "menos ortodoxa" do comitê é a de estabelecer condições para o recebimento de denúncias de fraudes decorrentes dos trabalhos da auditoria externa ou mesmo dos controles internos.

A seção 302 determina que o presidente e o diretor financeiro certifiquem trimestralmente o texto[7] constante no Quadro 5.6.

Quadro 5.6 Certificação

Certificação

I – [Nome e identidade do responsável] certifica que:

1. Revisei este relatório anual (ou trimestral) reportado no formulário 20-F da empresa [nome da empresa];
2. Baseado no meu conhecimento, esse relatório anual não contém nenhuma declaração material que não seja verdadeira ou omita a necessária declaração de fatos materiais para a sua elaboração, está em consonância com as circunstâncias sob as quais tais declarações foram feitas. Estas declarações não são enganosas com relação ao período coberto por este relatório anual (ou trimestral);
3. Baseado no meu conhecimento, os demonstrativos financeiros e outras

[7] O texto não pode ser adaptado

informações financeiras contidas nesse relatório anual (ou trimestral) apresentam informações verdadeiras em todos os aspectos de condição financeira, resultado das operações e fluxos de caixa da empresa até e para o período apresentado neste relatório anual (ou trimestral);

4. Os demais certificadores e eu somos responsáveis por estabelecer e manter controles de divulgação e procedimentos (tais como descritos na lei de títulos mobiliários, regras 13 a-14 e 15 d-14) da empresa, e:
   a) tais controles e procedimentos foram adaptados de forma a assegurar que informações materiais relativas à empresa, incluindo suas subsidiárias consolidadas, são trazidas a nosso conhecimento por membros destas entidades, particularmente, durante o período em que este relatório é preparado;
   b) a efetividade dos controles e procedimentos da empresa foi testada até 90 dias antes do preenchimento deste relatório anual (ou trimetral) (data da avaliação); e
   c) este relatório anual (trimestral) apresenta nossas conclusões a respeito da efetividade dos controles de divulgação e procedimentos, tendo por base os nossos testes até a data da avaliação.
5. Os demais certificadores e eu, baseados em nossa avaliação mais recente, apresentamos aos auditores independentes e ao Comitê de Auditoria do Conselho de Administração da empresa:
   a) todas as deficiências significativas relacionadas ao desenho ou operação de controles internos que possam vir a afetar negativamente a habilidade da empresa em contabilizar, processar, resumir e reportar dados financeiros; e apresentamos aos auditores independentes todas as fragilidades materiais nos controles internos; e
   b) qualquer fraude, sendo ela material ou não, que envolva a administração ou outros funcionários que exerçam funções importantes com relação aos controles internos da empresa.
6. Os demais certificantes e eu indicamos nesse relatório anual (ou trimestral) se há ou não necessidade de mudanças importantes nos controles internos ou em outros fatores que possam afetar significativamente estes controles internos em períodos posteriores à data da nossa avaliação mais recente, incluindo qualquer medida corretiva a deficiências expressivas ou fragilidades materiais.

____

Data

____

Assinatura

Cargo

Fonte: Borgerth (2007).

Ainda dentro desse título, a seção 304 determina a devolução de bônus e participações no resultado, no caso de republicações das demonstrações contábeis em decorrência de omissões e/ou negligências materiais.

d) Evidenciação das demonstrações contábeis

Essa parte da norma reforça a necessidade de se buscar sempre clareza e precisão das informações prestadas nos relatórios contábeis e financeiros divulgados pelas empresas. A norma inclui informações contábeis e extracontábeis, bem como informações sobre possíveis mudanças de procedimentos contábeis e quaisquer outras informações relevantes. Exige ainda controles internos que sejam capazes de reduzir a possibilidade de erros e/ou fraudes. É composta de nove seções. Dentre estas seções, destacam-se:

- Seção 402 – Empréstimos aos executivos – a lei veta a realização de empréstimos aos executivos da empresa, com poucas exceções, como, por exemplo, para aquisição da casa própria.
- Seção 403 – Cadastro de administradores e acionistas – estabelece que todos aqueles que detenham mais de 10% do capital da empresa, independentemente do tipo/classe de ações, deverão manter cadastro atualizado na SEC.
- Seção 404 – Avaliação dos controles internos – nessa seção são estabelecidos os critérios para a avaliação dos controles internos de forma a possibilitar a certificação prevista na seção 302. A SEC recomenda que as empresas adotem as determinações do COSO (Committee of Sponsoring Organizations). Segundo Borgerth (2007), O COSO foi criado em 1985 a fim de assessorar a Comissão Nacional sobre Relatórios Financeiros Fraudulentos. Trata-se de uma instituição privada. Por controle interno o COSO entende todo processo conduzido pela diretoria, conselhos ou outros empregados de uma companhia, no intuito de prover uma razoável garantia com relação ao cumprimento das metas relacionadas a três categorias:
  - eficácia e eficiência das operações;
  - confiabilidade nos relatórios financeiros;
  - conformidade com a legislação e regulamentos aplicáveis.

A avaliação dos controles internos abrange responsabilidade de toda a empresa, bem como a auditoria externa da seguinte forma:

1. a auditoria interna avalia e certifica os controles internos da empresa;
2. a empresa realiza uma autoavaliação e certificação dos controles;
3. a certificação final é dada pela auditoria externa.

- Seção 406 – Código de ética – essa seção obriga que a empresa divulgue de forma ampla se tem ou não um código de ética. Em caso afirmativo, deve disponibilizá-lo na Internet.

e) Conflito de interesses

Composto de apenas uma seção, esse título define os códigos de conduta para os analistas de mercado com intuito de divulgação de possíveis conflitos de interesses de modo a evitar, entre outros pontos, o uso de informações privilegiadas.

f) Responsabilidade e autoridade

Composta de quatro seções, essa categoria define o alcance da autoridade da SEC sobre os profissionais que atuam no mercado de capitais americano. Define ainda procedimentos a serem seguidos pelos analistas de mercado de forma a tentar salvaguardar a confiança no mercado de ações.

g) Estudos de mercado

Essa categoria, composta de cinco seções, determina a realização de estudos e análises contínuas das empresas que constituem o mercado acionário americano de forma a determinar possíveis violações das normas da SOx entre outras avaliações visando identificar e mitigar os riscos e o funcionamento do mercado de capitais. Das seções que compõem esse título, destacam-se:

- Seção 701 – avalia as grandes fusões de empresas de auditoria externa;
- Seção 702 – avalia a atuação das agências independentes de classificação de riscos (*rating*);

h) Fraudes corporativas e responsabilidades penais

Em consonância com o título descrito na letra c acima, esse título, composto de sete seções, descreve e detalha as sanções penais por fraude na manipulação, eliminação ou alteração dos registros contábeis, bem como outras atitudes com intuito de dificultar as investigações dos órgãos competentes. Descreve ainda a proteção aos funcionários que denunciarem fraudes nas empresas. Destacam-se:

- Seção 802 – Destruição ou falsificação de documentos – prisão de até 20 anos, cassação do registro profissional e multa;
- Seção 806 – Proteção a funcionários que denunciarem fraudes – proíbe às empresas qualquer retaliação contra funcionário que denuncie e/ou ajude a investigar crimes corporativos.

i) Crimes do "colarinho branco"

É composto de seis seções e especifica e amplia as sanções penais relacionadas com atividades ilícitas praticadas por altos executivos e demais membros do alto escalão das empresas, denominadas "crimes do colarinho branco". Destacamos:

- Seção 906 – Declaração fraudulenta nos certificados previstos nas seções 302 e 404 – Penalidades:

– sem dolo: multa de 1 milhão de dólares e/ou prisão de até 10 anos;

– com dolo: multa de 10 milhões de dólares e/ou prisão de até 20 anos.

j) Declaração fiscal

Composto por apenas uma seção, esse título determina que os CEO assumam a responsabilidade formal sobre os aspectos fiscais e tributários da empresa.

k) Fraudes corporativas

Essa categoria é composta de sete seções e especifica as fraudes corporativas, considerando-as como delitos penais e determinando penas e multas. Dessa forma, possibilita à SEC o congelamento temporário de operações consideradas incomuns.

Exercícios e estudos de casos

1. Relacione as colunas. É possível que uma situação se aplique a mais de uma classificação (considere cada situação separadamente)[8]:

   (1) Relatório adverso (2) Relatório com ressalva; (3) Parágrafo de ênfase; (4) Relatório sem ressalva; (5) Relatório com abstenção de opinião; (6) Carta de responsabilidade.

   Situações:

   a. ( ) A auditoria descobriu que o seu cliente havia negociado com terceiros valores a receber de clientes e não baixou do seu ativo. O valor representa 10,5% do ativo total da empresa. A auditoria propôs o ajuste, que não foi aceito pelo cliente.

   b. ( ) Durante a contagem física foram constatadas diferenças a maior (estoque físico superior ao estoque contábil) no montante aproximado de R$ 2.000.000. A auditoria externa e a interna tentaram localizar a diferença sem sucesso. O cliente não aceitou o ajuste alegando que se tratava apenas de um erro de registro e que localizaria a diferença, em alguns dias. Alegou ainda que, caso registrasse a diferença, pagaria imposto indevidamente, pois tinha certeza que tratava-se de um erro contábil.

   c. ( ) O cliente efetuou a consolidação parcial das suas controladas. Como todas apresentavam prejuízo, a empresa apresentou lucro. Caso fossem feitas todas as consolidações, o resultado seria um prejuízo de R$ 12 milhões. O Patrimônio Líquido (PL) do cliente era de R$ 45 milhões.

   d. ( ) O cliente não aceitou efetuar integralmente o ajuste relativo a perda identificada na contagem física dos estoques no montante de R$ 1.050.500. Aceitou efetuar R$ 980.050. O razão do estoque apresentava um valor total de R$ 12 milhões.

   e. ( ) O cliente se recusou a efetuar um ajuste relativo a variação cambial no montante de R$ 1,5 milhão referente a

[8] Professor: Sugere-se que seja debatido com a turma a questão da materialidade dos ajustes.

empréstimos contraídos no exterior. O PL da empresa era de R$ 50 milhões.

f. ( ) O cliente não forneceu o razão de todas as contas afirmando que ainda estava fechando os números finais. Faltando 20 dias para a publicação das DCs, ainda não haviam sido disponibilizadas algumas contas do ativo e do resultado.

g. ( ) O cliente não efetuou o ajuste referente à receita de MEP (método de equivalência patrimonial) no valor de R$ 2.500.000 alegando que a empresa coligada está sob investigação do Ministério Público e em sérias dificuldades fiscais e financeiras, havendo indícios de falência. Caso a falência ocorra, poderá comprometer a continuidade do cliente no longo prazo.

h. ( ) A auditoria descobriu que o cliente havia negociado com terceiros valores a receber de clientes e não baixou do seu ativo. O valor representa 82% do ativo total da empresa. A auditoria propôs o ajuste, que foi aceito pelo cliente.

2. Você é sócio de uma empresa de auditoria e o seu cliente se recusou a fazer alguns ajustes propostos pela sua equipe. Os ajustes propostos e as respectivas alegações do cliente foram as seguintes:

- ajuste referente à não contabilização da variação cambial sobre empréstimos obtidos de longo prazo no valor de R$ 1.720.000. O cliente alega que esse prejuízo é decorrente das políticas públicas;
- ajuste referente ao cheque do diretor financeiro "trocado" no caixa, no valor de R$ 550. O cliente alegou que o valor foi devolvido ao caixa em 15/2;
- ajuste referente a uma despesa de MEP (método de equivalência patrimonial), não contabilizada, no valor de R$ 8.258.580. A empresa alegou que o prejuízo da sua coligada foi apenas esse ano, que no ano anterior teve um bom lucro e que espera no próximo ano um lucro excepcional;
- ajuste referente a despesas financeiras no valor de R$ 120. O cliente alega que já acertou em janeiro do ano seguinte ao balanço;

- ajuste referente à provisão para perda de estoque no montante de R$ 10.508.080. A empresa alega que a perda foi decorrente das chuvas;
- ajuste referente a provisão para um passivo ambiental, além de multa recebida por dano ambiental no valor de R$ 25.000.000. A empresa alega que a causa está sendo discutida na Justiça e que, por este motivo, não vê necessidade da provisão. Na carta de circularização dos advogados, os mesmos dizem que a empresa perdeu na segunda estância, mas que vai recorrer de novo. Esses ajustes, se efetuados, reverteriam o resultado de um lucro de dez milhões de reais para um prejuízo da ordem de trinta milhões de reais.

Qual seria sua atitude na condição de sócio da empresa de auditoria responsável pelo trabalho? Comente sucintamente cada ajuste proposto separadamente.

3. A empresa de auditoria Alfa S/C Ltda apurou os seguintes fatos junto ao cliente Beta S/A no exercício de 01/01/20X1 e 31/12/20X1:

a) Ajuste referente a baixa de ativo imobilizado no montante de R$ 2.000.000;

b) Ajuste referente ao não reconhecimento de parte dos juros sobre empréstimos no exterior no valor de R$ 3.000.000;

c) Ajuste referente a falta de dinheiro no caixa da empresa durante inventário físico no valor de R$ 10.000;

d) Multa relativa a um vazamento de resíduo tóxico ocorrido em 01/01/20X2 no montante de R$ 10.000.000. A multa foi provisionada em 30/01/20X2, porém não foi paga até o término dos trabalhos de campo da auditoria.

e) Multa trabalhista relativa a demissão em massa ocorrida em 10/02/20X1 no valor de R$ 2.700.000. A mesma não foi provisionada.

Outras informações:

1) O planejamento da auditoria determinou como valor relevante para ajuste R$ 2.100.000;

2) O patrimônio líquido da empresa em 31/12/20X1 era de R$ 65.000.000 e a DRE deste mesmo ano apresentava um lucro de R$ 8.000.000, 30% superior ao do ano anterior.

Pede-se (considere cada questão separadamente):

I. Se tivesse ocorrido apenas as letras a) e b). Qual seria o tipo de relatório, caso o cliente não concordasse com o ajuste no resultado? Haveria parágrafo de ênfase?

II. Se tivesse ocorrido apenas as letras a) e d). Qual seria o tipo de relatório, caso o cliente não concordasse com o ajuste no resultado? Haveria parágrafo de ênfase?

III. Se tivesse ocorrido apenas as letras a), b) e e). Qual seria o tipo de relatório caso o cliente não concordasse com o ajuste no resultado? Haveria parágrafo de ênfase?

IV. Se tivesse ocorrido apenas a letra d). Qual seria o tipo de relatório? Haveria parágrafo de ênfase?

V. Se a multa da letra d) não tivesse sido provisionada, mas paga em 30/01/20X2. Qual seria o tipo de relatório? Haveria parágrafo de ênfase?

VI. Se tivesse ocorrido apenas as letras d) e e). Qual seria o tipo de relatório, caso o cliente não concordasse com o ajuste no resultado? Haveria parágrafo de ênfase?

VII. Se tivesse ocorrido todas as situações. Qual seria o tipo de relatório, caso o cliente concordasse com o ajuste no resultado? Haveria parágrafo de ênfase?

VIII. Se a multa da letra d) não tivesse sido provisionada e a letra e) tivesse sido provisionada. Qual seria o tipo de relatório, caso o cliente não concordasse com o ajuste no resultado? Haveria parágrafo de ênfase?

IX. Se tivesse ocorrido todas as situações. Qual seria o tipo de relatório, caso o cliente não concordasse com o ajuste no resultado? Haveria parágrafo de ênfase?

4. A empresa de auditoria Minas S.C. Ltda., ao analisar o razão nos meses de janeiro e fevereiro de 20X8 da auditoria realizada na empresa Santos em 31/12/20X7, constatou o pagamento de R$ 750.000 referente a uma ação trabalhista iniciada em 20X5 e

não registrada nas DCs posteriores. Verificou também o pagamento de uma multa ambiental de R$ 900.000 em função de um vazamento de óleo da sua caldeira ocorrido em 10 de janeiro de 20X8. Ambos os valores são materiais dentro do planejamento da auditoria.

Em relação aos procedimentos de auditoria e ao relatório, qual deverá ser a atitude da auditoria? Justifique em detalhes.

5. A empresa de auditoria Carioca S.C. Ltda. apresentou dois ajustes a serem efetuados pelo cliente. O primeiro era relativo ao não reconhecimento de uma despesa no valor de R$ 200.000 que afetava tanto o resultado da empresa como a provisão para o imposto de renda. O segundo ajuste era referente à não contabilização de tarifas bancárias referentes à manutenção da conta corrente no montante total de R$ 100. Entretanto, o cliente recusou-se a aceitar ambos os ajustes propostos alegando que, no primeiro, discorda da despesa, uma vez que a mesma ainda não foi paga e, no caso do segundo ajuste, o banco iria devolver as despesas bancárias já que a empresa tinha diversas aplicações financeiras e mantinha um alto saldo médio.

O valor do patrimônio líquido da empresa era de R$ 800.000.

Pede-se:

Qual o procedimento da auditoria em relação ao relatório? Justifique em detalhes.

Questões de concursos públicos[9]

1. (Auditor-Fiscal da Receita Federal – 2003) Dadas as situações a seguir, identifique, na respectiva ordem, quais os tipos de parecer de auditoria mais adequados a cada situação:

   I. O auditor constatou que a empresa Alpha S.A. somente faturava parte de suas mercadorias vendidas e que boa parte das mercadorias compradas entravam sem documentação hábil.

[9] Sugere-se que, na resolução das questões de concursos, sejam justificadas todas as respostas incorretas.

II. O auditor constatou que a empresa Beta S.A. não estava reconhecendo os juros e variações monetárias de seus contratos de financiamentos junto ao Banco Empresta Tudo S.A., efetuando a contabilização somente no pagamento do empréstimo.

III. O auditor, ao executar os trabalhos na empresa Gama S.A., encontrou divergências no cálculo da provisão para contingências trabalhistas. Ao analisar a relevância dos números, percebeu que os mesmos não afetavam as demonstrações contábeis.

IV. O auditor, ao avaliar as demonstrações financeiras da empresa Omega S.A., não conseguiu compor o saldo das contas de financiamentos concedidos, nem das contas de investimento.

a) Com ressalva, adverso, abstenção de opinião e sem ressalva.

b) Adverso, abstenção de opinião, sem ressalva e com ressalva.

c) Adverso, com ressalva, sem ressalva e abstenção de opinião.

d) Abstenção de opinião, sem ressalva, com ressalva e adverso.

e) Abstenção de opinião, com ressalva, sem ressalva e adverso.

2. (Auditor-Fiscal da Receita Federal – 2003) A carta de responsabilidade deve ser emitida pelos administradores da empresa auditada e datada com:

a) a mesma data das demonstrações contábeis elaboradas pela empresa.

b) a data em que a administração efetivamente emitir a carta e assinar.

c) a mesma data do parecer de auditoria sobre as demonstrações contábeis.

d) a mesma data da publicação das demonstrações contábeis nos jornais.

e) a data em que a empresa de auditoria solicitar que seja emitida.

3. (Adaptada de Auditor-Fiscal da Previdência Social – 2002) De acordo com as Normas de Auditoria Independente das Demonstrações Contábeis, em relação ao Parecer do Auditor não é correto afirmar que:

a) o parecer sem ressalva indica que o auditor está convencido de que as demonstrações contábeis foram elaboradas consoante às

Normas Brasileiras de Contabilidade e com base na subjetividade do auditor.

b) em condições normais, é dirigido aos acionistas, cotistas ou sócios, ao conselho de administração ou à diretoria da entidade, ou outro órgão equivalente, segundo a natureza desta. Em circunstâncias próprias, o parecer é dirigido ao contratante dos serviços.

c) a abstenção de opinião em relação às demonstrações contábeis tomadas em conjunto não elimina a responsabilidade do auditor de mencionar, no parecer, qualquer desvio relevante que possa influenciar a decisão do usuário dessas demonstrações.

d) o auditor independente deverá, em seu parecer, mencionar, em parágrafo de ênfase, as evidências de riscos constatadas em exames e os efeitos que poderão ocasionar na continuidade operacional da entidade, de modo que os usuários tenham adequada informação sobre tal fato.

4. (Casa da Moeda – Auditor – 2009) Sobre as técnicas de auditoria, na ótica das normas do Conselho Federal de Contabilidade, analise as afirmações a seguir.

I. O planejamento de auditoria pressupõe adequado nível de conhecimento sobre o ramo de atividade, negócios e práticas operacionais da entidade.

II. Uma vez estabelecidos, os programas de trabalho do auditor são imutáveis, a menos que a administração da entidade concorde com sua revisão e atualização.

III. O auditor, ao aplicar os testes substantivos, deve objetivar a obtenção de evidências quanto à existência, à efetividade e à continuidade dos controles internos.

IV. Ao determinar a extensão de um teste de auditoria ou método de seleção de itens a serem testados, o auditor pode empregar técnicas de amostragem não estatísticas.

Está correto o que se afirma APENAS em:

a) I e III.

b) I e IV.

c) II e III.

d) II e IV.

e) III e IV.

5. (Auditor-Fiscal da Previdência Social – 2002) Na realização dos serviços de auditoria, a avaliação do controle interno é de fundamental importância para o auditor. Assim sendo, pode-se afirmar que:

a) Há relação do controle interno com o número de testes a serem aplicados pela auditoria. Desta forma, se o controle interno for eficiente, menor será o número de testes, mas o auditor nunca deverá deixar de aplicá-los. No entanto, se o controle interno for deficiente, o auditor deverá aplicar número maior.

b) Empresa que apresente controle interno deficiente, segundo a avaliação do auditor, dispensa a aplicação de teste, pois o controle interno não interfere nessa análise.

c) O número de testes é puramente subjetivo, ou seja, depende da experiência do auditor.

d) Os testes de auditoria não guardam correlação com a avaliação do controle interno da empresa.

e) Empresa que apresente controle interno eficiente, segundo a avaliação do auditor, dispensa a aplicação de testes de auditoria.

6. (COPEL – Auditor Pleno – 2010) Na auditoria das demonstrações contábeis, o auditor deve efetuar o estudo e a avaliação do sistema contábil e de controles internos da entidade, com a finalidade principal de:

a) Verificar se os sistemas funcionam da forma que estão previstos.

b) Proporcionar a emissão de relatório de recomendação de melhorias requeridas.

c) Determinar a natureza, a oportunidade e a extensão dos procedimentos de auditoria.

d) Constatar pontos fracos e ineficiências que possam gerar fraudes e erros.

e) Proporcionar conhecimentos básicos sobre a empresa e sua organização.

7. (COPEL – Auditor Pleno – 2010) O procedimento de auditoria de verificação do comportamento de valores relevantes, mediante índices, quocientes e outros meios, visando identificar tendências ou situações anormais, denomina-se:
   a) Revisão analítica.
   b) Observação.
   c) Investigação e confirmação.
   d) Conferência de cálculos.
   e) Inspeção.
8. (COPEL – Auditor Pleno – 2010) Durante a fase de testes de observância, o auditor constatou algumas imperfeições no ciclo de compras e foi necessário aumentar o nível de risco de detecção. Assim, pode-se afirmar que o auditor deve:
   a) Aumentar os testes de controle.
   b) Diminuir os testes substantivos.
   c) Aumentar os testes substantivos.
   d) Diminuir os testes de controle.
   e) Manter os testes substantivos.
9. (COPEL – Auditor Pleno – 2010) O trabalho de auditoria segue um encadeamento lógico que é considerado como ponto de partida para que se obtenham evidências com qualidade dentro de um tempo adequado para as entidades, envolvendo as seguintes etapas:
   I. Planejamento dos trabalhos.
   II. Elaboração do relatório.
   III. Avaliação do controle interno.
   IV. Emissão do parecer.
   V. Elaboração do programa de trabalho.
   VI. Elaboração das folhas-mestre e analíticas.

   A sequência CORRETA dessas etapas é:
   a) I – V – III – VI – IV – II.
   b) I – V – VI – III – II – IV.
   c) III – I – V – VI – II – IV.

d) III – VI – I – V – IV – II.

e) V – I – VI – II – III – IV.

10. (FHEMIG – Controlador – 2009) Os procedimentos de auditoria representam um conjunto de técnicas que o auditor utiliza para colher as evidências sobre as informações do processo auditado.

Com relação aos procedimentos de auditoria, assinale a alternativa *INCORRETA*.

a) A contagem física é utilizada para as contas do ativo e consiste na identificação física e no estado de conservação em que se encontra o bem.

b) Na confirmação com terceiros, o auditor obtém informação de terceiros para comprovação de algum tipo de transação ou saldo de conta. Essas informações são mais confiáveis que as informações produzidas na empresa.

c) Na conferência de cálculos, o auditor confere, por amostragem, os cálculos efetuados pelo contador na elaboração das demonstrações financeiras.

d) Na inspeção de documentos, o auditor examina somente os documentos externos, aqueles fornecidos por terceiros, já que os documentos produzidos internamente não têm a confiabilidade necessária à formação de opinião do auditor.

11. (DERSA – Auditor Sênior – 2009) Os seguintes procedimentos devem ser executados pelo Auditor Independente com respeito aos passivos não registrados e às contingências, exceto:

a) Indagar e discutir com a administração a respeito das políticas e dos procedimentos adotados para identificar, avaliar e contabilizar e/ou divulgar os passivos não registrados e as contingências.

b) Obter, formalmente, da administração uma descrição das contingências na data de encerramento das Demonstrações Contábeis e para o período que abrange essa data e a data de emissão do parecer de auditoria sobre essas demonstrações, incluindo a identificação dos assuntos sob os cuidados profissionais de consultores jurídicos.

c) Examinar os documentos em poder do cliente vinculados aos passivos não registrados e às contingências, incluindo correspondências e faturas de consultores jurídicos.

d) Obter representação formal da administração, contendo a lista de consultores ou assessores jurídicos que cuidam do assunto e representação de que todas as contingências potenciais ou ainda não formalizadas, relevantes, foram divulgadas nas Demonstrações Contábeis.

e) Confirmar os valores das contas a pagar, através de comunicação direta com os terceiros envolvidos, enviando carta e confrontando a resposta com os valores registrados nas Demonstrações Contábeis.

12. (AGE/PA – Auditor de finanças e controle – 2006) Quando uma empresa de auditoria independente realizar um trabalho de auditoria nas demonstrações contábeis de uma empresa em que as Demonstrações Contábeis do exercício anterior tenham sido examinadas por outro auditor:

a) Na execução dos trabalhos, deve ampliar a população das amostras de auditoria que serão realizadas nas receitas e despesas, visando à obtenção de evidências suficientes de que os saldos de abertura do exercício não contenham representações errôneas ou inconsistentes que, de alguma maneira, distorçam as Demonstrações Contábeis do exercício atual.

b) O planejamento de auditoria deve contemplar, também, obtenção de evidências suficientes de que os saldos de abertura do exercício não contenham representações errôneas ou inconsistentes que, de alguma maneira, distorçam as Demonstrações Contábeis do exercício atual.

c) Deve solicitar os papéis de trabalho originais do outro auditor para arquivá-los em pasta de trabalho permanente, visando salvaguardar-se de erros ou omissões não identificadas no exercício anterior.

d) Deve solicitar os papéis de trabalho originais do outro auditor para arquivá-los em pasta de trabalho corrente, visando salvaguardar-se de erros ou omissões não identificadas no exercício anterior.

e) Deve solicitar os papéis de trabalho originais do outro auditor, devendo os mesmos ser devidamente registrados em cartório, para arquivá-los em pasta de trabalho permanente, visando salvaguardar-se de erros ou omissões não identificadas no exercício anterior.

13. (DERSA – Auditor Sênior – 2009) De acordo com a seção 302 da "Sarbanes-Oxley Act of 2002", o executivo principal e o diretor financeiro deverão emitir "certificações". Dentre os itens a seguir assinale aquele que não apresenta uma certificação a ser apresentada segundo a seção 302.

a) Que realmente são responsáveis pelo estabelecimento e a manutenção dos controles internos.

b) Que projetaram os controles internos ou supervisionaram seu projeto para assegurar que as informações materiais cheguem ao conhecimento de todos.

c) Que avaliaram a eficácia dos controles internos dentro do período de 90 (noventa) da data dos Relatórios.

d) Que divulgaram nos Relatórios suas conclusões a respeito da eficácia dos controles internos.

e) Que realmente são responsáveis pela detecção de fraudes irrelevantes ou erros relevantes provocados por falhas nos controles internos.

BIBLIOGRAFIA

BORGERTH, Vânia Maria da Costa. *SOx*: entendendo a Lei Sarbanes Oxley. São Paulo. Thomson, 2007.

BOYNTON, William C.; JOHNSON, Raymond; KELL, Walter G. *Auditoria*. São Paulo: Atlas, 2002.

COMITÊ DE PRONUNCIAMENTOS CONTÁBEIS. CPC 01; 03; 04; 16; 18; 20; 24; 25; 26; 27.

Deliberação CVM 669/11.

Committee of Sponsoring Organizations of the Treadway Commission (COSO) – Gerenciamento de Riscos Corporativos – Estrutura Integrada. Disponível em: <http://www.coso.org/documents/COSO_ERM_ExecutiveSummary_Portuguese.pdf>.

Instrução CVM 308/99.

Lei 11.638/07.

Lei 11.941/09.

NBC – PA – 11.

NBC – TA – 200.

NBC – TA – 210.

NBC – TA – 300.

NBC – TA – 315.

NBC – TA – 510.

NBC – TA – 705.

NBC – TA – 706.

NBC – TI – 01.

Portaria INSS 48/09.

Resolução CFC 1.024/05.

Resolução CFC 1.054/05.

Resolução CFC 1.055/05.

Resolução CFC 1.121/08.

Resolução CFC 1.138/08.

Resolução CFC 1.157/09.

Resolução CFC 1.307/10.

Resolução CFC 1.328/11.

GABARITO DAS QUESTÕES DE CONCURSOS PÚBLICOS

Capítulo 1

1. b; 2. a; 3. b; 4. e; 5. C, E, E, C, C; 6. a; 7. e; 8. a

Capítulo 2

1.1. C; 1.2. E, C; 1.3. E, C; 1.4. C, E; 2. a; 3. c; 4. a; 5. d; 6. e; 7. c; 8. a; 9. d

Não foram incluídas questões de concursos públicos no Capítulo 3.

Capítulo 4

1. d; 2. d; 3. a; 4. b; 5. a; 6. a; 7. b; 8. c; 9. d; 10. d; 11. a; 12. c; 13. a; 14. e; 15. d

Capítulo 5

1. c; 2. c; 3. b; 4. b; 5. a; 6. c; 7. a; 8. c; 9. c; 10. d; 11. e; 12. b; 13. e

Pré-impressão, impressão e acabamento

GRÁFICA SANTUÁRIO

grafica@editorasantuario.com.br
www.editorasantuario.com.br
Aparecida-SP

2017
1 2 3 4 5 6 7 8 9 10